KREUZFAHRTEN DUBAI UND DIE EMIRATE

Mit Abu Dhabi, Bahrai, Oman und Katar

Werner K. Lahmann

TRESCHER VERLAG

1. Auflage 2017

Trescher Verlag
Reinhardtstr. 9
10117 Berlin
www.trescher-verlag.de

ISBN 978-3-89794-342-1

Herausgegeben von Bernd Schwenkros und Detlev von Oppeln

Reihenentwurf und Gesamtgestaltung:
Bernd Chill

Lektorat: Sabine Fach
Stadtpläne und Karten: Johann Maria Just, Martin Kapp, Bernd Chill
Druck: druckhaus köthen

Gedruckt auf chlorfrei gebleichtem Papier

Printed in Germany

Alle Angaben in diesem Reiseführer wurden sorgfältig recherchiert und überprüft. Dennoch können Entwicklungen vor Ort dazu führen, dass einzelne Informationen nicht mehr aktuell sind. Gerne nehmen wir dazu Ihre Hinweise und Anregungen entgegen. Bitte schreiben Sie an post@trescher-verlag.de.

Titelfoto: Burj Al Arab, Dubai
vordere Klappe: Kreuzfahrtschiff im Hafen von Muscat
hintere Klappe: Sheikh-Zayed-Moschee, Abu Dhabi

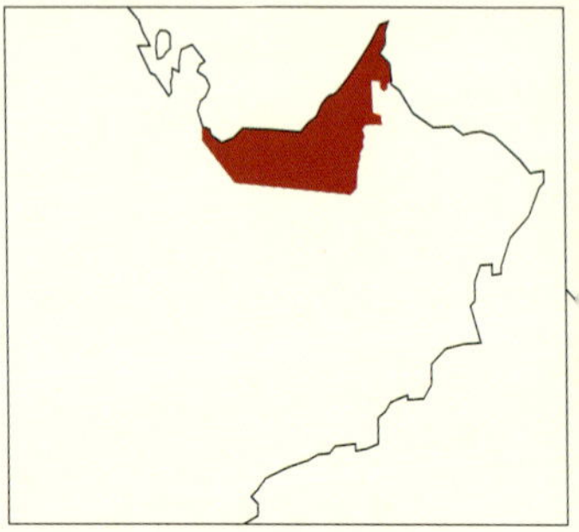

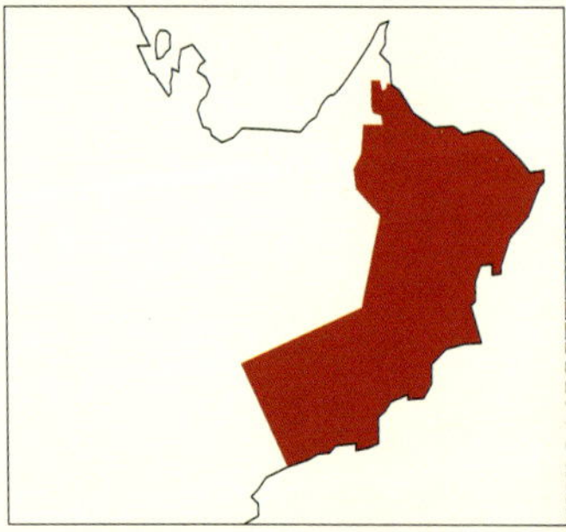

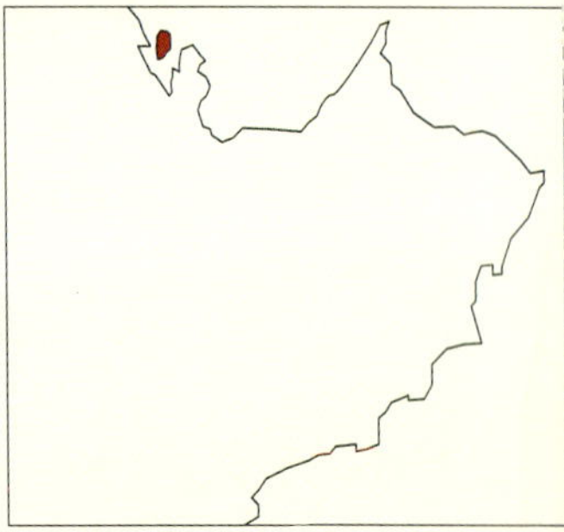

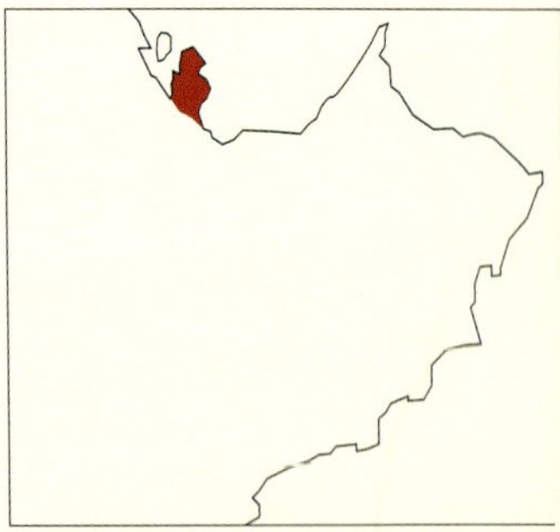

DIE VEREINIGTEN ARABISCHEN EMIRATE 71

KATAR

ANHANG

EXTRA

Tradition trifft Moderne am Strand von Dubai

Vorwort

»Man muss durch die Nacht wandern, wenn man die Morgenröte sehen will.«
Arabisches Sprichwort

Wer an Dubai denkt, denkt an eine bunte Glitzerstadt in der Wüste: Wolkenkratzer, Luxushotels der Superlative, riesige klimatisierte Shopping Malls und künstliche Inseln im Meer prägen das Bild des Emirats.

Noch beeindruckender aber ist die unendliche Weite der Wüsten, unbarmherzig heiß und trocken und doch voller Leben. Kamelkarawanen ziehen noch heute durch die Wüste. Sie tragen allerdings nicht mehr die Früchte harter Arbeit der Wüstenbewohner, sondern überwiegend Touristen, die sich diesen Trip einmal im Leben leisten wollen.

Hier treffen Welten aufeinander: Dubai, Abu Dhabi oder Katar mit ihren Hochhäusern, auf der anderen Seite aber Orte der Besinnung im Oman, wo man den ganzen Zauber des Orients noch so richtig genießen kann.

Der Persische Golf trennt die Arabische Halbinsel vom Iranischen Hochland und ist nur durch eine schmale Meerenge mit den Weltmeeren verbunden. Deshalb ist er eine wichtige Wasserstraße für die Öltanker der Golfstaaten sowie von Iran, Kuwait und Irak. Die Kreuzfahrt im Persischen Golf mit dem Besuch der Emirate gilt als eine der zehn schönsten Kreuzfahrten der Welt. Dieses Buch soll Ihr treuer Begleiter im Persischen Golf sein, der von den Einheimischen auch gern Arabischer Golf genannt wird.

Wir wollen Ihnen bei der Vorbereitung der Reise helfen (welches Schiff, beste Reisezeit u.a.), wir wollen Sie vertraut machen mit den Ländern und den Menschen in der Region und geben Ihnen dazu aktuelle Reiseinformationen für diese Länder. Dann informieren wir Sie über Kreuzfahrten allgemein und schließlich gibt unser Buch Auskünfte über die einzelnen Stationen der Reise und begleitet Sie auf den zahlreichen Land- bzw. Wasserausflügen.

Eine Reise in ein fremdes Land ist immer eine spannende Sache. Aber diese Kreuzfahrt zu den Emiraten ist für die meisten gleich doppelt aufregend: Das riesige Schiff wird für eine Woche unsere Heimat, und dazu gibt es viele Fragen. Die Landausflüge bringen uns in ein Märchenland wie aus Tausendundeiner Nacht, wobei wir natürlich die Realität nicht vergessen wollen.

Genießen Sie die Kreuzfahrt, das wunderschöne Schiff und das ›Märchenland‹, ich wünsche Ihnen eine gute Reise und erlebnisreiche Tage. Wenn Sie Fehler oder Änderungen entdecken, schreiben Sie bitte an mich (werner.lahmann@arcor.de), denn wir möchten diesen Reisebegleiter für Sie ständig verbessern und Ihren speziellen Bedürfnissen anpassen.

Ahlan wa-sahlan – Herzlich willkommen!
Ihr Werner Lahmann, aber Vorsicht: Kreuzfahrt macht süchtig!

Das Wichtigste In Kürze

Wer in den Persischen Golf reist, dem stellen sich viele Fragen: wie heiß bzw. kalt ist es dort, muss man sich vor Sonnenbrand fürchten, wie funktioniert die Ausschiffung mit dem ›Tender‹, wie ist die Sicherheitslage, welche Währung wird dort akzeptiert und wie teuer ist die Übernachtung oder der Restaurantbesuch, wo sind die schönsten Gebäude und Parks und funktioniert mein Handy dort? Diese und noch viele andere Fragen möchten wir Ihnen schon im Vorfeld der Reise in diesem Buch beantworten.

Das Kapitel **Reiseplanung** (→ S. 14) soll bei der wichtigen Entscheidung für ein Schiff helfen und einen Überblick über die wichtigsten Dinge geben, die man vorher bedenken sollte.

Das Kapitel **Länder und Leute** (→ S. 38) informiert über Natur, Geschichte und Kultur der Golfstaaten, vor allem auch über **Verhaltensregeln** (→ S. 58) im Umgang mit der arabischen Bevölkerung.

In den einzelnen **Reisekapiteln** (ab → S. 70) geben Ländersteckbriefe einen Überblick über die vier Anrainerstaaten am Persischen Golf. Die **Städteportraits** sollen Sie mit den Häfen vertraut machen, die unser Schiff ansteuert und sollen Ihnen auch helfen, sich möglichst für die richtigen **Landausflüge** zu entscheiden, denn die Liegezeit in den Häfen ist kurz und kostbar und sollte nicht auf Teppichbasaren oder in Andenkenläden vergeudet werden.

Preise haben die Eigenschaft, dass sie sich ständig verändern, dummerweise immer nach oben. Trotzdem geben wir Preise an, zur Orientierung, denn einige Preise verschlagen uns schier den Atem, andere sind deutlich humaner, als wir vermuten. Die **Eintrittspreise** sind angegeben in der Form xx.xx/yy.yy Dh (bzw. Landeswährung), das bedeutet immer für Erwachsenen/Kind. Zur Erleichterung für Sie geben wir auch den gerundeten Euro-Preis in Klammern an.

Tipp: In die Übersichtskarte in der vorderen Umschlagklappe können Sie Ihre gewählte Route einzeichnen.

Telefon-Vorwahlen			
Deutschland			
	+49	(0049)	
Österreich			
	+43	(0043)	
Schweiz			
	+41	(0041)	
Oman			
	+968	(00968)	
Muscat	+968	(24)	(0096824)
Khasab	+968	(26)	(0096826)
Bahrain			
	+973	(00973)	
Manama	+973	(1)	(009731)
Katar	+973	(00974)	
Doha	+973	(4)	(00974)
Vereinigte Arabische Emirate			
	+971	(00971)	
Dubai	+971	(4)	(009714)
Abu Dhabi	+971	(2)	(009712)
Khor Fakkan	+971	(9)	(009719)
Fujairah	+971	(9)	(009719)

Beispiel: Telefonieren nach Muscat aus Deutschland; 00968 für Oman, 4 für Muscat, dann Rufnummer, z.B. 123456 (00968/4/123 456).

Befindet man sich bereits im Land, entfällt die Ländervorwahl, diese wird – wie bei uns auch – durch eine 0 ersetzt: 04/123 456. Genau so funktioniert das bei den anderen Ländern auch.

Geld

In allen besuchten Ländern gibt es überall Geldautomaten, von denen man mit der **EC-Karte** (Maestro-System) Geld in der Landeswährung abheben kann. Auch in Einkaufszentren und Tankstellen sind in der Regel Bankautomaten aufgestellt. Achtung: das europäische **V-Pay-System funktioniert nirgends**! Wer eine solche Karte besitzt, sollte mit seiner Bank Rücksprache halten. Eine gute Alternative sind **Kreditkarten**, mit denen man im Ausland kostenlos abheben kann und die von vielen Anbietern ausgegeben werden.

Kreditkarten werden überall akzeptiert, besonders VISA und Mastercard. AMEX hat auch hier Schwierigkeiten. Auf den Märkten und in kleinen Krämerläden muss natürlich bar bezahlt werden.

In den vier besuchten Ländern gibt es vier unterschiedliche Währungen:

VAE: Dirham (Dh), 1 Dh = 0,25 €
Oman: Omanischer Rial (OR),
1 OR = 2,38 €
Bahrain: Bahrain-Dinar (BD),
1BD = 2,43 €
Katar: Katar-Riyal (QR), 1 QR = 0,25 €
(Stand Herbst 2016)

Notfallnummern

Deutschland: Feuerwehr/ Notarzt 112, Polizei 110
Vereinigte Arabische Emirate: Feuerwehr 997, Notarzt 998, Polizei 999
Oman: Feuerwehr/Notarzt 9999, Polizei 9999
Bahrain: Feuerwehr/Notarzt 999, Polizei 999
Katar: Feuerwehr/Notarzt 999, Polizei 999

Hausnummern

Hausnummern gibt es nur in Bahrain. Die Vereinigten Arabischen Emirate, Oman und Katar kennen keine Hausnummern. Postsendungen (Briefe, Pakete) werden nur an Postfächer geliefert, dort muss der Empfänger die Sendung persönlich abholen. Viele Menschen, die sich kein Postfach leisten können, benutzen das Postfach ihres Arbeitgebers oder von guten Bekannten.

Deshalb kann ich bei den Adressen für Hotels, Internetcafés und anderen Reisezielen zwar den Straßennamen angeben, aber keine Hausnummer. Eine korrekte Postadresse schaut deshalb so aus:

Mr. Abdullah Al Muraikhi
PO. Box 3263
Doha, Qatar
oder
Company ABC
Mr. Chairman
PO Box 123456
Muscat, Oman

Reisezeit

Kreuzfahrten in den Persischen Golf werden **nur in der Wintersaison** gemacht, und zwar von Oktober bis April. In den Sommermonaten ist es dort viel zu heiß.

Sicherheit

Die VAE zählen zu den sichersten Ländern des Nahen und Mittleren Ostens mit einer äußerst niedrigen Kriminalitätsrate. Dennoch sind vereinzelt Taschendiebstähle z.B. in großen Einkaufszentren oder bei Großveranstaltungen nicht auszuschließen. Hier sollte man – wie überall auf der Welt – seine Sachen im Auge behalten, dann passiert nichts. Die Terrororganisation ISIS hat allerdings seit September 2014 mit Anschlägen in Ländern gedroht, die mit den USA verbündet sind. Die Vereinigten Arabischen Emirate (VAE) sind ein prominentes und aktives Mitglied der Anti-ISIS-Koalition. Das Deutsche Auswärtige Amt rät deshalb Reisenden, sich insbesondere in größeren Menschenansammlungen sicherheitsbewusst und situationsgerecht zu verhalten. Wir raten, die aktuelle Situation in den betreffenden Ländern kurz vor der Reise abzurufen unter www.auswaertiges-amt.de.

Das Kreuzfahrtschiff wird für uns für etliche Tage unser Zuhause sein: hier schlafen wir, hier essen wir, hier gehen wir abends ins Theater oder ins Kasino, und hier gehen wir auch im Notfall zum Arzt. Am Anfang der Planung für die Reise stehen deshalb sicher die Fragen ›Wie funktioniert das alles?‹, ›Welches Kreuzfahrtschiff soll ich wählen?‹, ›Wann kann oder sollte ich reisen?‹ und ›Wie teuer wird die Reise?‹

Zwei Kreuzfahrtriesen am Landesteg

KREUZFAHRTEN
IM PERSISCHEN GOLF

Reiseplanung

Das Reisegebiet ›Persischer Golf‹ ist übersichtlich. Es werden nur eine Hand voll Häfen in vier Ländern angesteuert. Alle Reedereien besuchen nur die Vereinigten Arabischen Emirate (VAE), Oman und Bahrain, ganz vereinzelt auch Katar.
Die Häfen sind immer Dubai und Abu Dhabi in den VAE, dann Khasab oder Muscat im Oman und Manama in Bahrain. Einige Schiffe besuchen Khor Fakkan oder Fujairah oder Sir Bani Yas Island in den VAE und ganz selten auch Doha in Katar.

Welches Schiff?

Nicht alle diese Reiseziele werden auf jeder Reise angesteuert, je nach Interesse kann sich der Leser eine entsprechende Fahrt aussuchen, eine Beschreibung aller Kreuzfahrten im Persischen Golf finden Sie bei www.cruisepool-kreuzfahrten.com/Persischer-Golf und anderen. Oder natürlich bei den entsprechenden Kreuzfahrt-Reedereien, zum Beispiel www.msc-kreuzfahrten.de oder www.tuicruises.com.
Eine internationale Klassifizierung, also ein Gütesiegel, vergleichbar mit den Sternen für Hotels, gibt es bei Kreuzfahrtschiffen nicht. Hier macht jeder Reiseveranstalter seine eigene Bewertung und vergibt Sterne oder Anker oder andere Symbole, die aber wenig aussagekräftig sind.
Aber auch die Art, der Charakter des Schiffes sollte uns liegen: *MS Europa* und *Queen Mary* sind beispielsweise vornehm: »Die große Freiheit zwischen Lifestyle und legerem Luxus« sagt die Reederei Hapag-Lloyd. *Mein Schiff* von TUI ist stilvoll-modern und die Atmosphäre auf den *AIDA-Schiffen* ist völlig leger mit Animationen und viel Unterhaltung.

Klima und Reisezeit

In der Regel möchte man es bei der Kreuzfahrt warm und sonnig antreffen, und das möglichst auf der ganzen Reise. Eine ›Beste Reisezeit‹ anzugeben ist immer schwierig, die besten Reisemonate sind aber Dezember bis April, trotz der möglichen Regentage, denn in der übrigen Zeit ist es mit über 30 Grad sehr heiß. Und baden kann man immer: die Wassertemperatur liegt bei 19 bis 35 Grad.
Details über das Wetter in der ganzen Welt gibt es bei www.wetterklima.de/klima/weltklima/weltklima.htm. Das aktuelle Wetter von allen Orten der Welt erfahren Sie bei www.wettersack.de.

Klimatabelle (Durchschnittswerte)

	Dubai	Bahrain	Oman
Tages-Lufttemperatur			
Jan	19° C	20° C	18° C
Juni	34° C	36° C	35° C
Sept	33° C	36° C	36° C
Regentage pro Monat			
Jan	5	3	1
Juni	0	0	0
Sept	0	0	0
Sonnenstunden pro Tag			
Jan	7	7	8
Juni	12	12	12
Sept	10	10	10

Reisekosten

Früher waren Kreuzfahrten sehr teuer und deshalb den ›Gutbetuchten‹ vorbehalten. Inzwischen sind die Preise kräftig gepurzelt, weil die Schiffe immer größer und damit rentabler wurden. Trotzdem ist eine Kreuzfahrt immer noch ein Luxus, und der Preis spielt eine große Rolle. Allerdings kann man die Kosten fast auf den Cent genau vorher kalkulieren. Außerdem ist eine Kreuzfahrt bei genauem Hinschauen gar nicht teurer als ein Landaufenthalt und stressfreier, denn nach der Ankunft im Einschiffungshafen bezieht man seine Kabine und muss den Koffer dann erst wieder zur Abreise

›Mein Schiff‹ von TUI

packen. Und noch ein Vorteil: wenn es einmal zu heiß oder zu kalt werden sollte, kann man sich in die klimatisierte Kabine oder eines der schönen Restaurants an Bord zurückziehen.

Die Kosten der Kreuzfahrt umfassen immer die Unterbringung und die komplette Verpflegung für die Dauer der Kreuzfahrt sowie Hafengebühren und örtliche Steuern, bei Komplett- oder All-inclusive-Angeboten zusätzlich die Transfers zum und vom Schiff, die Trinkgelder und eine große Auswahl alkoholischer und nichtalkoholischer Drinks, auch die Flugkosten sind bei diesen Angeboten oft schon inbegriffen (zum Beispiel bei TUI-Cruises). Hinzu kommen immer die Kosten für die optionalen Landausflüge (Jeep-Touren, Quad-Touren, Helikopter Touren usw.).

Nonstop-Flüge von Frankfurt nach Dubai hin und zurück gibt es schon für 399 Euro (Emirates Airlines, Januar 2016). Bitte beachten Sie, dass immer mehr Fluggesellschaften jetzt Gebühren nehmen für Sitzplatzreservierung (25 bis 40 Euro pro Person und Strecke) und dass Lufthansa als erste Gesellschaft die ›Premium Economy Class‹ eingeführt hat mit Sitzplatzabständen von 91 Zentimetern und einer Sitzbreite von 45 Zentimetern, Mehrpreis gegenüber der Economy Class 165 bis 710 Euro pro Person und Strecke.

Die **Transferkosten** liegen bei etwa 30 Euro pro Person und Strecke.

Trinkgelder muss man, sofern sie nicht bereits im Reisepreis enthalten sind, mit elf bis zwölf US-Dollar pro Person und Tag veranschlagen.

Kosten für Getränke: Drinks an der Bar kosten acht bis neun Dollar oder Euro, ein Bier vier bis fünf Dollar oder Euro. Bei den All-inclusive Angeboten sollten Sie bitte beachten, dass alle Getränke aus dem Kühlschrank in der Kabine bezahlt werden müssen, auch das Wasser!

Die **Landausflüge** kann man ab 100 Tage vor Reisebeginn bereits im Internet buchen (etwa 55 Euro pro Ausflug), so dass auch diese Kosten unter Kontrolle sind.

Durch die **Wahl der Kabine** können Sie die Kosten der Kreuzfahrt maßgeblich beeinflussen: Preislich am günstigsten sind auf dem Schiff immer die Innenkabinen, die kein Fenster haben. Da man aber tagsüber und auch am Abend meist ›unterwegs‹ ist, wohnt man auch in diesen Kabinen sehr schön. Etwas teurer sind Außenkabinen mit Sichtbehinderung, etwa durch ein vor dem

Fenster gelagertes Rettungsboot. Dann folgen die Außenkabinen mit freier Seesicht und am teuersten sind die Balkonkabinen. Ein Vielfaches davon kosten die Luxuskabinen mit mehreren Zimmern und reichhaltigen Extras.

Auch in der Horizontalen gibt es Preisunterschiede: Kabinen im vorderen Schiffsbereich sind etwas preiswerter, da dort stärkere Schiffsbewegungen auftreten können, achtern hingegen (hinten) sind die Motorengeräusche etwas lauter, jedenfalls auf den unteren Decks, deshalb sind auch diese Kabinen etwas günstiger.

Wegen dieser großen Preisunterschiede der Kabinen werden in den Prospekten immer die Preise ›ab XXX Euro‹ pro Person für die billigste Innenkabine bei Doppelbelegung angegeben, also der Mindestpreis, den man für diese Kreuzfahrt zahlen muss. Achten Sie dabei stets auf die in diesem Preis eingeschlossenen Leistungen (Trinkgeld, Transfers, Flüge).

Als **Beispiel** gebe ich die Kosten pro Person für einen Flug von Frankfurt nach Dubai und zurück sowie eine siebentägige Kreuzfahrt im Januar 2016 an (bei Zweierbelegung in der Innenkabine):

Bei MSC zahlen Sie für die Innenkabine 1119 Euro (Bestpreis Fly & Cruise) incl. Flug, Bahnreise und Transfers.

Bei TUI zahlen Sie für die Innenkabine 1345 Euro (all-inclusive) incl. Flug, Bahnreise, Transfers und Trinkgeld sowie für (fast) alle Getränke an Bord.

Einzelkabinenzuschlag

In der Regel haben Kreuzfahrtschiffe keine Einzelkabinen. Die Single-Haushalte werden aber weltweit immer zahlreicher. Ob Rentner oder Jüngere, auch sie wollen an Kreuzfahrten teilnehmen, und zwar in zunehmendem Maße. Vielleicht möchten Sie auch mit einer Freundin oder einem Freund gemeinsam auf Kreuzfahrt gehen, ohne eine Kabine teilen zu müssen?

Da den Reedereien bei Einzelbelegung das Geld von der zweiten Person in dieser Kabine fehlt, erheben sie einen ›Einzelkabinenzuschlag‹ von 40–100 Prozent. Ein Zuschlag von 100 Prozent ist Wucher und völlig unbegründet, weil die zweite, nicht vorhandene Person ja keine Nahrung zu sich nimmt (Kreuzfahrten sind immer einschließlich Vollpension). Einige neue Schiffe haben aber bereits etliche Einzelkabinen,

Balkonkabine

Dreibettkabine

zum Beispiel *Norwegian Epic*, *Norwegian Breakaway* und *Norwegian Getaway*, die *Quantum of the Seas* von Royal Caribbean International, einige Schiffe von Costa und die *Queen Elizabeth* von Cunard Line. Alle anderen Schiffe verkaufen einige der Normalkabinen zur Einzelbelegung (aber auch nur ein bestimmtes Kontingent) und erheben dafür einen Zuschlag: 40–50 Prozent sind günstig, 60–70 Prozent erscheint gerade noch angemessen. Die neue Internetseite www.singlecabin.com ist laut eigenen Angaben spezialisiert auf Kreuzfahrten für Alleinreisende, allerdings ist die Seite noch im Aufbau. Es ist also sehr fraglich, ob Sie zu Ihrem Wunschtermin und Ihrem Reiseziel ein Schiff mit Einzelkabinen finden
Insgesamt bekommt man den Eindruck, dass Einzelreisende bei den Reedereien nicht sehr beliebt sind!

Spezialisierte Reisebüros

Man kann sich die Reise am Computer selbst zusammenstellen oder die Reise von Profis ausarbeiten lassen, Mehrkosten entstehen dabei nicht. Es gibt viele gute Reiseveranstalter für Kreuzfahrten. Ich selbst habe gute Erfahrungen gemacht, die Reise komplett von der Cruiseline organisieren zu lassen, einschließlich der Flüge, Vorübernachtung und Transfers, also von MSC Cruises oder TUI oder den anderen. Alle Aufenthalte einschließlich aller Transfers und Landausflüge sind im Voraus gebucht und bezahlt und bis ins Detail durchgeplant.

AIDA Cruises
Am Strande 3d, 18055 Rostock
Tel. 0381/20270600
Fax 0381/20270601
info@aida.de, www.aida.de
Buchung unter 0381/20270722

MSC Kreuzfahrten GmbH
Ridlerstraße 37, 80339 München
Tel. 089/203043801
Fax 089/203043804
buchung@msccruises.de
www.msc-kreuzfahrten.de

Costa Kreuzfahrten
Niederlassung der Costa Crociere S.p.A.
Am Sandtorkai 39, 20457 Hamburg
Buchung unter 040/570121314
verkauf@de.costa.it
www.costakreuzfahrten.de

TUI Deutschland GmbH, Kundenservice
Karl-Wiechert-Allee 23, 30625 Hannover
Tel. 040/57021314
kundenservice@tui.de.
www.tui.com

Für die *Europa 2* von Hapag-Lloyd:
Hapag-Lloyd Kreuzfahrten GmbH
Ballindamm 25, 20095 Hamburg,
Tel. 040/3070300
Fax 040/3070310
Buchungen unter 040/30703070
www.hl-kreuzfahrten.de

Für *Celebrity*:
RCL Cruises Ltd.
Lyoner Str. 20, 60528 Frankfurt am Main
Tel. 069/920071-0
Fax 069/920071-92
Buchung unter 0800/7240346
infode@rccl.com
www.celebritycruises.de

Anreise

Günstige Flüge hängen ab von der Reisezeit, der Reisedauer, der Fluggesellschaft und der Leistungsfähigkeit Ihres Reisebüros. Flüge von Deutschland, Wien oder Zürich nach Dubai und zurück nach Deutschland, Wien oder Zürich gibt es wie Sand am Meer, auch als Direktflug.

Preiswert und sehr bequem mit dem Airbus A380 fliegt man **nonstop ab Frankfurt** für 610 Euro hin und zurück:
Emirates EK 048 ab Frankfurt 20.30, an Dubai 06.10 am nächsten Morgen.
Emirates EK 045 ab Dubai 08.40, an Frankfurt 12.45 am selben Tag.
Und mit Lufthansa **nonstop ab München** für 871 Euro:
LH 638 ab München 22.40, an Dubai 07.50 am nächsten Morgen
LH 639 ab Dubai 09.20, an München 13.00 am selben Tag
Das **Gepäck für die Kreuzfahrt** wird limitiert durch die Freigepäckgrenze der benutzten Fluggesellschaft. Die Gepäckbestimmungen bei Linienflügen sind aus Kostengründen erheblich eingeschränkt worden. In der **Economy-Klasse gilt** weltweit eine Freigepäckmengengrenze von einem Stück zu 20 Kilogramm, bei Flügen nach und innerhalb von Nordamerika darf das Gepäckstück bis zu 23 Kilogramm wiegen. In der **First und Business Class** dürfen in der Regel zwei Gepäckstücke zu je 32 Kilogramm mitgeführt werden.

Aussichtsbalkon auf dem Schiff (Seawalk)

Begegnung von Kreuzfahrtschiffen unterwegs

Neben der Gewichtsgrenze sind je Gepäckstück auch bestimmte **Abmessungen** einzuhalten. Länge, Höhe und Breite je Gepäckstück werden zusammengerechnet und sollen 158 Zentimeter (Lufthansa) bzw. 157,5 Zentimeter (Delta Airlines) nicht überschreiten. Die genauen Regelungen variieren – meist geringfügig abweichend von den hier gegebenen Angaben – von Fluggesellschaft zu Fluggesellschaft.

Als **Handgepäck** in die Flugkabine mitgenommen werden dürfen je Fluggast in der Economy Class meist ein Handgepäckstück, in der First und Business Class zwei Handgepäckstücke. Die Größe des Handgepäckstücks wird je nach Fluggesellschaft unterschiedlich definiert und darf in der Regel die Maße 55 x 40 x 20 Zentimeter nicht überschreiten. Das zulässige Gewicht des Handgepäckstücks bestimmt sich wiederum nach den Beförderungsbestimmungen der Fluggesellschaft und darf in der Regel fünf bis acht Kilogramm nicht überschreiten.

Zusätzlich zu den Handgepäckstück(en) dürfen in die Kabine mitgenommen werden:

- eine Handtasche, Umhänge- oder Handgelenktasche mit Inhalt,
- ein Mantel, Umhang oder Reisedecke,
- eine kleine Kamera oder ein Fernglas,
- angemessene Reiselektüre,
- ein Babytragekorb und Babynahrung für die Reise,
- Gehhilfen und andere orthopädische Hilfsmittel für die Reise.

Bordmanifest

Nach der Buchung erhalten Sie von der Reederei bzw. dem Veranstalter ein Formular, das ausgefüllt zurückgeschickt werden muss: ›Bordmanifest‹, ›Online-Check-in‹, ›Schiffsmanifest‹ oder ›Cruise Personalizer‹. Gefragt wird neben den persönlichen Daten nach der Passnummer und auch nach der Kreditkartennummer. Diese muss man natürlich nur angeben, wenn man an Bord an der bargeldlosen Zahlung teilnehmen möchte. Die bargeldlosen Zahlung ist auf dem Schiff sehr angenehm, denn man muss nicht jedes Bier und jeden Landausflug mit Bargeld bezahlen. Alles wird auf das Bordkonto geschrieben, und einen Tag vor der

Abreise kann man dann die Gesamtsumme mit Kreditkarte bezahlen.
In dem Bordmanifest wird auch nach einer Notfall-Kontaktadresse gefragt, beispielsweise die Adresse des Sohnes, nach einem Jubiläum auf dem Schiff (Geburtstag, Hochzeitstag), der gewünschten Essenszeit für das Abendessen und ähnliche Fragen. All diese Daten werden im Internet angezeigt, aber Sie, und nur Sie haben zu diesen Daten über ein Codewort Zugang. Dort sind alle Angaben zu Ihrer Kreuzfahrt hinterlegt, dort können Sie auch Ihre Daten ändern, zum Beispiel eine andere Notfall-Kontaktadresse angeben oder andere Tischzeiten eintragen, und ab 100 Tage vor der Reise können Sie dort auch die Landausflüge buchen.

Geld und Versicherungen

Da man in ein fremdes Land in der Regel nicht ohne gültige Dokumente einreisen darf, sollten Sie diese rechtzeitig besorgen. **Visum und Reisepass**: deutsche Staatsbürger, EU-Bürger und Bürger vieler anderer Staaten benötigen zur Einreise in die besuchten Länder kein Visum, nur einen Reisepass, der noch mindestens sechs Monate über das Rückreisedatum hinaus gültig ist.

■ Reiserücktrittskostenversicherung

Eine Reise-Rücktrittskosten-Versicherung ist für die Einreise nicht vorgeschrieben, ist aber dann sehr nützlich, wenn man die Reise oder Teile der Reise oder der gebuchten Veranstaltungen stornieren muss. Die RRV übernimmt dann die Stornierungskosten. Bei der Höhe der versicherbaren Reisekosten von gut 3000 Euro sind 20 Prozent ›Selbstbeteiligung‹ eine Menge Geld. Ich würde deshalb die Selbstbeteiligung ausschließen. Dann kostet die RRK-Versicherung etwa 170 Euro.

■ Zahlungsmittel

Es ist immer schön, wenn man bei der Einreise in ein fremdes Land bereits eine kleine Menge der Landeswährung besitzt. Am günstigsten tauscht man vor Ort. In allen besuchten Städten gibt es zahlreiche Geldautomaten, an denen man mit EC- oder Kreditkarte abheben kann (V-Pay funktioniert allerdings nirgends!). In den riesigen Malls, aber auch in anderen größeren Hotels und Geschäften kann mit Kreditkarte bezahlt werden. Nicht jedoch auf den meisten lokalen Märkten (Souks) oder im Bus oder Taxi. Wenn Sie die üblichen Gebühren für die Auslandsabhebungen sparen wollen, sollten Sie sich eine Kreditkarte von einer Bank besorgen, die ›weltweit kostenlos Geld abheben‹ anbietet.
Angaben zur jeweiligen Landeswährung finden Sie in den entsprechenden Kapiteln dieses Buches.

■ Auslands-Krankenversicherung

Bitte prüfen Sie, ob Sie einen ausreichenden Krankenschutz für das Ausland haben: über Ihre Kreditkarte, über Ihre Krankenversicherung oder über eine zusätzliche Auslands-Krankenversicherung, die man bei vielen Versichrungsunternehmen preiswert abschließen kann (ca. 10–20 Euro).

Reiseapotheke

Denken Sie auch daran, sich Ihre Medikamente, die Sie ggf. einnehmen müssen, rechtzeitig und in genügender Menge zu besorgen.
Falls Sie viele Medikamente einnehmen müssen, ist es ratsam, eine Liste (deutsch und englisch) anzufertigen und von Ihrem Hausarzt unterschreiben zu lassen.
Vergessen Sie nicht, eine Reiseapotheke mitzunehmen, damit Sie für kleinere Notfälle gerüstet sind. Darin sollte enthalten sein:

- Heftpflaster verschiedener Größen
- Wund-Desinfektionsmittel
- Kühlendes Gel bei Prellungen und Verstauchungen
- Mittel gegen Durchfall und Verstopfung (Wirkstoff Loperamid)
- Medikamente gegen leichte Schmerzen und Fieber

Bei Bedarf: Mittel gegen Reisekrankheit (Antihistaminika als Zäpfchen, Tabletten oder Kaugummi, wie Dimenhydrinat, Metoclopramid oder Scopolamin).

Ein typisches arabischves Holzboot, eine sogenannte Dhau

Informationen zur Kreuzfahrt

Eine Kreuzfahrt ist eine ideale Variante, um fremde Länder zu besuchen ohne die Koffer ständig ein- und auspacken zu müssen. Das ›Hordentum‹ ist dabei allerdings vorprogrammiert, denn nach dem Anlegen des Schiffes wollen fast alle Passagiere, und das sind durchaus über Tausend, möglichst schnell an Land gehen. Da die meisten Besucher jedoch irgendwelche Landausflüge vorgebucht haben, zerstreut sich die Menge erstaunlich schnell, und am Nachmittag kommen alle mit mehr oder weniger brauchbaren Mitbringseln beladen zurück, um in dem Bauch des Kreuzfahrtriesen wieder zu verschwinden – dann ist der Spuk vorbei. Wer sich als Kreuzfahrtteilnehmer daran stört, kann ja auf dem Schiff bleiben, da ist es dann sehr ruhig.

Die Einheimischen jedoch empfangen die ›Horden‹ gern, lassen sie doch im Schnitt 27 Euro pro Person im Land, was sich in Hamburg zum Beispiel auf 204,6 Millionen Euro in 2015 aufsummiert hat. (›Die Welt‹ vom 6.1.2016).

Unsere Schiffsreise beginnt und endet in Dubai, die Kreuzfahrt bringt uns dann nach Khasab im Oman, nach Abu Dhabi in den VAE und nach Manama in Bahrain oder auf einer anderen Route nach Muscat und Fujairah oder Khor Fakkan, ganz wenige Kreuzfahrten ›verirren‹ sich auch nach Doha (Katar)) oder auf die Insel Sir Bani Yas. (VAE). Die Reisegeschwindigkeit der Kreuzfahrtschiffe ist dabei, verglichen mit unserer Raserei auf den Autobahnen, recht gering: 18 bis 20 Knoten oder 33 bis 37 Kilometer pro Stunde.

Zur Geschichte der Kreuzfahrt

Eines der ersten und bekanntesten Kreuzfahrtschiffe war sicher die *Titanic* der britischen Reederei White Star Line. Sie wurde in Belfast auf der Werft von Harland & Wolff gebaut und war bei der Indienststellung am 2. April 1912 mit 46329 BRT das größte Schiff der Welt (zum Vergleich: die 2015 gebaute *Harm-*

Alle Schiffe haben einen oder mehrere Swimmingpools

Es wird immer was geboten

ony oft the Seas der Royal Caribbean Cruise Line hat 227 700 BRZ!). Die Titanic war für den Liniendienst auf der Strecke von Southampton über Cherbourg und Queenstown nach New York unterwegs. Auf ihrer Jungfernfahrt kollidierte sie dann aber am 14. April 1912 gegen 23.40 Uhr mit einem Eisberg und sank zwei Stunden und 40 Minuten nach dem Zusammenstoß im Nordatlantik.

Ich selbst bin noch im Herbst 1968 mit der *Bremen* des Norddeutschen Lloyd im Linienverkehr von New York nach Bremerhaven gefahren, unter Kapitän Heinrich Behnsen. Das war allerdings schon die Zeit, in der die Reedereien mit der Übersee-Linienschifffahrt bereits Verluste einfuhren wegen der aufkommenden Konkurrenz durch die Luftfahrt. So wurde damals auch die Bremen bereits für Kreuzfahrten in die Karibik eingesetzt.

Diese *Bremen* (inzwischen gibt es eine neue Bremen, Baujahr 1990) hatte 32 335 BRT und bot Platz für 1150 Passagiere und 545 Mann Besatzung. Sie sank, ausgedient, am 6. Juni 1980 im Indischen Ozean bei ihrer Fahrt zum Abwracken in Taiwan.Heute beherrschen die Amerikaner den Kreuzfahrtmarkt mit großer Übermacht. Angefangen hatte das Ganze aber am Ende des 19. Jahrhunderts in Deutschland: Die Schiffe der Hapag (Hamburg-Amerikanische Paketfahrt AG) lagen in den Wintermonaten im Hafen, da sich ihr fahrplanmäßiger Einsatz im Nordatlantik im Winter nicht lohnte. Da hatte Albert Ballin, Vorstandsmitglied der Hapag, die Idee, die Schiffe während dieser Zeit zu Vergnügungsfahrten in wärmere Gefilde zu schicken. Die erste ›Kreuzfahrt‹ war daraufhin eine zweimonatige Luxusreise der *Augusta Victoria* mit 241 Auserwählten von Cuxhaven über Genua, Kairo, Jerusalem nach Istanbul und Athen und wieder zurück nach Cuxhaven. Das war im Jahre 1891.

Dieses Geschäftsmodell wurde ein großer Erfolg, und heute gibt es zahlreiche Kreuzfahrtreedereien, denn der Linienverkehr zwischen Europa und Amerika ist fast ganz zum Erliegen gekommen (Cunard bedient die Transatlantikstrecke von Hamburg oder Southampton nach New York, ab 1590 Euro). Die Schiffe werden immer größer und immer luxuriöser, und fast jeden Monat kommt ein Schiff dazu. Die Zahl der jährlichen Kreuzfahrtteilnehmer wird jetzt mit 21 Millionen angegeben, 1,8 Millionen Deutsche waren es 2015. Großen Anteil an dem Boom der Kreuzfahrten hat sicher die ZDF-Fernsehreihe ›Das Traumschiff‹ (seit 1981, Produzent Wolfgang Rademann, mit Sascha Hehn als Kapitän, Heide Keller (Chefhostess), Nick Wilder (Schiffsarzt) sowie Harald Schmidt als Gentleman-Host und Inka Bause als Fitnesstrainerin) mit den wunderschönen, exotischen Landausflügen und den schnulzigen Episoden einzelner Fahrgäste, die immer ein Happy-End haben.

Mit Kreuzfahrten kann man wahrscheinlich gutes Geld verdienen, denn es gibt mittlerweile mehr als 39 Kreuzfahrt-Reedereien mit über 260 Schiffen und einem Jahresumsatz von über 36,2 Milliarden Dollar (2013), davon Deutschland 2,5 Milliarden Euro (Quelle: Statista 2015). Trotzdem ist auch diese Branche nicht von Insolvenzen verschont, und ausgerechnet das ›Traumschiff‹ hat es erwischt: Das Insolvenzverfahren für die Reederei Peter Deilmann und die Betreibergesellschaft der *MS Deutschland* wurde am 2. Januar 2015 eröffnet. Im März 2015 kaufte der amerikanische Konzern ›Absolute Nevada LLC‹ das Schiff und wird es als Kreuzfahrt- und Universitätsschiff einsetzen.

Den Trend des Vergnügens und der totalen Unterhaltung, also die ›Spaß-Kreuzfahrten‹, setzte die 1990 in Rostock gegründete Reederei AIDA-Kreuzfahrten mit ihren Klub-Schiffen. Das Erfolgsrezept (und auch die AIDA-Reederei) wurden von den Amerikanern übernommen, und ›free style cruising‹ ist das Thema aller neu erbauten (Riesen-) Kreuzfahrtschiffe. Dabei werden die Landgänge zu nebensächlichen Abwechslungen, der Gast verbringt die meiste Zeit auf dem Schiff und vergnügt sich in Parks mit echten Bäumen und echtem Rasen, an einem der Pools, in den Einkaufspassagen, den Kinos, Sportstätten Restaurants oder sonstigen Vergnügungsstätten.

Obgleich von den Deutschen erfunden, wird das Kreuzfahrtgeschäft heute von den Amerikanern dominiert: Carnival Corporation (51,9 Prozent) und Royal Caribbean Cruises (23,2 Prozent) belegen zusammen dreiviertel des weltweiten Kreuzfahrtgeschäftes! Aber immerhin arbeiten in Deutschland etwa 36 000 Menschen in der Kreuzfahrt-Branche.

Auch an Bars herrscht kein Mangel

Kreuzfahrt-Reedereien (Stand Mitte 2016)

	Schiffe	Passagierkapazität	geplant bis 2022	davon 2016	Besonderheit
Carnival Corporation (USA)					
Carnival Cruise Line	24	2124–3446	7	1	
Holland America Line	16	793–2106	2	2	
AIDA Cruises	11	1180–3286	3	2	
Princess Cruises	18	680–3560	1		
Costa Crociere	15	1248–3724	2		
Seabourn Cruise Line	3	je 450	2		
P&O Cruises	8	710–3480			
P&O Australia	5	578–2052			
RCL Cruises LTD (USA)					
Royal Caribbean Internat.	25	1600–6296	4	2	größtes 2016
Celebrity Cruises	10	200-2825	2		
Azamara Club Cruises	2	je 694			
Pullmantur Cruises (FR)	5	1442–3540			
Crocieres de France (FR)	2	je 1828			
TUI Cruises (50% Beteil.)	4	1912–2506	4	1	
Norwegian Cruise Line (NO)					
Norwegian Cruise Line	15	1946–4228	3		
Oceania Cruises	6	684–1258			
Regent Seven Seas	4	510–700	1		
MSC Crocieres (IT)	13	1554–3700	7		
Andere Reedereien					
Celestyal Cruises (Cyp)	4	960			
Crystal Cruises (JP)	2	998–1100	1		
Cunard Line (GB)	3	1900–2620			Queen Mary 2
(Deilmann Reederei (D)	1	500		›Traumschiff‹, insolvent	
Disney Cruise Line (US)	4	2700–4000			
FTI Cruises (D)	1	412			

	Schiffe	Passagierkapazität	geplant bis 2022	davon 2016	
Hansa Touristik (D)	1	548		+ 2 Flussd.	
Hapag-Lloyd (D)	4	164–516			
Hurtigruten (NO)	14	318–1000			
Phoenix Reisen (D)	3	600–1200		MS Amadea, neues ›Traumschiff‹	
Plantours Kreuzfahrten (D)	1	420		MS Hamburg	
Ponant Cruises (GB)	6	64–264		1 Segler	
Sea Cloud Cruises (D)	2	64–94		Segler	
Sea Dream Yacht Club (NO)	2	95		Yacht	
Silversea Cruises (FR)	8	100–540	1		
Star Cruises (Chin)	6	3000	2	1	
Starclipper (S)	3	170–227	1		Segler
Transocean Cruises (D)	6	578			
Viking Ocean Cruises (US)	3	900	2	1	
Virgin Cruises (US)	–	2800	3		
Windstar Cruises (US)	6	148–312			3 Segler
Gesamt:	266		48	11	

Kreuzfahrtschiff im Hafen von Muscat (Oman)

Die Oasis of the Seas

Giganten der Weltmeere

Betrachtet man die bis zum Jahr 2022 geplanten Neubauten, so stellt man fest, dass der Trend zu immer größeren Schiffen geht und der Boom der Kreuzfahrten trotz der Wirtschaftskrise von 2008/2009 und den Fast-Staatsbankrotts nicht aufzuhalten ist. Waren die ›Giganten der Weltmeere‹ 2015 noch die Schwesternschiffe *Oasis of the Seas* und *Allure oft the Seas v*on Royal Caribbean Cruises, USA mit 225 282 BRZ, so ist seit Mitte 2016, die *Harmony of the Seas*, ebenfalls von Royal Caribbean, mit 226 963 BRT das größte Kreuzfahrtschiff. Dieser Gigant ist 362,15 Meter lang, 66 Meter breit und hat einen Tiefgang von 9,1 Metern. Er bietet Platz für maximal 6340 Passagiere in 2744 Kabinen und 2384 Besatzungsmitglieder, hat 18 Decks mit 18 Restaurants und 11 Bars und viele, viele Möglichkeiten guter Unterhaltung. Angetrieben wird dieser Superdampfer von vier Bugstrahlrudern mit jeweils 7500 PS, und gekostet hat er 1,6 Milliarden Dollar, gebaut wurde er von der STX-Werft in Saint Nazaire, Frankreich.

Die *Ovation of the Seas*, ebenfalls von Royal Caribbean Cruises, war mit 227 000 BRZ für kurze Zeit das größte Kreuzfahrtschiff der Welt, wurde dann aber recht bald von der *Oasis of the Seas* und nun von der *Harmony of the Seas* an der Weltspitze abgelöst. Die *Ovation of the Seas* möchte ich hier aber doch würdigen, denn es ist das größte in Deutschland von der Meyer Werft in Papenburg gebaute Schiff, und größer geht's in Papenburg nicht, wegen der zu geringen Wassertiefe der Ems. Deshalb hat die Meyer Werft Ende 2014 die schwächelnde STX Europa Werft in Turku, Finnland übernommen, um dort die ganz großen Schiffe zu bauen. Zur Zeit sind dort *Mein Schiff 4*, *Mein Schiff 5* und *Mein Schiff 6* für TUI-Cruises in Auftrag. So ein Kreuzfahrtschiff kann bis zu 1,6 Milliarden Dollar kosten – und die Auftragsbücher der Werften sind voll bis zum Jahr 2022!

Die Meyer-Werft kann nach vorheriger Anmeldung besichtigt werden (unter Tel. 04961/8396-0 oder online: www.papenburg-marketing.de). Die Besichtigungstour ist hervorragend organisiert und für Freunde der Kreuzfahrtschiffe sehr interessant und unbedingt zu empfehlen. Die Führungen werden von Papenburg Tourismus organisiert und durchgeführt (Apr–Okt Mo–Sa 9–17 Uhr, So 9–14 Uhr, Nov–März Mo–Sa 9–17 Uhr. Dauer ca. zwei Stunden; 12,90 Euro für Erwachsene, 7,50 Euro für Kinder bis 17 Jahre).

BRT und BRZ, was ist das?

BRT und BRZ sind die Abkürzungen für Bruttoregistertonne und Bruttoraumzahl. Beide sind ein Maß für das Volumen des Schiffes, also für seine Größe. Die größten (Kreuzfahrt-) Schiffe haben also die größten BRT oder BRZ. Die Ermittlung von Schiffsgrößen wurde notwendig, als man begann, Schiffe mit Abgaben zu belasten, um damit Kosten für Häfen, Schleusen, Leuchtfeuer oder das Ausbaggern von Fahrrinnen abzudecken.

Der Ausdruck Tonne entstand zu einer Zeit, als Schiffe nach der Anzahl der ›Tonnen‹, also der Fässer, die sie transportieren konnten, vermessen wurden. Verschiedene Hafenstädte benutzten dabei unterschiedliche Maße, so dass die Angabe eines Referenzmaßes, zum Beispiel der von Lübeck definierten ›Lübschen Tonne‹, notwendig war. Daraus entwickelte sich dann eine standardisierte Tonne, die Registertonne. Statt um das Gewicht des Schiffes, wie man beim Begriff Tonne (gleich 20 Zentner) annehmen könnte, geht es hierbei aber um das Volumen des Schiffes, es ist also ein Raummaß. Eine Registertonne entspricht 100 englischen Kubikfuß oder 2,83 Kubikmeter. Die Bruttoregistertonne BRT umfasst das ganze Schiff mit allen Nebenräumen und Aufbauten.

Die Nettoregistertonne NRT errechneten sich aus der BRT durch Abzüge aller für die Ladung nicht nutzbaren Räume wie der Besatzungsunterkünfte, Brennstoffbunker, Kommandobrücke, Maschinen- und Heizräume Pumpenräume, Proviantträume, Wassertanks, Werkstätten und Vorratsräume.

Die Angabe der Größe eines Schiffes in Bruttoregistertonnen ist heute noch weit verbreitet, obgleich das neue Maß seit 1994 die Brutto (Netto) Register Zahl BRZ (NRZ) ist. Das ist hier vergleichbar mit dem Auto: Obwohl die Leistung eines Autos mit Kilowatt angegeben werden soll, können sich die meisten von uns unter der guten alten Pferdestärke PS immer noch eine Menge mehr vorstellen.

Die Bruttoraumzahl ist eine dimensionslose Zahl, unter der sich bislang kaum jemand etwas vorstellen kann, gelegentlich selbst sogenannte Experten nicht. Sie ist abhängig vom Schiffstyp und soll die Gebührenerhebung gerechter gestalten.

Um es für uns Laien, die ja die Liegegebühren Gott sei Dank nicht berechnen müssen, einigermaßen verständlich zu machen, betrachten wir hier nur die Kreuzfahrtschiffe, und für die gilt: BRZ = V x 1,1, dabei ist V der Zahlenwert der in Kubikmeter gemessenen BRT.

Das Volumen dieses Schiffes dürfte erheblich sein

Bordleben

Eine Kreuzfahrt ist kein Campingurlaub: Alle Hochsee-Kreuzfahrtschiffe, egal von welcher Reederei, sind luxuriös eingerichtet und bieten ihren Gästen Entspannung, Erholung und jede Menge Spaß. Nicht ganz so üppig ist es auf den Flussdampfern, und wer es einfach, urig, ohne touristisches Rundum-Sorglos-Paket und auch etwas billiger haben möchte, kann eine ›Kreuzfahrt‹ auch auf einem Frachtschiff machen. Angeboten werden diese Reisen zum Beispiel von www.hamburgsued-frachtschiffreisen.de.

Auf einem Hochsee-Kreuzfahrtschiff wird der Gast regelrecht verwöhnt: Es gibt diverse Bars, Restaurants, Einkaufsläden und Schwimmbecken und viele ›gute Geister‹, die um das Wohl der Gäste bemüht sind. Das Verhältnis von Fahrgästen zu Besatzungsmitgliedern ist etwa zwei zu eins oder zweieinhalb zu eins, also bei 2000 Passagieren etwa 800 bis 1000 Mann/Frau Besatzung. Allerdings geht der Trend auch hier zu Personaleinsparungen und einem Verhältnis von bis zu 3,9:1. Das ›Verwöhnen‹ beginnt bereits am Flugplatz: Die Reisenden werden abgeholt und finden ihr Gepäck später in ihrer Kabine wieder.

Zur Grundausstattung jeder Kabine gehören gemütliche Betten, Föhn, Kühlschrank, Safe und Fernseher und in der Regel ein eigenes Bad. Verpflegungsmäßig gibt es auf dem Kreuzfahrtschiff immer Vollpension, das Essen ist üppig und von hervorragender Qualität, und die ›Klassen‹ gehören längst der Vergangenheit an - alle reisen erster Klasse! Unterschiede gibt es nur in den Kabinen: wenn ich als Beispiel auf → S. 16 für die Reise mit MSC in der Innenkabine einen Preis von 1119 Euro für zwei Personen angegeben habe, so kann sich diese Summe bei einer anderen Kabinenwahl (Suite) sehr schnell auf 3598 Euro erhöhen!

Doch nicht alle Menschen träumen von einer Kreuzfahrt: ›Das ist doch stumpfsinnig‹, sagen sie, ›den ganzen Tag auf dem Dampfer sitzen und ins Wasser starren – nein, danke‹. Ein anderes Argument, das ich oft höre, ist: ›Schrecklich! 2500 Menschen auf einem Schiff, das Gedränge möchte ich nicht erleben‹.

Das Gedränge-Argument würden diese Leute aber schnell fallen lassen, wenn sie selbst einmal auf solch einem Schiff gewesen wären. Für einen Außenstehenden sind tatsächlich die ungeheuren Dimensionen dieser Schiffe unvorstellbar. Die vielen Menschen verlaufen sich in den zahllosen Restaurants, Bistros und Bars, in der Einkaufs-Meile, an den Pools und Sonnendecks, bei den diversen Sporteinrichtungen, im SPA- und Wellnessbereich, am Golfsimulator und Basketballfeld oder auf dem Joggingpfad. Es gibt Vorträge, Kochkurse, Gemäldeauktionen und eine gutbestückte Bibliothek sowie zahlreiche Musikveranstaltungen – voll ist es nur im Theater, denn dort haben ›nur‹ 1000 Besucher Platz, es gibt aber zwei Vorstellungen am Abend!

Das Argument der ›Stumpfsinnigkeit‹ muss man etwas differenzierter betrachten: Viele Gäste wollen sich bei dieser Reise einfach nur erholen, Sie brauchen das vielleicht, um sich von ihrer stressigen Alltagsarbeit zu entspannen. Sie verbringen viele Stunden des Tages auf dem Sonnendeck, lesen ein schönes Buch, lassen sich von den Deckstewards verwöhnen und erfrischen sich zwischendurch immer mal wieder im Pool.

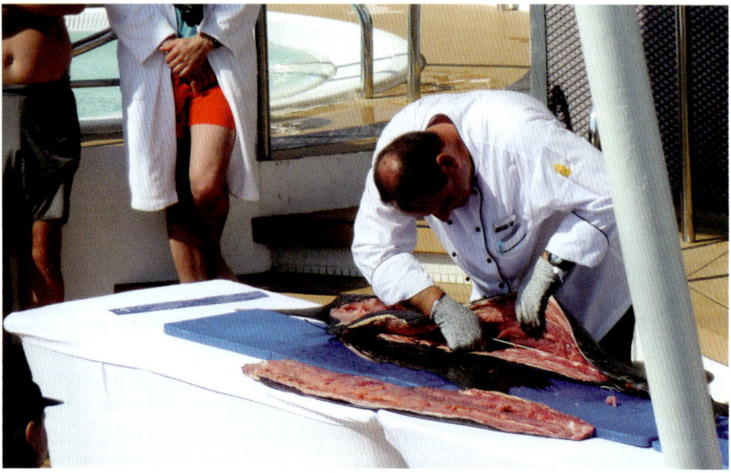

Ein Schwertfisch wird vor den Augen der Gäste fachgerecht zerlegt

Andere Gäste wollen auf dieser Reise möglichst viel sehen und erleben. Sie machen alle Landausflüge mit und lassen auch die übrigen Bordveranstaltungen nicht aus. Sie eilen von einem ›Event‹ zum nächsten und fallen abends todmüde ins Bett. Es gibt die Frühaufsteher, welche das Einlaufen des Schiffes in den neuen Hafen beobachten und fotografieren, andere freuen sich, endlich einmal bis zehn Uhr schlafen zu können. Und es gibt die Nachtschwärmer, die findet man allabendlich in der Disco. Die Jogger drehen schon am frühen Morgen ihre Runden auf dem Joggingparcours und die Schwimmer nutzen die Morgenstunden für ihre Trainingsrunden – jeder nach seinen Bedürfnissen und seinem eigenen Willen.

Dialyse

Etwa 65 000 Menschen in Deutschland müssen regelmäßig zur Dialyse, das heißt ihr Blut wird dreimal pro Woche für vier Stunden an einer Maschine gereinigt. Das ist sehr lästig, und die Lebensqualität ist stark eingeschränkt, gerade bezüglich der Urlaubsreisen. Trotzdem müssen diese Menschen nicht zwangsläufig auf Urlaubsreisen verzichten.

Eine Kreuzfahrt ist für diese Dialysepatienten eine optimale Möglichkeit, ferne Länder zu entdecken. Jeden Tag an einem anderen Ziel – ohne Koffer zu packen und ›ganz nebenbei‹ die Sitzungen in der Dialysestation absolvieren, an den Seetagen oder abends, so dass der Patient an fast allen Bordveranstaltungen und an allen Tagesausflügen teilnehmen kann. Die Kosten der Behandlung werden in der Regel von den Krankenkassen, zumindest anteilig, übernommen, das sollte aber vor der Reise individuell mit der Krankenkasse abgestimmt werden.

Es gibt inzwischen etliche Kreuzfahrtschiffe, die Dialysebehandlungen anbieten: *MS Europa* (Hapag-Lloyd), *MS Astor* (Transocean), *MS Delphin* (Passat-Kreuzfahrten) und einige der Costa-Schiffe (Costa Crociere). Allerdings: Nicht alle diese Schiffe fahren jedes Jahr durch den Panamakanal und nicht jedes Schiff hat immer den Nephrologen mit oder genügend Dialyse-Patienten. Deshalb sollten Sie sich bitte unbedingt vorher genau erkundigen, zum Beispiel bei www.derkreuzfahrer.de/tipps-vom-profi/dialyse-kreuzfahrten.

Reedereien für Kreuzfahrten im Persischen Golf

Kreuzfahrten im Persischen Golf werden immer beliebter, und deshalb haben sich vier Reedereien auf dieses Gebiet spezialisiert – natürlich nicht ausschließlich. Die angesteuerten Länder sind die Vereinigten Arabischen Emirate (VAE oder englisch UAE), Oman, Bahrain und einmal auch Katar.

Die Entfernungen sind hier nicht so riesig, deshalb gibt es auf diesen Reisen in der Regel nur einen Seetag. Auch wird man hier Drei-Wochen-Reise vergeblich suchen. Aber das Angebot ist groß, und jeder wird seine Reise finden.

Führend bei den Anbietern ist AIDA, gefolgt von Royal Caribbean, MSC, TUI und Costa Cruises. Celebrity Cruises, Hapag-Lloyd, Azamara Club Cruises und Crystal Cruises machen nur jeweils eine bzw. zwei Touren im Jahr.

Beispiel für Kreuzfahrten im Persischen Golf 2016

	Dubai	Abu Dhabi	Bahrain	Khasab	Khor Fak.	Muscat	Katar	Sir Bani Yas	Fahrten
AIDA	x	x	x	x	x	x			37
Royal Caribbean	x	x		x		x			17
MSC	x	x	x	x	x	x	x	x	18
Costa	x	x			x	x	x	x	16
TUI	x	x	x	x	x	x			14
Hapag-Lloyd	x	x	x	x		x	x		2
Celebrity	x	x		x		x			1
Crystal Cruises	x	x		x		x	x	x	1

AIDA Cruises

AIDA Cruises, die Reederei mit den Kussmundschiffen, ist wohl die bekannteste Kreuzfahrt Reederei Deutschlands. Schon seit 1960 war die Deutsche Seerederei (DSR) mit Sitz in Rostock mit zwei Schiffen unterwegs. Nach der Wiedervereinigung entschied sich das Unternehmen für einen Neubau und für eine neue Art der Kreuzfahrt, die ›Spaßschiffe‹, also aktive und legere Kreuzfahrten. Der erste Neubau wurde im Juni 1996 unter dem Namen ›AIDA – Das Clubschiff‹ in Dienst gestellt.

Trotz guter Buchungszahlen gelang es dem Unternehmen jedoch nicht, mit dem Schiff Gewinn zu erwirtschaften. Heute gehört AIDA zu der amerikanischen Carnival Corporation und betreibt elf Schiffe, zwei weitere sind bereits geplant.

AIDA Kreuzfahrten stehen für ungezwungene Atmosphäre, legere Kleidung, freie Tischwahl, ein umfangreiches Angebot an Sport und Unterhaltung – kurzum: Clubschiff-Feeling pur.

Sieben der elf Schiffe wurden bei der Meyer Werft in Papenburg gebaut, mit folgenden Daten: 2030 Gäste in 1097 Kabinen, 634 Mann/Frau Besatzung, 253 Meter lang, 71 304 BRZ, 14 Decks, 7 Restaurants; www.aida.de.

Royal Caribbean International

Royal Caribbean Cruises Ltd. ist ein liberianisches Kreuzfahrtunternehmen mit Sitz in Monrovia und operativer Hauptzentrale in Miami mit US-amerikanischen und norwegischen Wurzeln. Das Unternehmen ist das weltweit zweitgrößte Kreuzfahrtunternehmen. Es verfügt über die fünf Tochtergesellschaften Celebrity Cruises, Royal Caribbean International, Pullmantur (zu der auch die Fluggesellschaft Pullmantur Air gehört), Azamara Club Cruises und CDF Croisières de France. Weiterhin hält das Unternehmen 50 Prozent der Anteile von TUI Cruises. Die gesamte Kreuzfahrtflotte beträgt 48 Schiffe, Tendenz steigend. Weltweit werden 62 000 Angestellte beschäftigt, der Jahresumsatz liegt bei knapp acht Milliarden Dollar.

MSC Crociere S.A.

Die MSC Crociere S.A. ist die Kreuzfahrtgesellschaft der Mediterranean Shipping Corporation MSC mit Sitz in Genf. MSC Crociere wurde 1970 durch den italienischen Kapitän Gianluigi Aponte gegründet, der auch heute noch der Eigentümer des Unternehmens ist. MSC Crociere unterhält zwölf Schiffe mit Kapazitäten von 1554 bis zu 3700 Passagieren. MSC bietet exzellenten Service auf gepflegten Schiffen mit vielseitigen Betätigungs- und Unterhaltungsmöglichkei-

Ein freundlicher Reiseleiter

Vorbereitung zum Landgang

ten. Die beiden größten Schiffe sind die Schwesternschiffe MSC Divana (2012) und MSC Preziosa (2013). Beide Schiffe bieten jeweils 3502 Gästen Platz in 1751 Kabinen. Weitere Daten: 333,3 Meter lang, 139 400 BRZ, 18 Decks und 1370 Mann/Frau Besatzung; www.msc-kreuzfahrten.de.

Costa Crociere

Costa Crociere S.p.A. ist eine der acht Gesellschaften der Carnival Corporation. Diese ist mit etwa 100 Schiffen, 91 000 Mitarbeitern und einem Jahresumsatz von über 15 Milliarden US-Dollar (2013) Weltmarktführer für Kreuzfahrten. Zur Carnival Corporation gehören auch die Schiffe von AIDA Cruises. Der Unternehmenssitz ist in Genua.

TUI

Die TUI AG ist Europas führender Touristikkonzern. Zum TUI-Konzern gehören momentan zwei Kreuzfahrt-Reedereien: TUI-Cruises und Hapag-Lloyd Kreuzfahrten. TUI Cruises gehört zu 50 Prozent zu Royal Caribbean Cruises Ltd.

Mit der Gründung von TUI Cruises wurde im Geschäftsjahr 2008 der Grundstein für den Einstieg in den Markt für Premium-Kreuzfahrten gelegt. TUI Cruises unterhält vier Schiffe mit den einfachen Namen *Mein Schiff 1* bis *Mein Schiff 4*, mit Kapazitäten von 1912 bis zu 2506 Passagieren. Im Sommer 2016 kommt *Mein Schiff 5* hinzu und 2017 *Mein Schiff 6* (*Mein Schiff 7* und *Mein Schiff 8* sind bereits bei der Meyer Werft in Auftrag gegeben). Die Bordsprache auf den Schiffen der TUI ist Deutsch!

Weitere Daten der beiden größeren Schiffe: 2506 Gäste in 1253 Kabinen, 1000 Mann/Frau Besatzung, ca. 295 Meter lang, 99 500 BRZ, 15 Decks, 11 Restaurants; www.tuicruises.com.

Das bordeigene Theater zeigt täglich mehrere Vorstellungen

Hapag-Lloyd

Die Hapag-Lloyd AG ist ein Transport- und Logistikunternehmen mit Unternehmenssitz in Hamburg. Neben vielen Containerschiffen betreiben sie die vier Kreuzfahrt- und Expeditionsschiffe *MS Europa*, *MS Europa 2*, *MS Hanseatic* und MS *Bremen*. Alle Schiffe sind relativ klein, für weniger als 500 Gäste, mit geringem Tiefgang und der höchsten Eisklasse für Passagierschiffe. Daher sind Fahrten in entlegene Gebiete möglich, beliebt sind die Fahrten zu den Pinguinen auf der Insel Südgeorgien oder ins Nordpolarmeer.

Lifestyle, Luxus, maximal 500 Gäste und höchste Standards machen Hapag-Lloyd-Reisen zu einem ganz besonderen Erlebnis – das hat allerdings auch seinen Preis: Zu den Pinguinen ab 8900 Euro, die klassische Rundreise im Persischen Golf ab 3600 Euro, dafür aber, als einziges Schiff, einschließlich Doha (Katar).

Hapag-Lloyd Kreuzfahrten ist eine hundertprozentige Tochter der TUI, auch hier ist die Bordsprache Deutsch.

Celebrity Cruises

Celebrity Cruises ist eine Kreuzfahrtgesellschaft, die zur Royal Caribbean Cruises Ltd. gehört. Sie wurde 1989 als eine selbständige Kreuzfahrtgesellschaft von der griechischen Reederei Chandris gegründet. Die Schiffe tragen auf dem Schornstein das Logo der Reederei, ein großes ›X‹, für den griechischen Buchstaben Chi, der erste Buchstabe des ehemaligen Firmennamens.

Heute besteht die Flotte aus zwölf Schiffen, zwei weitere sind für 2018 und 2020 geplant.

Azamara Club Cruises

Azamara Club Cruises wurde 2007 gegründ, betreibt zwei Kreuzfahrtschiffe und ist eine Tochtergesellschaft der Royal Caribbean Cruises Ltd.

Crystal Cruises

Crystal Cruises ist eine 1988 gegründete Reederei mit Sitz in Century City, Los Angeles und betreibt zwei luxuriöse Kreuzfahrtschiffe für jeweils etwa 1000 Passagiere.

Die Stationen der Kreuzfahrt

Es gibt Menschen, die wollen oder können leider nur eine sieben- bis neuntägige Kreuzfahrt machen. Kreuzfahrten im Persischen Golf sind immer so kurz, denn wegen der besonderen politischen Situation in der Golfregion werden grundsätzlich nur die neun bereits genannten Häfen Dubai (VAE), Abu Dhabi (VAE) und Sir Bani Yas, Khasab (Oman), Manama (Bahrain), Khor Fakkan/ Fujairah (VAE) und Muscat (Oman) angesteuert und ganz vereinzelt auch Doha (Katar). Die beiden häufigsten Routen sind dabei: Dubai und Abu Dhabi mit Khasab und Manama sowie Dubai und Abu Dhabi mit Muscat und Khor Fakkan oder Fujairah. Eine Übersicht über die angesteuerten Ziele im Persischen Golf finden Sie in der vorderen Umschlagklappe dieses Buches.

Der Verlauf der Kreuzfahrt (Beispiel)

Tag	Ankunft	Abfahrt	Hafen
1		**20.15**	**Flug nach Dubai**
2	05.25		Dubai (VAE)
3		18.00	Dubai
4	07.00	18.00	Khasab (Oman)
5	07.00	23.45	Abu Dhabi
6			Seetag
7	07.00	18.00	Manama (Bahrain)
8	17.00		Dubai
9		14.35	Ausschiffung und Rückflug
	18.35		**Ankunft Frankfurt**

Alternativroute

Tag	Ankunft	Abfahrt	Hafen
1		**20:30**	**Flug nach Dubai**
2	06.10		Dubai (VAE)
3		08:00	Seetag
3	07:00	18.00	Khor Fakkan (VAE)
4	07.00	23.00	Muscat (Oman)
5			Seetag
6	07.00	24.00	Abu Dhabi (VAE)
7	07.00		Dubai
8		08:40	Ausschiffung und Rückflug
	12:45		**Ankunft Frankfurt**

Der ›Seetag‹

Von Abu Dhabi nach Bahrain bzw. von Muscat nach Abu Dhabi lässt sich der Dampfer Zeit und gönnt den Reisenden einen Seetag. Zeit also, das Schiff etwas genauer kennen zu lernen.

Die modernen Kreuzfahrtschiffe sind im Prinzip alle sehr ähnlich aufgebaut. Über dem Tiefgang, also dem Teil unter Wasser von nur acht bis neun Metern türmt sich ein ›Hochhaus‹ von über 70 Metern. Allerdings ist das Teil gut 30 Meter breit. Und damit der Koloss nicht umkippt, sind alle schweren Teile ganz unten angeordnet: die großen Maschinen für Antrieb, Stromerzeugung, Wasseraufbereitung, Klimatisierung und mehr, die Lager für Treibstoff, Wasser Lebensmittel und andere Dinge sowie die beiden riesigen, ausfahrbaren Stabilisatoren. Auch die gesamte ›Umwelttechnik‹ befindet sich dort unter der Wasserlinie, denn die Zeiten, wo Schmutzwasser und Abfälle einfach über Bord geworfen wurden, sind längst vorbei: das Abwasser läuft durch eine Kläranlage, aus dem Müll werden die wiederverwendbaren Stoffe herausgetrennt, der Rest wird verbrannt oder zu Ballen gepresst, und das Frischwasser wird täglich in riesigen Aufbereitungsanlagen aus Meerwasser gewonnen. Und was von 8000 Menschen (Passagiere und Besatzung) so in zwei Wochen verspeist wird, ist unvorstellbar.

Die erste Etage über der Wasserlinie gehört auch noch zu diesem Bereich, hier öffnen sich, sobald das Schiff vertäut ist, etliche riesige Luken, durch die viele Gabelstapler den ganzen Tag über, bis kurz vor Abfahrt des Schiffes, alle möglichen Güter im Rumpf verschwinden lassen. Dieses ist meist das Deck 3.

Ein Deck höher beginnt der Passagierbereich, hier ist zum Beispiel das Krankenrevier untergebracht. Dann folgen mehrere Etagen mit öffentlichen Einrichtungen, hier gibt es Restaurants, Bars, das Casino, das Internet-Café und auch ein Raucherzimmer. Dic Abendveranstaltungen können in einem oder zwei Theatersälen stattfinden, diese gehen über zwei Etagen und sind mit Bühnentechnik ausgestattet, die so manches Theater neidisch machen würde.

Fruchtköpfe an der Poolbar

In der Mitte des Schiffes haben alle neueren Kreuzfahrtschiffe ein Atrium über drei oder mehr Etagen, manche gehen auch bis ganz nach oben und sind oben offen. Diese zentralen, runden Hallen sind grandios ausgestattet, mit gläsernen Fahrstühlen, tausenden Lampen und herrlichen Dekorationen. In diesem Bereich befinden sich die Rezeption, mehrere Bars, die Einkaufsmeile und andere Einrichtungen. Auf den ganz großen neuen Schiffen ist dieser Bereich als Park ausgerichtet, mit echtem Rasen, echten Bäumen und Blumen, mit Karussell, Kinderspielplatz und anderen Einrichtungen, so dass hier der Seetag wie im Flug vergeht.

Auch an Seetagen kommt keine Langeweile auf

Dann folgen fünf bis acht ›langweilige‹ Etagen, hier gibt es nur endlos lange Flure, einen links, den anderen rechts oder backbordseitig und steuerbordseitig wie man hier sagt, mit Türen, Türen und Türen, also die Passagierkabinen (Staterooms).

Die oberen Stockwerke sind in der Regel wieder dem Vergnügen gewidmet: Hier gibt es Bars, Restaurants, mehrere Pools, Fitnessraum, Joggingbahn und andere Sportstätten. Alle Schiffe verfügt über mehrere Sonnendecks. Am Bug sowie am Heck stehen ausreichend Sonnenliegen zur Verfügung. Außerdem laden Hängematten zum Sonnen ein. Auf dem Pooldeck befinden sich die Außen-Swimmingpools (unterschiedlich beheizt) und Whirlpools mit ausreichend Liegestühlen, auch im Schatten.

Und was wird an Unterhaltung geboten? Für jeden Tag gibt es ein wechselndes, vielseitiges Programm. Als Beispiel:

- *09.30 Uhr:* *Alleinreisende treffen sich mit dem Team des Kreuzfahrtdirektors*
- *10 bis 13 Uhr:* *Markt (T-Shirts, Souvenirs, Schmuck und mehr)*
- *10.15 Uhr:* *Film im Freilichtkino*
- *10.30 Uhr:* *Bridge, alle Stufen*
- *11 bis 14 Uhr:* *Sushi Buffet*
- *14 Uhr:* *Kunstauktion mit Champagner*
- *17 bis 19 Uhr:* *Musical-Melodien mit dem Bordorchester*
- *20 und 22 Uhr:* *Musical im Theater*

Dies ist nur ein Auszug. Insgesamt enthält die Liste der gebotenen Unterhaltungen von 6 bis 24.00 Uhr, die jeden Tag veröffentlicht wird, etwa 70 Punkte!

Arabien gehört geografisch zu Asien und kann unterschiedlich definiert werden. Legt man die arabische Sprache zugrunde, so umfasst die Liste 24 Staaten, von Mauretanien in Westafrika bis zum Sultanat Oman im Osten der arabischen Halbinsel. Auf dieser Liste finden sich aber auch Länder wie Ägypten, Algerien oder Tunesien, die man sich nur schwer zu Arabien gehörend vorstellen kann. Meist versteht man unter Arabien in erster Linie die Arabische Halbinsel bzw. die Länder auf dieser Halbinsel.

Moschee in Muscat (Oman)

LÄNDER UND LEUTE

Die Arabische Halbinsel

Die Arabische Halbinsel ist mit 2,73 Millionen Quadratkilometern die größte Halbinsel der Welt. Sie liegt östlich vom Roten Meer, wird von diesem also im Westen begrenzt. Die östliche Grenze der Halbinsel bildet der Persische Golf, der durch die Straße von Hormuz mit dem Golf von Oman und dem Arabischen Meer verbunden ist. Im Süden stößt die Halbinsel an den Golf von Aden und an das Arabische Meer, und nur im Norden gibt es eine Landverbindung, und zwar an den Irak, an Jordanien und auf einige Kilometer auch an Kuwait.

Für den Persischen Golf sind international verschiedene Bezeichnungen in Gebrauch, die Bezeichnung ›Persischer Golf‹ wird aber überwiegend verwendet. In den arabischen (Anrainer-) Staaten hat sich jedoch seit Mitte des 20. Jahrhunderts der Name ›Arabischer Golf‹ durchgesetzt; seitdem taucht der Begriff auch vereinzelt in westlichen Medien und gedruckten Werken auf. Die Iraner hingegen würden das Gewässer lieber als Golf von Iran bezeichnen. Umgangssprachlich und auch in den Medien wird allerdings häufig nur die Bezeichnung ›Der Golf‹ verwendet.

Die Frage der Benennung wird in manchen Staaten politisch geführt und sorgte schon wiederholt für diplomatische Auseinandersetzungen, insbesondere zwischen dem Iran und den arabischen Staaten. Auch die Vereinten Nationen mussten sich mehrfach mit dieser Frage auseinandersetzen. 2006 stellte eine ih-

Arabische Halbinsel

Weite Teile der Arabischen Halbinsel bestehen aus Wüste

rer Expertengruppen in diesem Zusammenhang fest, dass die Vereinten Nationen intern an der Bezeichnung ›Persischer Golf‹ festhalten, es aber den Staaten nicht verboten werden kann, eigene Bezeichnungen für geographische Namen zu schaffen und zu verwenden. So heißt zum Beispiel der Bodensee in Amerika ›Lake Constance‹, und Köln wurde dort zu Cologne.

Die Geschichte der Arabischen Halbinsel

Wenn man von Muscat aus oder ab Khor Fakkan eine Jeep-Tour in die unendliche Weite der Wüste Wadi Fanja unternimmt, dann kann man sich beim besten Willen nicht vorstellen, dass es hier einmal eine üppige grüne Landschaft gab, in der riesige Dinosaurier lebten. Und doch ist es so: Archäologen fanden dort Reste eines pflanzenfressenden Sauriers. Die gigantische, trockene Wüste war vor 66 Millionen Jahren ein savannenartiges Grasland mit viel Feuchtigkeit und einer vielfältigen Tierpopulation. Besiedelt wurde das Land dann etwa vor 100 000 Jahren von Jägern und Sammlern. Dass es in jener Zeit noch etwas zu jagen und zu sammeln gab, davon zeigen zahlreiche Funde von Holzkohlenmeilern und Speerspitzen, die man in den Museen des Landes bestaunen kann. Auch erste dauerhaften Siedlungen stammen aus jener Zeit. In der Stein- und Bronzezeit, also 6000 bis 3200 vor Christus formierten sich lockere Stammesverbände zu städteähnlichen Siedlungen und es begann der Handel mit Mesopotamien, dem heutigen Irak (›Mesopotamien‹ bedeutet ›Land zwischen den Flüssen‹, nämlich Euphrat und Tigris).

Während sich in Indien die berühmte Indus-Kultur entwickelte, entstand in Bahrain die hochzivilisierte Gesellschaft der Dilmun-Kultur, deren Ursprünge um 2500 bis 1800 vor Christus lag. Dilmun war der damalige Name von Bahrain. Die Vorstellungen von einem irdischen Paradies in den Mythen waren meist

Weihrauchbaum im südlichen Oman

auf Dilmun bezogen. Es galt als ein Land des ewigen Lebens, als ein Ort, wohin die Götter unsterbliche Heroen sandten, damit sie dort glückliche Tage und friedliche Ewigkeit genießen konnten. Die Dilmun-Kultur erstreckte sich bis in den Oman. Die bis zu 24 Meter hohen Königsgräber von A'ali zeugen von der über 5000 Jahre alten Zivilisation der Insel und können auf einer Busrundfahrt besichtigt werden.

Eine der ersten Handelswaren war vermutlich Kupfer, das besonders im Oman abgebaut wurde. Es wurde um 2300 vor Christus von den Kaufleuten des Dilmanischen Reiches weiterverkauft. Der zweite Zweig des frühen Wohlstands war der Handel mit Weihrauch. Der brennbare Pflanzensaft wurde in Südarabien aus der Rinde des Weihrauchbaumes *Boswellia sacra* gezapft und auf traditionsreichen Handelswegen durch die großen Wüstengebiete transportiert. Er entwickelte sich zum wichtigsten Exportgut der Halbinsel bis in die jüngere Zeit hinein. Dank des Weihrauchs sollen die Bewohner Südarabiens im 1. Jahrhundert nach Christus das reichste Volk der Erde gewesen sein, und die Weisen aus dem Morgenland sollen dem neugeborenen Jesus in Bethlehem Weihrauch gebracht haben.

Weihrauch war das Zauberwort für Wohlstand und Ansehen und weckte damit auch andernorts Begehrlichkeiten: Alexander der Große plante 323 vor Christus einen Feldzug zur Eroberung der reichen Halbinsel, starb aber, bevor er seinen Plan ausführen konnte. Nearchos, der Kommandeur seiner Flotte, gründete aber auf der Insel Failaka einen bedeutenden Handelsposten. Failaka ist eine Insel im Persischen Golf, die heute zu Kuwait gehört. Auch das Nabatäerreich im Nordwesten der Halbinsel profitierte vom Weihrauchhandel durch Zollabgaben der Kamelkarawanen. Die Nabatäer waren ein Nomadenstamm, der die Gebirgswelt im Süden des heutigen Jordanien besiedelte mit zeitweiser Ausdehnung bis Syrien (Damaskus). Ihre Hauptstadt war Petra (Jordanien), deren Ruinen zum großen Teil erhalten sind.

570 nach Christus wurde der spätere Prophet Mohammed als Mitglied eines einflussreichen Stammes in Mekka geboren. Damals waren durch das Judentum und das Christentum bereits monotheistische Einflüsse in die Region gelangt. Er erhielt 610 seine erste Offenbarung durch den Erzengel Gabriel. Diese wurde später im Koran aufgezeichnet, der die Basis einer neuen, streng monotheistischen Religion wurde, des Islam. Die neue Religion verbreitete sich schnell auf der ganzen Halbinsel, und als Mohammed 632 in Medina starb, war Damaskus die Hauptstadt der islamischen Herrscher, deren Gebiet im 9. Jahrhundert von Spanien bis nach Indien reichte.

1498 war dann wieder ein bedeutendes Jahr für die Region. Vasco da Gama umsegelte das Kap der Guten Hoffnung und erfuhr dabei durch seinen omanischen Navigator Ahmed bin Majid von dem herrlichen Land Oman, und flugs setzten sich die Portugiesen auf der jemenitischen Insel Suqutra fest, von wo aus sie zahlreiche Stützpunkte an den Küsten des Landes errichteten. Noch heute findet man deshalb zahlreiche Forts an den Küsten. Mitte des 17. Jahrhunderts vertrieben die Briten dann die Portugiesen und fungierten als Schutzmacht.

In den folgenden Jahrhunderten verloren die Handelswege der Araber immer mehr an Bedeutung, die Clans führten Kleinkriege um die wenigen Ressourcen und Abd al-Aziz ibn Saud begann 1902 eine Reihe von Feldzügen zur Unter-

Palastneubau in Abu Dhabi

werfung der Halbinsel, die 1932 zur Gründung des Königreiches Saudi-Arabien führte. Die Schutzherrschaft der Briten bewahrte die Scheichtümer an der Golfküste Kuwait, Katar und die heutigen Vereinigten Arabischen Emirate vor der Übernahme durch Saudi-Arabien.

Den Menschen in der Region ging es jedoch außerordentlich schlecht. Im Landesinnern ernährten sich die Beduinen mühsam von der Viehzucht. Unter anderem züchteten sie Dromedare, Schafe und Ziegen, für die sie in der Wüste und vor allem in den Randzonen der Wüsten Weideplätze suchten. An den Küsten entwickelte sich ein neuer Erwerbszweig durch die Begierde der westlichen Länder nach Perlen. Dabei riskierten die Taucher ihr Leben: mit einer traditionellen Dhau, einem Jalboot, aus Holz ging es hinaus aufs Meer. Mit einem Strick wurde ein Stein am Fuß des Tauchers befestigt, der ihn in die Tiefe zog. Da sie die Augen im Salzwasser nicht öffnen konnten, tasteten sie sich zu den Austern vor, die sie mit bloßen Händen aus den Korallen herauszogen. Bis zu 200 Tauchgänge pro Tag absolvierten die Perlenfischer, ein wahrlich harter Broterwerb.

Perlen waren bis weit in das 20. Jahrhundert einer der wichtigsten Erwerbszweige der Golfregion. Die Weltwirtschaftskrise 1929 und die Verbreitung von billigeren Zuchtperlen aus Japan führten zum abrupten Niedergang der Perlenindustrie am Golf.

Die große Wende brachten dann die Erdölfunde im Jahr 1932, und die Region entwickelte sich in den folgenden Jahren rasant zu einer der reichsten Gegenden der Welt. Nach einer Schätzung des DIHK werden die Golf-Staaten wie Saudi-Arabien und die Emirate bis 2020 rund sechs Billionen Dollar einnehmen – nur durch den Verkauf von Öl. Der Höhenflug des Ölpreises macht die Golfstaaten zu Top-Adressen der internationalen Finanzwelt. Inzwischen wird wegen des Ölpreisverfalls das erfolgreiche Geschäftsmodell auch mit Sorge betrachtet und die politisch Verantwortlichen beginnen, sich Gedanken über die Ära nach dem Öl zu machen. Doch noch immer türmen sich in den Wüstenstaaten viele der

Milliarden, die Industrie und Autofahrer weltweit mittlerweile für ihre Tankfüllungen ausgeben müssen. Und das spürt der Besucher schon bei der Ankunft in Dubai auf dem Flugplatz!

Die Golfstaaten

›Golfstaaten‹ ist die zusammenfassende Bezeichnung für sechs Länder der Arabischen Halbinsel, die Anrainerstaaten am Persischen Golf sind: Bahrain, Katar, Kuwait, Oman, Saudi Arabien und die Vereinigten Arabischen Emirate. 1981 wurde der Golf-Kooperationsrat gegründet, der die gemeinsame Außen- und Sicherheitspolitik sowie die wirtschaftliche Zusammenarbeit ermöglicht. Eine eigene Verteidigungseinheit von etwa 5000 Soldaten wird betrieben, auch eine gemeinsame Währung ist geplant. Vor allem der Iran gilt als Konkurrent und außenpolitischer Gegenspieler, die Beziehungen zur USA und zur Europäischen Union sind hingegen intensiv. Die Gesamtfläche der Golfstaaten beträgt knapp 2,6 Millionen Quadratkilometer, das ist gut sieben Mal so groß wie Deutschland.

Interessant sind die Staatsformen dieser Länder, die sich aus der jeweiligen geschichtlichen Entwicklung ableiten. Gemeinsam ist ihnen nur die Ursprungsbevölkerung, die aus Beduinenstämmen bestand.

Kinder in Doha

Bahrain war bereits in prähistorischer Zeit besiedelt und wurde im 4. Jahrhundert vor Christus von den Persern besetzt und ins Sassanidenreich eingegliedert. Gut 1000 Jahre später wurde die Insel von den Arabern erobert und die Bewohner nahmen den Islam als Religion an. Im 16. Jahrhundert stand sie unter portugiesischer Herrschaft und nach mehreren weiteren Zugehörigkeiten zum Perserreich erlangte Bahrain 1783 die Unabhängigkeit. Im 19. Jahrhundert stand es dann unter britischer Oberhoheit, heute ist es eine konstitutionelle Monarchie und Heimat sowohl von Sunniten als auch Schiiten.

Das Emirat Katar ist eine absolute Monarchie, der Emir entscheidet, was gemacht wird, und es gibt kein Parlament. Kuwait ist eine konstitutionelle Erbmonarchie mit einem König und einem Parlament. Der Oman ist ein Sultanat mit einer absoluten Monarchie, das sich erst seit den 1970er Jahren langsam von Jahrhunderte alten Stammesstrukturen löst.

Saudi-Arabien ist ein Königreich mit einer absoluten Monarchie (Erbmonarchie).

Bleiben die Vereinigten Arabischen Emirate VAE, sie sind eine Föderation der Emirate Abu Dhabi, Dubai, Sharjah, Ajman, Ra's al-Quwain, Umm Al Quwain, Ras al-Khaimah und Fujairah, die jeweils von einem Scheich angeführt werden, der dem mächtigsten Stamm angehört. Ds Regierungssystem ist eine konstitutionelle Wahlmonarchie.

Wir finden in diesem Land also die verschiedensten Staats- und Regierungsformen, und die Diskussionen und Auseinandersetzungen in Tunesien und Ägypten in Richtung zur Demokratie beeinflussen auch die Golfstaaten, in denen es nun erste Proteste aus dem Volk gibt.

Die Golfstaaten auf einen Blick

Land	Hauptstadt	Einwohner	Fläche [km²]	Währung
Bahrain	Manama	1,31 Mio.	765	Bahrain-Dinar
Katar	Doha	2,40 Mio.	11606	Katar-Riyal
Kuwait	Kuwait Stadt	400 Mio.	17818	Kuwait-Dinar
Oman	Muscat	4,00 Mio.	309500	Omani-Rial
Saudi-Arabien	Riad	30,62 Mio.	2150000	Saudi-Rial
Vereinigte Arabische Emirate (VAE)	Abu Dhabi	9,50 Mio.	83600	
(Deutschland)	Berlin	81,50 Mio	357375	Euro

Erdöl

Am 4. März 1938 wurde auf der Arabischen Halbinsel erstmals Öl gefunden. Dieser Fund sollte die Region in den folgenden Jahren völlig verändern. Öl bedeutet Reichtum, und diesen Reichtum erlebt der Reisende heute in Form von giganti-

Ölpumpen in der Wüste von Bahrain

schen, hochmodernen Städten, luxuriösen Hotels, prächtigen Alleen und Strandpromenaden – von den Flugplätzen ganz zu schweigen! Die Ankunft auf dem Flughafen von Dubai ist wie der Einzug ins Paradies, und wie im Paradies zahlen in den Golfstaaten weder Arbeitnehmer noch Firmen Einkommensteuer!

Seit den 70er Jahren haben sich die arabischen Golfstaaten dank ihrer enormen Erdöl- und Erdgasvorkommen zu wichtigen Handelspartnern der westlichen Industrienationen entwickelt. Aus einer vormals unbeachteten, wirtschaftlich unattraktiven Region ist innerhalb von nur drei Jahrzehnten ein Wirtschaftsraum mit erheblicher Finanzkraft erwachsen, der in zunehmendem Maße das Interesse ausländischer Unternehmen auf sich zieht.

Von den entdeckten Weltvorräten lagern etwa 63 Prozent im Gebiet um den Golf. Ein großer Teil der Förderung findet ›Offshore‹, also unter dem Meeresboden, statt.

Der Anteil der Golfregion an der Weltförderung liegt derzeit bei etwa 27 Prozent, der größte Teil davon wird exportiert, und damit beherrscht die Golfregion weitgehend den gesamten Öl-Weltmarkt. Mit der Manipulation der Ölpreise haben diese Länder deshalb großen politischen und wirtschaftlichen Einfluss in der Welt.

Bis 1930 war der Handel mit Naturperlen die Haupteinnahmequelle der arabischen Herrscher an der Golfküste. Erst der Zusammenbruch dieses Wirtschaftszweiges um 1930 veranlasste sie, stattdessen auf die Ausbeutung ihrer Erdölvorräte zu setzen – eine wahrlich weise Entscheidung!

Als in den 20er Jahren unter der Arabischen Halbinsel Erdöl vermutet wurde, waren die Herrscher des Landes noch arme Beduinen, die die Erkundung der mutmaßlichen Erdölfelder nur mit ausländischem Kapital finanzieren konnten. Sie unterzeichneten deshalb Verträge für etwaige Förderkonzessionen mit britischen Firmen (BP und Shell), und als das Öl dann zu fließen begann, hatten diese die Nase vorn. Noch heute gehören sie zu den größten Energiekonzernen der Welt. 1930 sprudelte das erste Erdöl aus einem Bohrloch am Jebel al-Dukhan in Bahrain. Es folgte 1938 die Entdeckung eines Ölfeldes in Kuwait mit 60 Millionen Barrel und 1948 in Saudi-Arabien mit 100 Millionen Barrel. Das Öl kostete damals 1,30 Dollar pro Barrel (inflationsbereinigt 10 Dollar) und die Ölproduzenten machten sich gegenseitig Konkurrenz, bis sie sich zu einer Allianz zusammenschlossen, der OPEC.

OPEC

Die Organisation erdölexportierender Länder OPEC (Organization of the Petroleum Exporting Countries) ist ein internationaler Zusammenschluss ölfördernder Länder, zu dem auch einige der Golfstaaten gehören. Er wurde 1960 in Bagdad gegründet.

Das Ziel der OPEC ist ein monopolisierter Ölmarkt, der sich gegen die Preisbildung auf dem Weltmarkt durch die Festlegung von Förderquoten für die einzelnen OPEC-Mitglieder und die Regelung der Erdölproduktion absichern kann. Durch die künstliche Verknappung oder Steigerung der Ölförderung wird der Preis für Erdöl weltweit so reguliert, dass er innerhalb eines festgelegten, unter den OPEC-Staaten abgestimmten Zielpreiskorridors liegt.

Die Mitgliedsstaaten sind Katar, Libyen, VAE, Algerien, Nigeria, Angola, Ecuador, Indonesien, Irak, Iran, Kuwait, und Saudi-Arabien. Doch inzwischen hat der technische Fortschritt den Niedergang der OPEC eingeleitet. Dank neuer Fördertechnologien wie dem sogenannten Fracking kann Öl aus tief liegenden Gesteinsschichten gefördert werden. Das hat den USA eine dramatische Ausweitung ihrer Energieproduktion beschert. Dank dieses neuen Schieferöls wird Amerika mehr und mehr zum dominierenden Spieler am Energiemarkt und der Preis ist drastisch gefallen. Im Januar 2016 kostete ein Barrel (159 Liter) 30 US-Dollar. Davon abgesehen reichen ja die weltweiten Erdölreserven sowieso nicht bis in alle Ewigkeit: Bahrain wird das erste Land sein, dem die Ölvorräte ausgehen, man rechnet dort nur noch mit weniger als zehn Jahren. Bis dahin muss die Wirtschaft auf künftige Einnahmequellen wie Tourismus oder Finanzwirtschaft umgestellt sein.

Landschaft und Klima

Die Arabische Halbinsel liegt zwischen dem 32. und 12. südlichen Breitengrad. Die Halbinsel ist im Westen und Süden von Gebirgen umgeben, die im Osten langsam zum Persischen Golf hin abfallen. Ganzjährig warmes Klima ist garantiert, es beschert der Region in den Sommermonaten große Hitze bis 46 Grad und quälende Trockenheit, im Winter dagegen, von November bis März liegen die Temperaturen bei angenehmen 21 bis 26 Grad, in der Wüste ganz selten auch einmal bei nur 5 Grad. Unser Wohlbefinden hängt in großem Maße aber auch von der Luftfeuchtigkeit ab. Diese liegt im Mittel bei 50 bis 60 Prozent, kann in den Sommermonaten aber auch auf über 90 Prozent ansteigen. Das wäre für einen Besuch recht unangenehm, und deshalb finden Kreuzfahrten in diese Region nur von November bis März statt. Dann erwartet den Urlauber aber fast durchgängig schönes Wetter mit angenehmen Temperaturen und viel Sonne.

Auf der arabischen Halbinsel gibt es die größten Sandwüsten der Erde, insbesondere die Wüste Rub el Khali im Süden und die Wüste Nefud im Norden Dort herrscht extrem trockenes Klima, nur wenige Orte erhalten jährlich über 178 Millimeter Niederschläge (zum Vergleich Deutschland: durchschnittlich ca. 800 mm im Jahr). Weit mehr als die Hälfte Saudi-Arabiens besteht aus Wüste. Die Wüste Rub al Khali nimmt den ganzen Südosten des Landes ein und dehnt sich auch im Jemen und im Oman aus. Sie ist weitgehend unerforscht und hat eine Fläche von über 700 000 Quadratkilometern. Sie wird auch das ›Leere Viertel‹ genannt.

Größere, ganzjährig wasserführende Flüsse gibt es auf der Arabischen Halbinsel nicht. Die Flussbetten (wadi) sind fast das ganze Jahr hindurch ausgetrocknet und werden nur nach gelegentlichen Regenfällen vorrübergehend zu Bächen oder auch zu reißenden Strömen. Die Wasserknappheit ist ein großes Problem der ganzen Region.

Von dieser Wasserarmut ist natürlich auch die Vegetation betroffen, die sich nur nach den wenigen Regenfällen entfalten kann. Man findet hier deshalb Trockenpflanzen, die lange Zeit ohne Wasser leben können. In den Wadis sprießen nach den Regenfällen sogar Gräser und Blumen, die aber bald wieder vertrocknen. Es ist praktisch ein Land ohne Pflanzen. Eine Ausnahme macht Bahrain: im nördlichen Teil des Landes gibt es zahlreiche unterirdische Quellen. Der Süden der Arabischen Halbinsel ist fruchtbarer, hier findet man Dattelpalm-Plantagen, Gemüsegärten, Blumen und Wiesen, und an den Berghängen im südlichen Saudi-Arabien und im Jemen gibt es ausgedehnte Landwirtschaft, sogar Wein, Hirse, Weizen, Mais und Zitrusfrüchte.

Grünanlagen gedeihen nur dank künstlicher Bewässerung

Auch Berge gibt es auf der Halbinsel, und das sind keine Zwerge: In den regenreichen Bergketten des Jemen im äußersten Südwesten erhebt sich im Haraz-Gebirge der Dschabal an-Nabi Schu'aib (Berg des Propheten) in einem Naturschutzgebiet auf 3665 Metern. Er ist auch der höchste Berg auf der Arabischen Halbinsel überhaupt. Der höchste Berg in den Bergen des Oman ist der Jebel Shams (Sonnenberg) im Hajar-Gebirge (Hadschar-Gebirge), mit 3009 Metern.

Der gebirgige Streifen entlang dem Roten Meer vom Jemen bis Hedjas (Al Hijaz) ist das Asir-Gebirge, es war seit alters das wirtschaftlich-kulturelle Zentrum mit dem Reich der Königin von Saba im Jemen und dem Ursprungsgebiet des Islam.

Sprache

Das moderne Hocharabisch ist in allen Golfstaaten Amts- und Landessprache. Englisch ist zweite Geschäftssprache. Mit Englisch kommt man auf Reisen gut durch den Alltag, allerdings mit einigen Einschränkungen: Die Landbevölkerung versteht nicht immer Englisch, wie auch ältere Menschen und kleinere Kinder. Da die Taxifahrer fast immer Gastarbeiter sind, verstehen auch diese leider oft kein Englisch und oft auch gar nicht die Landessprache. Durch den großen Anteil an Migranten, vor allem in den VAE, hier sind es um die 80 Prozent der Bevölkerung, werden in den Golfstaaten auch Hindi, Urdu und Persisch, Russisch, Polnisch, Indonesisch und viele andere Sprachen gesprochen.

Eine besondere Bedeutung hat die Dicht- und Erzählkunst der Beduinen. Der Orient ist die Wiege des Erzählens von Märchen, Geschichten, Legenden und Sagen. Im Orient erreichte diese Erzählkunst eine beispiellose Blüte. In der Wüste gab kein Kino und keine Bücher. Die Beduinen dichteten am Lagerfeuer und erzählten in geselliger Runde Geschichten. Diese dienten nicht nur der Unterhaltung, sie vermitteln auch kulturelle Werte, durch das Erzählen wurden die Traditionen weiter überliefert. Die Geschichten wurden von Generation zu Generation weitergegeben und erst vor nicht allzu langer Zeit schriftlich festgehalten. Ali Ahmed Said zum Beispiel, mit dem Künstlernamen Adonis, zählt zu den bedeutendsten arabischen Lyrikern des 20. Jahrhunderts. Er gilt als Wegbereiter einer modernen arabischen Dichtung und ist seit Jahren Kandidat für den Literatur-Nobelpreis. Eines seiner wichtigsten Bücher, ›Die Gesänge Mihyars des Damaszeners‹, gibt es auch in deutscher Sprache. Der bahrainische Dichter Ali al-Dschalawi aus Manama ist durch zahlreiche Bücher bekannt und saß wegen seiner regimekritischen Publikationen bereits mehrmals im Gefängnis.

Religion

Die vorherrschende Religion in den Golfstaaten ist der Islam. Der Islam ist mit ca. 21 Prozent der Weltbevölkerung die zweitgrößte Religionsgruppe der Welt, nach dem Christentum mit 33 Prozent. Islam bedeutet wörtlich ›Hingabe an Gott‹, der arabische Wortstamm ›s-l-m‹ steht für ›Frieden‹.

Die Grundlagen der Lehre sind der Glaube an den Einzigen Gott (Allah) und die Sharia, das ›Gesetz‹, das das Leben der Gläubigen in allen religiösen, sozialen und politischen Belangen regelt. Mohammed (geb. um 570 in Mekka, gest. 632 in Medina) ist der Prophet, dem Gottes Wort vom Erzengel Gabriel mündlich übermittelt wurde. Im Koran, wörtlich ›Wiedergabe‹ oder ›Vortrag‹, dem heiligen Buch der Muslime, wurden diese Überlieferungen nach Mohammeds Tod niedergeschrieben. In der polytheistischen Oberschicht Mekkas stieß die neue Lehre auf wenig Gegenliebe, und in Folge zunehmender Bedrohung verließ Mohammed mit seinen Anhängern Mekka Richtung Yathrib, dem späteren Medina. Der Auszug aus Mekka, die sogenannte Hidschra, ist der Beginn der islamischen Zeitrechnung.

Die Große Moschee in Muscat (Oman)

Aus anfänglichen Raubzügen gegen Karawanen aus Mekka entwickelten sich kriegerische Auseinandersetzungen, aus denen Mohammed mit seiner angewachsenen Gefolgschaft schließlich als Sieger hervorging. 630 kehrte er zurück in seine Heimatstadt Mekka. Er ließ die Götzenbilder der altarabischen Religion in der Kaaba zerstören, nur der schwarze Meteorit, den Abraham in die Kaaba gebracht haben soll, verblieb im Heiligtum. Mohammed war nun unangefochtener religiöser sowie politischer Herrscher, der seinen Machtbereich schnell ausdehnen konnte. Der Islam breitete sich alsbald rasend schnell von der Arabischen Halbinsel über die ganze Welt aus.

Die Anhänger des Islam heißen nicht Islamisten sondern Muslime. Unter ›Islamisten‹ versteht man eine Gruppe von Anhängern des Islam, die ihren radikal ausgelegten Glauben mit Gewalt und Terror zu verbreiten versuchen. Die Muslime distanzieren sich von den Islamisten.

Das Gebetsbuch, entsprechend der Bibel im Christentum, ist der Koran, und den Zehn Geboten des Christentums entsprechen die Suren, derer gibt es allerdings 114!

In den Suren ist das Verhalten der Muslime definiert und vorgegeben, wobei einige von den Wertevorstellungen der westlichen Welt stark abweichen, zum Beispiel die Sure 4 ›die Frau‹.

Aber die Frauenrechtsbewegung ist auch in den arabischen Ländern nicht aufzuhalten: Mittlerweile haben im Nahen Osten viele islamische Länder das Frauenwahlrecht eingeführt: in den letzten Jahren Afghanistan (1963), Jemen (1970), Bahrein (1973), Jordanien (1974), Irak (1980), Oman (2003), Katar (2003), Kuwait (2005), Vereinigte Arabische Emirate (2006) und sogar Saudi Arabien (2015).

Im Inneren der Großen Moschee von Abu Dhabi

Auch die Kleiderordnung ist nicht so streng, wie oft bei uns angenommen oder von einigen Zuwanderern suggeriert: In den VAE gibt es keine islamische Bekleidungsvorschrift wie etwa in Saudi-Arabien. Viele Emirater bevorzugen jedoch die traditionelle Kandura, ein knöchellanges weißes Hemd aus Baumwolle oder Wolle; einige einheimische Frauen tragen die Abaja, ein schwarzes Übergewand, das den Körper verhüllt. Jugendliche richten sich oft nach westlichen Modetrends. Ausländer tragen ihre jeweils übliche Kleidung.

Mehrfach am Tag soll der Moslem zu Allah beten, möglichst in einer Moschee. Das Gebet findet im Knien statt mit vielen Verbeugungen. Dabei soll der Boden rein gehalten werden, deshalb zieht man die Schuhe aus und betet auf einem Gebetsteppich. Der Muezzin kündigt mit seinem Ruf vom Minarett die fünf täglichen Pflichtgebete (Salat) an, neuzeitlich oft auch über Lautsprecher. Der Imam ist der Vorbeter, Männer und Frauen beten in getrennten Räumen. Selbstverständlich müssen auch nichtmuslimische Besucher vor dem Betreten einer Moschee, wenn dies überhaupt möglich ist, die Schuhe ausziehen.

Die fünf Säulen des Islam

Jeder Moslem hat bestimmte, religiöse Pflichten, die als die ›fünf Säulen des Islam‹ bezeichnet werden.

- **Schahada**: einmal täglich muss das Glaubensbekenntnis gesprochen werden. Es lautet: *›Es gibt keinen Gott außer Allah, und Mohammed ist sein Gesandter‹.*
- **Salat** ist das Ritualgebet, das fünfmal am Tag gebetet werden muss. Die Gebetszeiten sind in der Morgendämmerung, mittags, nachmittags, bei Sonnenuntergang und später am Abend. Der Muezzin ruft von der Moschee aus zum Gebet, jetzt meist über Lautsprecher. Zur Zeremonie gehört das Waschen vor dem Gebet und Verbeugen in Richtung Mekka.

- **Zakat** ist die Pflicht, Almosen zu geben. Jeder Moslem soll jederzeit für die armen Leute spenden so viel er entbehren kann. einmal im Jahr erfolgt eine Pflichtspende (Zakat), in den Emiraten zum Beispiel etwa 2 Prozent des Vermögens.
- **Saum**, das Fasten im Ramadan. Der neunte Monat des islamischen Kalenders ist der Fastenmonat Ramadan. Fasten in dieser Zeit ist für jeden Moslem Pflicht. ›*Fasten*‹ heißt hier jedoch nur, dass zwischen Morgen- und Abend dämmerung nicht gegessen und getrunken werden darf. Nach Eintritt der Dunkelheit gibt es dann üppiges Essen mit Freunden.
- **Hadsch**, die Pilgerfahrt nach Mekka einmal im Leben, sofern man gesundheitlich und finanziell dazu in der Lage ist. Die Pilgerreise findet im 12. Monat des islamischen Kalenders statt, wer daran teilgenommen hat, darf den Titel ›*Haji*‹ tragen.

Islamische Glaubensrichtungen

Es gibt zwei große Glaubensrichtungen im Islam: die Sunniten bilden mit 90 Prozent die bedeutend größere Gruppe, die kleinere Gruppe sind die Schiiten.

Einen der gemäßigten Flügel des Islam bildet in der Region die kleine Gruppe der Ibaditen, zu ihr gehören etwa 70 Prozent der Bevölkerung des Oman. Sie gehört weder den Sunniten noch den Schiiten an.

Eine konservative und konsequente Auslegung des Koran verfolgt hingegen der sunnitische Wahabismus, der die Staatsreligion in Saudi-Arabien ist.

Die Trennung in Schiiten und Sunniten ist bis heute bestimmend für viele Konflikte innerhalb der islamischen Welt, auch die Rivalität zwischen den arabischen Ländern am Persischen Golf und dem schiitischen Iran hat eine ihrer Wurzeln in dieser Spaltung. Diese Spaltung wiederum resultiert aus Nachfolgestreitigkeiten nach dem Tod des Propheten, der keinen Nachfolger bestimmt hatte. Während die Sunniten sich auf den ersten gewählten Kalifen Abu Bakr (den Schwiegervater Mohammeds) als Nachfolger des Propheten berufen, stehen die

Überall entstehen neue prächtige Moscheen

Richtige Kleidung für einen Moscheebesuch

Schiiten in der Nachfolge des Prophetenschwiegersohns Ali. Der Begriff ›Schiit‹ leitet sich von der Gefolgschaft Ali (›Schi'at Ali‹) ab. Die Schiiten pflegen einen ausgeprägten Märtyrer- und Heiligenkult, weswegen sie von einem Teil der Sunniten für Ketzer gehalten werden. Schiitische Pilgergruppen sind immer wieder Terroranschlägen von sunnitischen Extremisten ausgesetzt.

Dschihad

Dschihad oder Djihad bedeutet ›Anstrengung, Kampf, Bemühung, Einsatz‹ und bezeichnet im religiösen Sinne ein wichtiges Konzept der islamischen Religion, die Anstrengung, den Kampf auf dem Wege Gottes. Nach klassischer islamischer Rechtslehre dient dieser Kampf der Erweiterung und Verteidigung islamischen Territoriums, bis der Islam die beherrschende Religion ist. Im europäischen Sprachraum wird der Begriff mit dem Ausdruck ›Heiliger Krieg‹ übersetzt.

Der Dschihad ist eines der Grundgebote des islamischen Glaubens und für alle Muslime bindend. Einige Islamwissenschaftler bezeichnen den Dschihad deshalb auch als sechste Säule des Islam. Der ›Heilige Krieg‹ soll allerdings nur geführt werden, um bestehendes islamisches Territorium und die Freiheit und Sicherheit der Muslime zu verteidigen. Eine gewalttätige Ausbreitung des Islam auf andere Territorien ist nicht vorgesehen. Im übrigen war auch die Ausbreitung des Christentums nicht immer gewaltfrei. Die Missionare haben in früheren Zeiten Druck auf die unchristliche Bevölkerung ausgeübt, und manchmal auch ein bisschen mehr. Die heutige Kriegsführung ist gegenüber früheren Kriegen deutlich brutaler geworden, und so sind auch die Methoden der ›Islam-Verbreiter‹ brutaler geworden. Der ›Islamismus‹ ist das Ergebnis solcher konsequenten und brutalen Ausbreitung des Islam, die von der Mehrzahl der Moslems allerdings abgelehnt wird.

Emir, Scheich und Co.

Emir, von arabisch amīr, bedeutet ›Befehl‹, ›Fürst‹, ›Prinz‹, ›Gouverneur‹ oder ›Befehlshaber‹. In frühislamischer Zeit befehligte ein Emir eine muslimische Soldatentruppe; nach Eroberungen nahm er dann den Platz des dortigen Gouverneurs ein. Mit zunehmender Macht herrschten später einige Emire mehr oder weniger souverän. Solche souveränen Emirate existieren seit dem Ende der britischen Oberherrschaft 1971 heute noch im arabischen Raum als Emirat Kuwait, Emirat Katar oder die zu einem Bundesstaat zusammengeschlossenen Vereinigten Arabischen Emirate.
Beispiel: Scheich Tamim Bin Hamad, Emir von Katar.

Scheich, von arabisch šaiḫ, ist ein arabischer Ehrentitel, der schon seit vorislamischer Zeit für Männer von Rang und Namen verwendet wird. Er wird sowohl in weltlichen als auch in religiösen Zusammenhängen benutzt. Allerdings ist auch ein gewisses Alter Voraussetzung für die Führung des Titels. In der deutschen Sprache bedeutet Scheich so viel wie (arabischer) ›Stammesfürst‹.
Beispiel: der Emir von Katar ist ein Scheich (s.oben).

Sultan, arabisch ›Stärke‹, bezeichnet in der politischen Sprache die staatliche Autorität und später den islamischen Inhaber der Regierungsgewalt.
Beispiel: Qabus ibn Said, Sultan vom Oman.

Kalif, arabisch ḫalīfa, bedeutet ›Herrscher‹, und der Kalif ist der Stellvertreter des Propheten Mohammed und Führer der Muslime. Nach Abschaffung des osmanischen Kalifats im März 1924 gab es keinen neuen Kalif mehr.

Ein Kalifat existiert seitdem nur noch in verschiedenen islamischen Sondergemeinschaften wie der senegalesischen Tidschaniya oder im Fulani-Staat in Westafrika.
Beispiel: Kalifat von Soloto (Westafrika).

Imam: der Imam leitet das Gebet in der Moschee, er ist der ›Vorbeter‹, zitiert Koranverse und dirigiert die Bewegungsabläufe der Gläubigen (Niederwerfen, Verbeugen usw.). Ein Imam ist kein ›Geistlicher‹, jeder Gläubige kann diese Aufgabe wahrnehmen. In Deutschland gibt es 1250 hauptamtliche und etwa 1000 ehrenamtliche Imame, die meisten von ihnen kommen aus der Türkei, wo sie an staatlich anerkannten islamisch-theologischen Instituten ausgebildet werden. Im Ausland unterstehen sie dem Attaché für religiöse Dienste der türkischen Generalkonsulate.

Scheichparade an der Autobahn in Dubai

Kulturelle Besonderheiten

Das Zusammenleben zwischen Mann und Frau sowie der Zusammenhalt der Familie sind durch die islamische Tradition und die beduinische Vergangenheit der Region geprägt. Nur die Einbindung in den familiären Clan hatte in früheren Zeiten ein Überleben in der lebensfeindlichen Wüste überhaupt ermöglicht. Es gibt dabei eine strenge Trennung von ›Innen‹ und ›Außen‹: Innen ist der Bereich der Frau, Außen regiert der Mann, und nur der Mann. Innen ist also die Familie, ganz Innen der engste Familienkreis, und Fremde stehen naturgemäß außen und werden zunächst eher mit Zurückhaltung oder gar Misstrauen behandelt. Ein arabisches Sprichwort sagt:

›Ich und mein Bruder gegen unsere Cousins.
Ich, mein Bruder und meine Cousins gegen unseren Stamm.
Und wir alle zusammen gegen den Rest der Welt.‹

Die Lebenswelten von Männern und Frauen sind auch heute noch in vielen Bereichen stark voneinander abgegrenzt. So gibt es in öffentlichen Räumen wie Restaurants oder Behörden teilweise abgetrennte Bereiche für Frauen und Familien. Diese garantieren die traditionelle Separation der Geschlechter auch in der Öffentlichkeit, also im ›äußeren‹, von der Männerwelt dominierten Bereich. Aber nicht nur räumlich, sondern auch in Bezug auf Zuständigkeiten grenzen sich Frauen- und Männerrollen traditionell ab: Den Männern obliegt das Geldverdienen und generell der Kontakt mit der Außenwelt. Die Frauen dagegen sind zuständig für Familie, Haushalt und Kindererziehung, also für den inneren Bereich. In den modernen Golfstaaten sind aber auch diese Regeln inzwischen gelockert, denn es gibt viele bestens ausgebildete Frauen, die ihr Wissen nicht am Kochtopf verdampfen lassen wollen und heute selbstverständlich auch in der Berufswelt präsent sind.

Körperkontakt zwischen Frau und Mann außerhalb der Familie ist aber nach wie vor nicht erwünscht, dies muss von Besuchern z.B. bei der Begrüßung unbedingt beachtet werden. Bei der Begrüßung sollte man abwarten, ob die arabische Frau dem europäischen Mann die Hand reicht oder nicht. Tut sie dies nicht, so stellt das lediglich einen Aspekt der islamischen Regel dar und ist keinesfalls unhöflich gemeint, denn die Araber sind sehr gastfreundlich. Zu beachten ist aber in allen Situationen eine strenge gesellschaftliche Hierarchie. In der Gesellschaft sind Ober-, Mittel- und Unterklasse stark voneinander abgegrenzt. Zwar wird bei Entscheidungen jeder Beteiligte gefragt und es wird oft lange debattiert, das Ergebnis stand aber schon zu Beginn der Debatte fest, denn der Boss entscheidet. In der Hierarchie steht immer der Ältere vor dem Jüngeren und der Mann vor der Frau. An oberster Stelle stehen immer das Ansehen und die Ehre, offene Kritik ist nicht erwünscht, es gilt stets, das Gesicht zu wahren.

In den meisten westlichen Ländern sind Kirche und Staat mehr oder weniger stark getrennt. In den islamischen Staaten ist das anders, hier gibt es kaum einen Unterschied zwischen Politik, Religion und Kultur, alles verschmilzt. Während die Verfassung der Vereinigten Arabischen Emirate zwar das islamische Recht, die Shari'a, als Hauptrechtsquelle nennt, spielt diese laut dem Auswärtigem Amt

Arabische Mutter mit ihren Kindern

in der praktischen Anwendung des Zivilrechts keine Rolle, mit Ausnahme von familienrechtlichen Angelegenheiten. Zugleich basiert das weltliche Recht insofern auf der Schari'a, als alte und neue Gesetze stets auf ihre Kompatibilität mit dem islamischen Recht geprüft werden und mit diesem vereinbar sein sollten.

Umgangsregeln

Diese ›Anstandsregeln‹ könnten auch für die Kreuzfahrtteilnehmer wichtig sein:

Einladung zum Essen

- Zu einer Einladung bringt man immer ein Geschenk mit, das können Blumen sein, aber auch Schokolade, Honig oder Früchte.
- Vor dem Essen Hände waschen, auch wenn man sich gerade eben die Hände gewaschen hat.
- *Ganz wichtig:* In den Golfstaaten gilt die ›*Rechte-Hand-Regel*‹: Nehmen Sie alles, was man Ihnen gibt, ob Kaffeetasse oder Visitenkarte, mit der **rechten** Hand an und übergeben Sie auch alles mit der **rechten** Hand. Die linke Hand gilt als unrein, und es stellt eine Beleidigung dar, etwas mit ihr zu nehmen oder zu geben. Beim Essen die linke Hand am besten in den Schoß legen.
- Die Finger während des Essens nicht ablecken oder damit den Mund oder die Nase berühren.
- Die Fußspitzen dürfen nie auf einen anderen Menschen zeigen, das ist ausge sprochen unhöflich.
- Beim Essen nicht schlingen oder sich den Mund vollstopfen.
- Nach dem Essen kann man ungeniert mit dem Zahnstocher die Reste zwischen den Zähnen herauspulen.
- Dem Gast wird immer das beste Stück Fleisch o.a. angeboten. Es wäre unhöflich, dieses abzulehnen.
- Speisen immer von der Seite der Platte nehmen, die direkt auf die Person zeigt. Hinüberreichen oder Hinüberbeugen ist unhöflich.
- Lehnen Sie angebotenen Kaffee (meist mit Kardamom), oder auch Tee, nicht ab, das wäre eine Zurückweisung der Gastfreundschaft.

Allgemein

- Die ›Daumen-hoch‹-Geste mit dem hochgereckten Daumen sollte in Gegenwart von Golfarabern nicht eingesetzt werden, sie gilt als obszön.
- Bei jedem Verkehrsunfall, auch ohne Beteiligung eines anderen KFZ, ist die Polizei hinzuzuziehen.
- Es ist auch hier bei einem Verkehrsunfall Hilfe zu leisten.
- In der Öffentlichkeit ist der Konsum von alkoholischen Getränken strengstens verboten.
- Wer unter Alkoholeinfluss steht und in der Öffentlichkeit auffällt, bekommt e ine Haftstrafe von mindestens 24 Stunden.
- Homosexualität stellt in allen Ländern der Region eine Straftat dar. Touristen sollten sich in der Öffentlichkeit dezent verhalten, dann sind keine Problem zu erwarten.

- Während der Muezzin zum Gebet ruft, darf keine Musik gehört werden.
- Es darf nichts auf einen Koran gelegt werden.
- Fast alle Preise sind Verhandlungssache. Feilschen gehört in den arabischen Ländern zum Alltag. Als Faustregel gilt: Der Händler nennt seinen Preis, man kontert mit der Hälfte und trifft sich dann in der Mitte. Es wird aber nur um höherwertige Gegenstände gefeilscht, z.B. nie um Lebensmittel, und es sollte nur gefeilscht werden, wenn es danach auch zum Kauf kommt.
- Geduld ist eine Tugend, die man mitbringen muss, wenn man in diese Region kommt. Alles dauert lange und wer glaubt, Deutschland sei bürokratisch, wird seinen Standpunkt gründlich überdenken, wenn er wieder nach Hause kommt.
- Wer Toilettenpapier einem Wasserschlauch vorzieht, ist gut beraten, wenn er eine Rolle mit sich führt. In Hotels gibt es zwar immer Papier, aber in Privathaushalten ist es nicht sehr weit verbreitet.
- Araber sind sehr freundliche Menschen. Für sie ist es selbstverständlich, Hilfe anzubieten, auch wenn sie es nicht können oder eigentlich nicht wollen. Das bedeutet, dass häufig Versprechungen gemacht werden, die dann aber nicht eingehalten werden. Das ist Teil der arabischen Kultur und nicht böse gemeint.
- Und hier eine ganz wichtige Regel für den Besuch arabischer Länder, und das gilt auch für Dubai und die Strandbesuche: Schmusen und Küssen in der Öf fentlichkeit sollten sich auch verliebte Paare verkneifen, das ist hier einfach nicht üblich!

Kleidung

Auf den Kreuzfahrtschiffen trägt man heute in der Regel legere Kleidung, die dem Klima des bereisten Landes angepasst ist. Auf jeder Reise gibt es, je nach Länge der Reise, eine oder zwei Abende mit ›formaler Kleidung‹. An diesen Abenden werden Sie in die Restaurants nicht in kurzen Hosen oder Sandalen eingelassen (wohl aber ins Bistro!).Die Damen haben für diesen Abend ihre schönsten Kleider im Gepäck, die Herren den (oft geliehenen) Smoking oder einen Anzug mit Hemd und Krawatte und auf jeden Fall feste Schuhe.

Kleidung in der Öffentlichkeit

Bei den Landausflügen beachten Sie bitte, dass wir uns in muslimischen Ländern befinden, und nichts erregt in arabischen Ländern mehr Anstoß als unangemessene Kleidung. Sonnenbaden oben ohne oder gar ganz nackt ist auf der ganzen Halbinsel streng verboten, und wer am öffentlichen Strand derart unbekleidet erwischt wird, muss mit harten Strafen rechnen. Westliche Besucher tragen am Strand ihre normalen Strandklamotten – aber an öffentlichen Stränden bitte keinen knappen Bikinis – und laufen barfuß oder in Sandalen. In den Städten jedoch hört der Badespaß auf, und es ist nicht akzeptabel, in der Öffentlichkeit einschließlich Hotelfoyers und den Märkten (souqs) in Shorts, Unterhemd und Flipflops herumzulaufen!

Einige Hotelbars und Nachtclubs haben einen strikten Dresscode. Die Einheimischen kleiden sich gut, wenn sie es sich leisten können, und deshalb werden auch die Besucher nach ihrer Kleidung beurteilt.

Ganz falsch wäre es nun allerdings, wenn sich westliche Besucher in dishdashas, also die langen Männerhemden, oder abeyyas einpacken würden. Man würde sie zwar nicht des Landes verweisen, die Einheimischen würden dies aber als Respektlosigkeit ansehen. Dubai ist nicht Disneyland, wo man sich Mäuseohren überzieht, um lustig auszusehen. Die von uns besuchten Länder sind tief vom Islam geprägt, und das äußert sich auch ganz besonders an der Kleidung. Zum Respekt vor den Einheimischen gehört auch eine angemessene, zurückhaltende Kleidung.

›Zurückhaltende Kleidung‹ bedeutet immer, dass Knie, Oberarme, Schultern und Ausschnitt irgendwie bedeckt sind, oft reicht hier ein dünnes Schultertuch.

Oft erweist es sich als nützlich, ein Kopftuch oder einen Hut dabeizuhaben, das wäre zum Besuch einer Moschee unerlässlich.

Und denken Sie daran, dass auch in dieser Beziehung in Saudi-Arabien ganz besonders strenge Vorschriften gelten – aber dorthin führt unsere Reise ja nicht.

Ramadan

Im Ramadan, das ist der neunte Monat des islamischen Mondkalenders, fasten Moslems von Sonnenaufgang bis Sonnenuntergang.

Der islamische Mondkalender verwendet das Jahr der Hidschra, also der Auswanderung des Propheten Mohammed von Mekka nach Medina, als Ausgangspunkt, das ist der 16. Juli 622 nach Christus. Angaben nach der islamischen Zeitrechnung werden in westlichen Sprachen üblicherweise mit dem Kürzel AH (= Anno Heirate) oder i.J.d.H. (= im Jahre der Hidschra) versehen.

In dem heiligen Monat also gedenken die Muslime der Offenbarung des heiligen Korans und sie dürfen in dieser Zeit täglich von Sonnenaufgang bis Sonnenuntergang nicht essen, trinken oder rauchen. Am Abend, also nach Sonnenuntergang, ertönt das Signal zum ›Iftar‹, zum Fastenbrechen. In der ganzen

Schuhregal vor einer Moschee

arabischen Welt beginnt diese Tradition mit einer Dattel, einem Glas Wasser und einem Gebet. Und dann wird kräftig gefuttert, getrunken und gefeiert, die ganze Nacht, auch auf den Straßen.

Wer als Nicht-Moslem im Ramadan-Monat in islamische Gebiete reist, ist diesen Regeln natürlich nicht unterworfen, sollte aber aus Höflichkeit nicht in der Öffentlichkeit essen, trinken oder rauchen.

Da sich der Ramadan nach der Mondstellung richtet, sind die Termine flexibel und werden für jedes Jahr berechnet bzw. bekannt gegeben.

Termine für den Ramadan 2017 bis 2020:

- Ramadan 2017 von Samstag 27. Mai bis Sonntag 25. Juni
- Ramadan 2018 von Mittwoch 16. Mai bis Donnerstag 14. Juni
- Ramadan 2019 von Montag 6. Mai bis Dienstag 4. Juni
- Ramadan 2020 von Freitag 24.April bis Samstag 23.Mai

Begrüßung auf Arabisch

Traditionell begrüßen sich Muslime in der ganzen Welt mit: ›salaam alaikum‹ oder ›as-salaam-alaikum‹ – Friede sei mit dir, und die Antwort darauf lautet: ›wa-alaikum as-salaam‹ – auch mit dir sei Friede. Dabei reichen sich gleichgeschlechtliche Partner die Hand. Einer Frau gibt man nur die Hand, wenn sie ihre Hand zur Begrüßung vorstreckt. Der Prophet Mohammed soll gesagt haben: ›Es ist besser, dass einer von euch mit einem Eisenstachel in den Kopf gestochen wird, als dass er eine Frau berührt, die er nicht berühren darf‹, also jede Frau, mit der er nicht verwandt ist. Den Nichtmuslimen wird dieser Gruß jedoch nicht entgegengebracht werden. Hier lautet die einfache Begrüßung ›Merhaba‹ – Guten Tag. In der Praxis ist die Begrüßungsformel jedoch bedeutend länger.

Begrüßen sich zwei Araber, tauschen sie dabei eine lange Reihe standardisierter Grußformeln aus, in denen in raschem Tempo das Wohlbefinden der Familienangehörigen abgefragt und gegenseitige Segenswünsche ausgesprochen werden. Fragen nach der Gesundheit und nach der Familie sind im arabischen Raum ritualisiert und gelten als eine Art Respektbezeugung. Die Frage nach der Gesundheit ist dabei aber nur eine Floskel, Sie sollten darauf jetzt auf keinen Fall all Ihre Wehwehchen aufzählen. Fragen nach der Gesundheit und dem Wohlbefinden der Familie werden gern angehört, fragen Sie aber niemals direkt nach der Ehefrau oder den Töchtern.

Wie jede Situation im Leben, wird auch die Begrüßungsformel vom Koran vorgeschrieben: ›Doch wenn ihr in Häuser eintretet, so begrüßt einander mit Assalam Alaikum, einem gesegneten, lauteren Gruß von Gott.‹ (Sure 24:61)

Sex und Homosexualität

Homosexualität sowohl zwischen Männern wie auch zwischen Frauen ist in den Golfstaaten illegal und wird den Gesetzen zufolge mit der Todesstrafe als Höchststrafe geahndet. Ebenso ist für alle Menschen außerehelicher Sex strikt verboten, besonders auch das ›Ausprobieren‹ vor der Hochzeit.

In Saudi-Arabien und im Jemen steht nach Schariarecht die Todesstrafe für außerehelichen Sex, egal welcher sexuellen Orientierung.

In Bahrain ist Homosexualität zwischen Frauen nicht strafbar, Männer müssen bis zu zehn Jahre ins Gefängnis.

In den anderen arabischen Staaten sind ebenfalls alle sexuellen Akte außerhalb der Ehe verboten, homosexueller Sex wird mit bis zu 15 Jahren Haft geahndet. Antidiskriminierungsgesetze zum Schutz der sexuellen Orientierung bestehen aufgrund der Illegalität natürlich nicht. Gleichgeschlechtliche Paare, die mit dem Schiff kommen und also kein gemeinsames Hotelzimmer belegen, müssen aber keine Angst haben. Sie müssen allerdings penibel darauf achten, dass sie in der Öffentlichkeit keine Zärtlichkeiten austauschen, Händchen halten oder turteln.

Generell gilt im Islam: Sex ist nur innerhalb der Ehe erlaubt, und diese ist immer nur zwischen Mann und Frau. Daher heiraten Muslime vergleichsweise jung. Im Idealfall ist die Hochzeitsnacht jener Zeitpunkt, zu dem ein Mensch zum ersten Mal Geschlechtsverkehr hat. Ob man beim Sex denn auch vollständig nackt sein darf? Die Antwort ist: Ja, solange die Partner einander nicht allzu genau angucken!

Hotelbesuche

Für Hotel- und Restaurantbesuche gelten eigentlich dieselben Regeln wie überall auf der Welt: dezentes Auftreten und korrekte Kleidung. Bezüglich der korrekten Kleidung kann man nichts falsch machen, wenn man nur eine Regel beachtet: Haut zeigen ist in den Emiraten fehl am Platze. Wenig Haut zeigen heißt für Männer lange Hosen und langärmeliges Hemd, für die Damen knielanges Kleid oder Rock oder lange Hosen und Oberteile, welche die Schultern und Oberarme

Luxushotel in Manama (Bahrain)

bedecken und keinen tiefen Ausschnitt haben. Spaghetti-Top und Hotpants sind absolut unmöglich. Für den Restaurantbesuch sind zusätzlich feste Schuhe vorgeschrieben, also keine Strandlatschen, auch keine Turnschuhe.

Für den Moscheenbesuch ist zusätzlich für Frauen ein Kopftuch zwingend vorgeschrieben.

Im streng konservativen Nachbar-Emirat Sharjah – es gibt Ausflugsfahrten dorthin von Dubai aus – sind diese Empfehlungen Gesetz, und Verstöße dagegen werden bestraft.

Alkohol

In den meisten arabischen Ländern ist Einheimischen der Konsum von Alkohol aus religiösen Gründen verboten. Alkohol findet man deshalb nicht im Supermarkt. In Dubai, Abu Dhabi und Bahrain besitzen jedoch die meisten Hotels und auch die gehobenen Restaurants Lizenzen zum Alkoholausschank. Zum Erwerb benötigt man eine ID-Karte, die einen zum Kauf ermächtigt. Für Touristen ist es unmöglich diese Karte zu bekommen, denn die Wartezeit ist länger als drei Monate. Und wer in der Hotelbar zu tief ins Glas geschaut hat muss vorsichtig sein – wer betrunken auf der Straße aufgegriffen wird, hat harte Strafen zu erwarten.

Sicherheit

Bahrain, Oman, Katar und die VAE gehören zu den sichersten Reiseländern der Welt, die Kriminalität ist sehr gering. Das liegt einmal daran, dass auch die ›Armen‹ nicht unter dem Existenzminimum leben müssen und zum anderen, dass Vergehen sehr hart und konsequent bestraft werden. Gastarbeiter – immerhin 60 Prozent der Bevölkerung – werden sofort des Landes verwiesen, wenn sie sich kriminell betätigen. Dazu gehören auch (nichtautorisierte) ›Graffitis‹, diese sind dort absolut nicht zu sehen. Frauen können sich sicher und unbehelligt bewegen, auch nachts, sie werden weder angestarrt noch ›angemacht‹ oder gar begrapscht.

Auf Drogenbesitz, auch zum Eigenkonsum, auch sogenannte weiche Drogen und auch in Kleinstmengen von weniger als 0,1 Gramm in Reisegepäck, Kleidung oder Körper stehen in den VAE drakonische Strafen. Für Drogenhandel kann die Todesstrafe verhängt werden.

Auch die Überwachung der öffentlichen Plätze und Anlagen mit Videokameras trägt zur Sicherheit bei. Trotzdem gelten natürlich auch hier die Regeln – wie in allen andren Ländern dieser Welt – dass man schon Acht geben muss auf seine Sachen und Taschendiebe nicht zum Klauen animieren sollte.

Leider ist man aber vor dem internationalen Terrorismus auch hier nicht geschützt. Das Deutsche Auswärtige Amt warnt deshalb: ›Die terroristische Organisation ISIS, die sich selbst auch ›Islamischer Staat‹ nennt, hat mit Anschlägen auf die Interessen westlicher Länder gedroht. Es ist nicht auszuschließen, dass aufgrund dieser Drohung westliche Ausländer auch im Ausland Ziel terroristischer Gewaltakte, von Entführungen und von kriminellen Übergriffen durch ISIS-Sympathisanten werden können.‹ Das Auswärtige Amt rät weiter: ›Reisende sollten in der Öffentlichkeit zurückhaltend auftreten, in ihrem Verhalten auf die religiösen, politischen, kulturellen und sozialen Traditionen des Landes Rücksicht nehmen und sich von eventuellen Demonstrationen oder Protestveranstaltungen fernhalten.‹

Feiertage

Überall auf der Welt sind die Sehenswürdigkeiten des Landes an den Feiertagen besonders überfüllt, weil sich dort dann auch die einheimische Bevölkerung tummelt. Deshalb ist es gut zu wissen, auf welche Tage diese Feiertage fallen.

In den Vereinigten Arabischen Emiraten gibt es zwei Arten von Feiertagen, die nationalen und die religiösen Feiertage. Die nationalen Feiertage werden jedes Jahr am selben Tag gefeiert, wie zum Beispiel der Jahrestag der Thronbesteigung am 6. August. Die religiösen Feiertage sind islamischen Ursprungs und richten sich nach dem Mond. Das genaue Datum dieser Feiertage muss deshalb aus den Mondbewegungen errechnet werden.

Der Freitag in den Vereinigten Arabischen Emiraten entspricht dem europäischen Sonntag. Wenn ein Feiertag auf einen Freitag fällt, kann dafür ein anderer Tag freigegeben werden. In den meisten Fällen ist dann der Donnerstag frei.

Feste Nationale Feiertage

1. Januar Neujahr
6. August Jahrestag der Thronbesteigung Scheich Zayid bin Sultan Al Nahyan (nur in Abu Dhabi)
2. Dezember Nationalfeiertag (der öffentliche Dienst feiert auch den Folgetag)

Wichtige islamische Feiertage			
	2016	2017	2018
Himmelsreise des Mohammed	05.05	24.04.	13.04.
Ende des Ramadan	05.07	24.07	15.06.
Opferfest	12.09	01.09	21.08.
Islamisches Neujahr	03.10.	22.09	12.09.
Ashura-Fest	12.10.	01.10.	21.09.
Geburtstag des Propheten Mohammed	12.12.	01.12.	21.11.

Quelle: feiertagskalender.ch

Während des Opferfestes denken die Muslime an den Propheten Abraham. Dieser wurde von Gott aufgefordert seinen Sohn Ismael zu opfern.

Das Ashura-Fest findet am zehnten Tag des islamischen Monats Muharram statt, an dem der Überlieferung nach unter anderem Noah mit seiner Arche auf einem Berggipfel gestandet sein soll und die Wunden des Propheten Hiob von Gott geheilt wurden. Muharram ist der erste Monat des islamischen Kalenders.

Parade zum Nationalfeiertag in Dubai

Für die Schiiten ist Ashura zudem ein Fest zum Gedenken an den Enkel des Propheten Mohammed. Er starb in der Schlacht von Kerbala, weil ihm seine Verbündeten (die Schiiten) nicht zur Hilfe kamen – ein Versäumnis, das die Schiiten bis heute als eine Art ›Ursünde‹ ansehen. Deshalb ist dieses Fest in schiitischen Regionen stark von öffentlicher Trauer und Buße gekennzeichnet.

Die Himmelsreise des Mohammed wird auch als Miradsch bezeichnet. Es erinnert an die Erhebung des Propheten zu Allah.

Je nach Land und Mondkalenderberechnung können die Feiertage um einen Tag abweichen.

Bevölkerung und Soziales

Die fast unermesslichen Einkünfte aus den Ölverkäufen machen es für die Herrscherfamilien der VAE möglich, ihren ›Untertanen‹ allerlei Vergünstigungen zukommen zu lassen, wohlgemerkt nur für Einheimische, nicht für die Gastarbeiter, die aber 60 bis 80 Prozent der Bevölkerung ausmachen.

Einheimische zahlen keine Steuern, sie haben kostenlose Krankenversicherung, kostenlose Lieferung von Strom, Gas und Wasser, sie zahlen keine Schulgebühren und es gibt natürlich auch keinen Soli!

Lebensmittel und Eintrittspreise sind allerdings nicht gerade preiswert, aber auch nicht überteuert, obgleich hier alles, aber auch wirklich alles außer Rohöl importiert werden muss. Sogar Bausand für den Beton wird importiert, aus England, weil Wüstensand hierfür nicht geeignet ist.

Die vielen Gastarbeiter in der Region haben die genannten Vergünstigungen nicht. Sie bilden, sozial gesehen, zwei Gruppen: die ›Expats‹ und die eigentlichen Gastarbeiter.

Expats (Expatriate) sind Fachkräfte, die von den internationalen Firmen vorübergehend an ausländische Zweigstellen geschickt werde, meist für ein bis drei Jahre. ›Selbstinitiierte Expats‹ sind Menschen, die sich diese Jobs auf ei-

Vor der Dubai Mall, einem der größten Einkaufscenter der Welt

gene Initiative besorgen. So gesehen sind die vielen Tausend Bauarbeiter und Hilfskräfte auch Expatriates, in der Praxis benutz man diesen Ausdruck für diese Arbeitskräfte aber nicht.

An oberster Stelle im Verdienst und im Ansehen stehen die Fachkräfte aus dem westlichen Ausland. Diese haben in den Emiraten ein herrliches Leben. Sie verdienen gut, steuerfrei, mit jährlichen Freiflügen in die Heimat und schönen Wohnungen in guter Lage. An zweiter Stelle stehen die Arbeitskräfte aus dem östlichen Ausland. Sie verdienen nicht ganz so viel wie die begehrten Fachkräfte aus dem westlichen Ausland. Sie arbeiten in den Emiraten so lange, bis sie das Geld für ein Haus oder eine Kneipe in der Heimat zusammen gespart haben oder das Geld für eine gute Ausbildung der Kinder. Die ›armen Gastarbeiter‹ sind die Arbeitskräfte aus Indien, Pakistan und Bangladesch, die meist einfache Arbeiten auf Baustellen verrichten und dort für einen Hungerlohn schuften. Frauen arbeiten oft als Hausmädchen und verdienen auch dort deutlich weniger als einheimische Arbeitskräfte. Trotzdem verdienen diese Menschen hier mehr als in ihren Heimatländern, wo sie oftmals gar keine Arbeit finden, und können noch monatlich einen Betrag in die Heimat überweisen, mit dem sie ihre Familie ernähren können. Viele dieser Gastarbeiter bleiben 20 und mehr Jahre in den Emiraten und sehen ihre Familien nur alle zwei Jahre bei einem zweimonatigen Urlaub.

Eine weitere Bevölkerungsgruppe sind die Beduinen, also die nomadischen Wüstenbewohner, die sich einst mühsam von der Viehzucht ernährten. Unter anderem züchteten sie Dromedare, Schafe und Ziegen, für die sie in der Wüste und vor allem in den Randzonen der Wüsten Weideplätze suchten. Die modernen Beduinen führen hingegen ein zeitgemäßes Leben: Sie reisen im Truck mit Allradantrieb, in dem sie oft auch ihre Kamele befördern, sie kaufen Futter in der

Stadt, um nicht ständig den mageren Futterplätzen nachreisen zu müssen, und sie beziehen sauberes Trinkwasser aus Tankfahrzeugen. Die modernen Beduinen haben Handys und Smartphones, Satellitenfernseher und Radios, und viele von ihnen sind deshalb vollkommen sesshaft geworden. Sie wohnen aber traditionsgemäß in ihren Zelten mit getrennten Bereichen für Männer und Frauen. Und sie sind auffallend gastfreundlich zu Fremden. Gemäß der alten und heiligen Überzeugung darf kein Fremder, der um Nahrung oder eine Schlafstätte bittet, abgewiesen werden. Außerdem steht jeder Reisende drei Tage lang unter dem Schutz des Gastgebers und er bekommt freies Geleit durch das Stammesgebiet.

Maut

Straßenmaut zahlt man auch nicht – das steht jedenfalls in vielen Reiseführern; es stimmt aber nicht. Bereits 2007 wurde in Dubai/Abu Dhabi von der Road and Transport Authority RTAS ein Maut-System eingeführt und von ihr auch betrieben. Jedes Fahrzeug, das die mautpflichtigen Straßen und Brücken passiert, benötigt einen Salik-Aufkleber mit einem Guthaben auf der Windschutzscheibe. Dieser Aufkleber ist zu einem Preis von 100 Dirham (ca. 25 Euro) von einem der zahlreichen Vertriebspartner der RTAS zu erwerben. 50 Dirham fallen für den Aufkleber selbst an und die übrigen 50 Dirham sind als erstes Guthaben enthalten.

Über Mautportale werden die Fahrzeuge automatisch erfasst und die Maut, vier Dirham pro Durchfahrt, elektronisch abgebucht. Die Salik-Aufkleber können jederzeit mit neuem Guthaben aufgeladen werden.

In Dubai gibt es sechs Mautstationen, und zwar entlang der Sheikh Zayed Road E11 (Airport Tunnel, Mamzar, Al Barsha und Al Maktoum) und an der Garhoud Bridge.

Mietwagen haben alle einen Salik Sticker. Wenn Sie zum Beispiel die Sheikh Zayed Road oder die Al Garhoud Bridge in Dubai benutzen, werden bei jedem Durchfahren vier Dirham auf den Salik Sticker belastet. Dies erfolgt alles auf elektronischem Wege und man erkennt diese Kosten erst bei der Rückgabe des Mietwagens in Dubai. Der Autovermieter sieht dann, wie oft Sie das Salik System genutzt haben und berechnet Ihnen fünf Dirham pro Durchfahrt – die Vermieter wollen ja auch leben – ist aber ganz legitim.

Maut wird auch fällig am Mauthäuschen auf dem King Fahd Causeway von Bahrain nach Saudi-Arabien (zwei BD).

Schulbildung

In den VAE wird viel für das Schulwesen getan. Seit Gründung der VAE 1971 besteht allgemeine Schulpflicht für Sechs- bis Zwölfjährige. Die Alphabetisierungsrate liegt bei 77,9 Prozent. Für Emirater ist Bildung generell kostenlos, Ausländer zahlen Schulgebühren. Es gibt staatliche und private Universitäten.

Für die Ausländer wurden vor allen Dingen Privatschulen gebaut. Nur etwa 30 Prozent der Emigranten besuchen reguläre Schulen. Zum einen sind viele Schulen nur Muslimen vorbehalten, zum anderen basiert der Lehrplan in öffentlichen Schulen auf der arabischen Sprache. Englisch wird nur als Fremdsprache unterrichtet. Die staatlichen Schulen sind ebenfalls immer nach Geschlechtern getrennt, die meisten Privatschulen sind hingegen gemischt. In den VAE gibt es sowohl internationale Privatschulen als auch verschiedene nationale Schulen. Angefangen von arabischen über amerikanischen und europäische bis hin zu asiatischen Lehrinstituten. Die Privatschulen sind oft recht teuer, manchmal werden die Kosten jedoch vom Arbeitgeber getragen. Der Standard in den Privatschulen ist in der Regel hoch, mit modernen Lehrmitteln, komfortabler Ausstattung und kleinen Klassen. Die meisten von ihnen bieten einen Unterricht bereits vom Vorschulhort bis zu den Aufnahmeprüfungen für die Universität. In den Golfstaaten können das britische ›A-level‹ oder das ›International Baccalaureate‹ (internationales Abitur), absolviert werden.

In Dubai gibt es eine deutsche Schule, die ›Internationale Schule in Dubai‹ (GISD) mit Deutschem Internationalen Abitur (DIAP), und auch in Abu Dhabi gibt es eine Deutsche Internationale Schule, die GISAD mit gleichem Abschluss. Das Deutsche Internationale Abitur (DIAP) zählt weltweit zu den hochwertigsten Schulabschlüssen und eröffnet somit erstklassige Studienmöglichkeiten.

Der Scheich als Häusleschenker

In den VAE bekommen Einheimische von der Regierung, also vom Scheich, zur Hochzeit ein Haus geschenkt sowie 70 000 Dirham, um ihrer Ehe einen guten finanziellen Start zu gewährleisten, allerdings nur einmal im Leben. Bezahlt werden diese Geschenke aus einem staatlichen Hochzeitsbudget, dem ›Marriage Fund‹, der 1990 vom ehemaligen VAE-Präsidenten Seiner Hoheit Scheich Zayed Bin Sultan Al Nahyan ins Leben gerufen wurde. Es wird nur gezahlt, wenn Emirater untereinander heiraten. Diese Geschenke werden gemacht, weil ja hier 80 Prozent Ausländer leben und Hochzeiten mit Ausländern als problematisch angesehen werden.

Der emiratische Hochzeitsfonds ist einmalig in der arabischen Welt und wahrscheinlich sogar weltweit. Er beträgt jährlich um die 217 Millionen Dirham oder etwa 54 Millionen Euro.

Das moderne Museum für Islamische Kunst in Doha (Katar)

Kamele

Seit gut 4000 Jahren war in den Wüsten Arabiens das Kamel (*Camelus dromedarius*) das einzige Lasten- und Transportmittel. Wobei die Kamele in Arabien eigentlich Dromedare sind, sie haben nur einen Höcker. In großen Teilen Afrikas, Asiens und dem Vorderen Orient sind Kamele noch immer der wichtigste Milch-, Fleisch-, Leder- und Wolllieferanten.

Das Kamel ist dem Wüstenklima ideal angepasst: es kommt 17 Tage lang ohne Wasser aus, säuft dann aber locker 100 Liter Wasser innerhalb von zehn Minuten, die es übrigens nicht im Höcker speichert! Im Höcker werden vielmehr Fettreserven gelagert.

Auch im Futter ist das Kamel sehr genügsam, es genügen ein paar trockene Äste, ein Büschel Gras oder auch nur Stroh. Die Tiere sind bis zu 650 Kilogramm schwer, dabei sinken die breiten, schwieligen Sohlen kaum in den Sandboden ein. Sie trotten im Passgang (sie bewegen beide Beine auf einer Seite gleichzeitig) mit 20 Kilometern in der Stunde durch die Wüste, können aber auch Spitzengeschwindigkeiten von 64 km/h erreichen. Ihre Lebenserwartung beträgt 50 bis 60 Jahre.

Babykamele verlassen nach13 bis 15 Monaten den Mutterleib und dürfen dann einige Nächte im Zelt der Beduinen bzw. der Kamelzüchter leben, denn Kamele sind wertvoll und eine gute Kapitalanlage. Oft werden Bräute mit Kamelen ›bezahlt‹, besser gesagt, Kamele sind als Mitgift sehr willkommen.

Kamelrennen haben Tradition und sind sehr beliebt. Gute Rennkamele können einen Wert bis zu einer Million Euro haben. Früher wurden die eigens für Rennen gezüchteten von Kinderjockeys geritten, seit 2005 ist das verboten, und die Kamele werden jetzt von (in der Schweiz entwickelten) Robotern geritten, die von ihren Besitzern ferngesteuert werden. Diese Maschinen haben pro Stück einen Wert von 15 000 Euro. Das ist aber besser als der gefährliche Ritt für die kleinen Buben. Und wenn's den Scheichs Spaß macht ...

Kamele werden aber auch verspeist: es gibt Kamelfarmen, wo die Tiere als Schlachttiere und als Milchtiere gehalten werden. Kamelmilchschokolade ist eine besondere Delikatesse. Der einzige Kamelschokoladen-Hersteller sitzt in Dubai, Geschäftsführer ist der Kölner Martin van Almsick. 3000 Kamelstuten kommen zweimal täglich auf die automatischen Melkstationen und geben pro Tier etwa sieben bis acht Liter am Tag. 4000 Liter gehen täglich als Trinkmilch in die Supermärkte, der Rest wird in der eigenen Fabrik zu Kamelmilchschokolade verarbeitet und zum großen Teil in dem eigenen Laden ›Al Nassma‹ (Frischer Wüstenwind) verkauft. Da die Emirater Süßes lieben, floriert das Geschäft sehr gut.

Die erstaunlichsten Fakten über Kamele gilt es wohl noch zu entdecken. Die Beduinen haben ihr altes Wissen bewahrt und schwören auf die Heilkraft von Kamelmilch und Kamelurin. Jetzt erforschen Wissenschaftler in modernen Labors die medizinischen Eigenschaften dieser beiden Zutaten, und ein französischer Kamelexperte der UNO widmet sich in seiner Freizeit der Kamel-Käse-Produktion, die er sogar in Europa zu vermarkten gedenkt. Also gibt es wohl bald Kamelkäse bei uns im Supermarkt, und vielleicht auch Kamelurinbier?

Die Vereinigten Arabischen Emirate (VAE) sind ein Zusammenschluss von sieben Emiraten. Diese sind: Abu Dhabi, als größtes der Emirate, Dubai, Sharja, Ajman, Umm Al Qaiwai, Ras Al Khaimah und Fujairah.

DIE VEREINIGTEN ARABISCHEN EMIRATE

Die Marina von Dubai

Die VAE im Überblick

Abu Dhabi ist die Hauptstadt der Vereinigten Arabischen Emirate. Regiert werden die VAE von Seiner Hoheit Sheikh Khalifa Bin Zayed Al Nahyan, er ist der Präsident der VAE. Es heißt, die Emirater liebten und verehrten ihren Scheich, jedenfalls hängt sein Konterfei riesengroß an Häuserwänden und in allen öffentlichen Gebäuden.

Die Staatsform der VAE ist eine föderale Erbmonarchie, das Regierungssystem eine konstitutionelle Monarchie, die Thronfolge ist erblich. Die einzelnen Emirate, die jeweils nach ihrer Hauptstadt benannt sind, genießen aber einen gewissen Grad an Autonomie.

Vizepräsident und Premierminister der VAE ist der Herrscher von Dubai, dem zweitgrößten Emirat, Seine Hoheit Scheich Mohammed Bin Rashid Al Maktoum.

2006 wurde erstmals der Nationale Bundesrat gewählt, und zwar zur Hälfte von einem Wahlgremium, die andere Hälfte der 40 Abgeordneten wurde wie bisher anteilsmäßig von den sieben Emiren der VAE ernannt. Dieses Gremium hat aber nur beratende Aufgaben und ist daher mit einem Parlament nach westlichem Verständnis nicht vergleichbar. Unruhen und politische Aktivitäten werden nicht geduldet. Parteien und Gewerkschaften sind in den VAE verboten, ebenso die Muslimbruderschaft.

Seit Mai 1972 unterhält die Bundesrepublik Deutschland diplomatische Beziehungen zu den Vereinigten Arabischen Emiraten. Das Verhältnis zu den USA

Die Vereinigten Arabischen Emirate

ist gut. Europäische Partnerländer, besonders Großbritannien und Frankreich, werden traditionell geschätzt. Deutschland und die VAE haben im April 2004 eine strategische Partnerschaft begründet und diese seither stetig ausgebaut.
Über zwei Drittel des Landes werden von den nördlichen Ausläufern der Großen Arabischen Wüste Rub al-Chali eingenommen. Ihre Sanddünen können oft über Hunderte von Kilometern wandern und Oasen und Städte bedrohen, besonders die Oasenstadt Al Ain an der Grenze zum Oman.
Im Wüstenstaat ist Wasser ein überaus wichtiges Lebensmittel. Quellwasser in Flaschen ist teurer als Benzin. Aber das normale Wasser und Trinkwasser kommt zum größten Teil aus Meerwasser-Entsalzungsanlagen, deshalb besteht in den Städten keine Wasserknappheit. Das Leitungswasser ist gut und zum Zähneputzen unbedenklich. Man könnte es auch trinken, ich würde aber raten, doch nur Mineralwasser aus Flaschen zu trinken.
Die VAE besitzen die siebtgrößten Ölvorkommen der Welt, sind eine der am weitesten entwickelten Volkswirtschaften des Nahen Ostens und eines der reichsten Länder der Welt.
Viele Besucher werden sich vielleicht zunächst über die Kleidung der Emirater wundern, besonders der Frauen, denn in den Vereinigten Arabischen Emiraten gibt es keine islamische Bekleidungsvorschrift wie etwa in Saudi-Arabien. Viele Emirater bevorzugen jedoch die traditionelle Kandura, das ist ein knöchellanges weißes Hemd aus Baumwolle oder Wolle. Etliche einheimische Frauen, aber längst nicht alle, tragen die Abaja, ein schwarzes Übergewand, das den Körper verhüllt. Jugendliche richten sich meist nach westlichen Modetrends und die Ausländer tragen natürlich ihre übliche Kleidung.
Das traditionelle Essen der Emirater besteht aus Reis, Fisch und Fleisch, wobei Lamm und Schaf gegenüber Ziegen- und Rindfleisch bevorzugt werden. Da Muslimen kein Schweinefleisch essen dürfen, wird es in gastronomischen Einrichtungen kaum angeboten. Meeresfrüchte dagegen sind ein Hauptbestandteil der lokalen Küche. Beliebte Getränke sind Kaffee und Tee, denen zur Verfeinerung oft Kardamom, Safran oder Minze beigegeben wird. In Supermärkten gibt es Schweinefleisch und Alkohol in speziell als ›Nur für Nichtmuslime‹ gekennzeichneten Abteilungen.
Elektrischer Strom wird natürlich mit Hilfe von öl- oder gasbefeuerten Kraftwerken erzeugt. An diese Kraftwerke sind meist Meerwasserentsalzungsanlagen angeschlossen. In Anbetracht des irgendwann bevorstehenden Ende der Ölvorkommen hat ein südkoreanisches Konsortium 2009 den Auftrag bekommen, vier Kernreaktoren zu bauen, der Spatenstich der ersten zwei Blöcke des Kernkraftwerks Barākah war am 17. März 2011, er soll 2017 ans Netz gehen. Für ein Land des ewigen Sonnenscheins ist das für uns Mitteleuropäer eine eher unverständliche Alternative.
Die Vereinigten Arabischen Emirate haben eine Küstenlänge von 1318 Kilometern, davon liegen 70 Kilometer am Golf von Oman, also außerhalb des Persischen Golfs. Auf dem nördlichsten Abschnitt der VAE gibt es zwei Exklaven des Oman, die Halbinsel Musandam mit der Gouvernementshauptstadt Khasab und etwas weiter südlich die kleine Exklave Madha, sowie die Wüsteninseln Desert Islands in Al Gharbia mit der Hauptinsel Sir Bani Yas. Es gibt eine sehr schöne Straße direkt an der Golfküste entlang nach Ras Al Khaimah, die E11, von dort geht es dann auf der Autobahn E311 weiter nach Dubai.

Länderinformationen VAE

Zahlen und Fakten

Offizielle Bezeichnung: Vereinigte Arabische Emirate (Al-Imarat al-Arabiya al-Muttahida)
Staats- und Regierungsform: Föderale konstitutionelle Erbmonarchie
Gewerkschaften/Parteien: keine
Hauptstadt: Abu Dhabi
Gliederung: Sieben weitgehend autonome Bundesstaaten (Emirate)
Fläche: 83 600 km^2
Koordinaten: N24°28'/E54°22'
Größere Städte: Dubai (2,2 Mio.), Scharjah (900 000), Al-Ain (518 000), Ajman (362 000), Rasal-Khaimah (263 000), Fujairah(143 000)
Amtssprache: Arabisch
Einwohner: 9,50 Mio., davon 85 % Ausländer (2015)
Bevölkerungsdichte: 113,6 Einwohner pro km^2 (2014)
Bevölkerung: 85 % Ausländer, davon 2 Mio. Inder,1 Mi. Pakistani
Einkommenssteuer: keine
Religion: 96% Muslime (80 % Sunniten, 16 % Schiiten)
Inflationsrate: 2,3 %
Arbeitslosenquote: 4 %
Postgebühren: Karte 3, Brief 4 Dh
Spritpreis: 0,47 US-Dollar (43 Eurocent) pro Liter (Jan 2016)
Trinkgeld: wie üblich ca. 10%
Zeitzone: UTC +4 h, keine Sommerzeit, d.h. MEZ (u.a. Deutschland) +3 h
Pro Kopf BIP: 63750 US-Dollar (2014)
Währung: VAE-Dirham (Dh, auch DH oder AED)
Internetkennung: .ae
Mitgliedschaft: UNO
Kfz-Kennzeichen: UAE
Telefonvorwahl: +971
Nationalfeiertag: 2. Dezember, Unabhängigkeitstag
Schulpflicht: Allgemeine Schulpflicht für Sechs- bis Zwölfjährige

VAE von A bis Z

■ Alkohol

Der Genuss in der Öffentlichkeit ist verboten, Ausschank nur in lizensierten Restaurants und Bars (z.B. in den großen Hotels).

■ Diplomatische Vertretungen

Botschaft der Vereinigten Arabischen Emirate
Hiroshimastrasse 18–20, 10785 Berlin
Tel. +49/30/51651-6, 1651-900
www.uae-embassy.ae/Embassies/de/

Generalkonsulat der Bundesrepublik Deutschland
Dubai Street 14 A, Jumeirah I (behind Dubai Zoo), Dubai

Der Präsident (links) und der Vizepräsident der VAE

Tel. +9714/3498888, Fax 495050
www.dubai.diplo.de
Postadresse: Consulate General of the Federal Republic of Germany
P.O. Box 2247, Dubai, Vereinigte Arabische Emirate

Einreise

Deutsche Staatsangehörige dürfen ohne Visum in das Hoheitsgebiet der Vereinigten Arabischen Emirate einreisen und sich dort zu touristischen, geschäftlichen (ohne Arbeitsaufnahme) oder zu Besuchszwecken für die Dauer von höchstens 90 Tagen innerhalb von 180 Tagen aufhalten. Es reicht ein gültiger Reisepass.

Elektrizität

220–240 V 50Hz für Steckdosen Typ D (drei runde Stifte im Dreieck), in die unsere Eurostecker passen oder Typ G (drei dicke, flache Stifte im Dreieck), auch Commonwealth-Stecker genannt.

Klima

In den Vereinigten Arabischen Emiraten herrscht überwiegend subtropisches, trockenes und heißes Wüstenklima mit erheblichen Temperaturschwankungen zwischen Tag und Nacht.

Mobiltelefon

Mit deutschen Mobiltelefonen gibt es keinerlei Probleme. Wer als Tourist mehr als nur ein oder zwei kurze Gespräche führen möchte, sollte den Kauf einer einheimischen Prepaid-SIM-Karte in Erwägung ziehen: die Kosten für Gespräche nach D/A/CH betragen damit maximal nur rund 40 Eurocent/Minute. Die beiden Mobilfunk-Betreiber der VAE halten spezielle Angebote für Touristen bereit:
Ahlan, vom Anbieter ›Etisalat‹, für 90 Dirham (23 €), erhältlich im Duty Free Shop der Ankunftshalle im Flughafen Dubai.
Visitor Mobile Line vom Anbieter ›du‹ für 70 Dirham (18 €), erhältlich am Kiosk von Telefonika in der Ankunftshalle des Flughafens Dubai.
Derzeit gibt es Roaming Verträge mit Anbietern in den VAE von T-Mobile, E-Plus, O2 und Vodafone.

Touristinformation in Deutschland

Dubai Department of Tourism
Bockenheimer Landstraße 23
60325 Frankfurt/Main
Tel. +49/69/7100020, Fax +49/69/71000234, www.visitdubai.com/de

Trinkwasser

Das Leitungswasser ist gut und zum Zähneputzen unbedenklich. Man könnte es auch trinken, ich würde aber raten, doch nur Mineralwasser aus Flaschen zu trinken

Zollbestimmungen

Die Einfuhr von Waffen, Drogen und Falschgeld ist verboten. Auch das Mitführen von Pornographie wird streng bestraft. Bereits freizügige Illustriertentitelseiten könnten als Pornographie ausgelegt werden.
Die Einfuhr von einigen gängigen Medikamenten bzw. deren Inhaltsstoffen ist ohne ärztliche Verschreibung verboten. Bitte lassen Sie sich von Arzt bestätigen, welche Medikamente Sie einnehmen müssen.
Auch die Einfuhr von E-Zigaretten ist verboten. Sie werden bei Einfuhr konfisziert. Strafrechtliche Verfolgung kann nicht ausgeschlossen werden.
Zollfrei einführen dürfen Sie:
Geschenke bis zu einem Wert von 3000 Dh (750 €), 400 Zigaretten oder 50 Zigarren oder 500 g Tabak, 4 Liter alkoholische Getränke oder 48 Dosen Bier je 0,3 Liter.

Zu den **Bestimmungen bei der Rückkehr in die EU** → S. 209

Währung

VAE-Dirham (Dh, auch DH oder AED), 1 € = 4 Dh (2016).
Es gibt Scheine zu 1000, 500, 200, 100, 50, 20, 10 und 5 Dh und Münzen zu 1 Dh und zu 50, 25, 10 und 5 Fils. Es gibt Geldautomaten für EC- und Kreditkarten (kein V-Pay!).

Dubai

Dubai ist die Hauptstadt des Emirats Dubai, die größte Stadt der Vereinigten Arabischen Emirate und eine Stadt der Superlative. Sie wirkt wie eine Mischung aus Tausendundeiner Nacht und einer modernen Megacity. Den Besucher empfangen traumhaft schöne Strände, Sonnenschein, riesige Shopping Malls und luxuriöse Hotels. Alles ist weitläufig und gigantisch und unglaublich sauber. Spektakuläre Bauwerke wie das Burj Kalifa, die künstlich angelegte Insel The Palm, auf der das Atlantis Hotel steht, sowie zahlreiche überdimensionierte Einkaufszentren beeindrucken mit ihrer Größe und Weitläufigkeit. Das Burj Kalifa ist derzeit der höchste Wolkenkratzer der Welt, und die Polizei fährt im Bentley oder Ferrari Streife.

Etwa 80 Prozent der Einwohner Dubais sind Gastarbeiter, sie kommen hauptsächlich aus Indien und Pakistan, wo sie allerdings noch weniger als in Dubai verdienen würden, wenn überhaupt. Sie wohnen in Arbeitervierteln wie Muhaisuah in der Nähe vom Flughafen mit einfachen Wohnungen oder quälen sich jeden Tag durch die Staus auf Autostraßen oder in der U-Bahn zu ihren Baustellen. Viele kommen aber auch als Fachkräfte aus Europa, besonders aus Deutschland, aus den USA und Australien. Diese sogenannten Expats führen hier ein gutes Leben, verdienen sehr gut, und viele von ihnen kehren gar nicht mehr in die Heimat zurück. Eine Aufenthaltsgenehmigung haben sie so lange, wie sie einen Job haben.

Unter der Herrschaft von Scheich Mohammed bin Rashid Al Maktoum entwickelte sich Dubai rasant zu einem Finanz- Handels- und Tourismuszentrum. Dubai ist der Ort, wo man im Nahen Osten Geschäfte macht und Dubai ist auch immer mehr ein Ort, in dem westliche Touristen Urlaub machen – nicht zuletzt auch durch die preiswerten und sehr angenehmen Direktflüge von Emirates Airlines und Lufthansa von Frankfurt bzw. München nach Dubai.

▲ Karte hintere Umschlagklappe

Stadtgeschichte

Dubai entwickelte sich nicht immer so rasant wie in den letzten 50 Jahren. Die Geschichte der Stadt muss etwa 3000 vor Christus begonnen haben, entsprechende Ausgrabungen weisen darauf hin. Im 5. bis 7. Jahrhundert nach Christus war Jumeirah eine bedeutende Karawanenstadt auf der Handelsroute von Oman in den heutigen Irak. Die Menschen verdienten ihren Lebensunterhalt mit Fischfang, Perlenfischerei und Bootsbau. Im Jahr 1793 übernimmt der Stamm der Bani Yas die politische Macht und siedelte sich in Abu Dhabi an und unterdrückte Dubai. In der folgenden Zeit gab es dann zahlreiche Stammeskriege zwischen den beiden Städten. Unter Vermittlung der Engländer erfolgte 1820 ein erster Waffenstillstand, dem dann aber noch zahlreiche weitere folgten. Mehr als zehn Jahre später siedelte Maktoum Bin Butti vom Stamm der Bani Yas am Creek von Dubai und erklärte die Unabhängigkeit Dubais von Abu Dhabi. Das war im Jahre 1833. Die von ihm begründete Dynastie regiert Dubai noch heute.

Zu Beginn des 20. Jahrhunderts immigrierten viele Iraner nach Dubai, nachdem im Iran die Steuern drastisch erhöht worden waren. Das führte dazu, dass die Handelsaktivitäten in Dubai ständig stiegen. In Dubai entstand der größte Souk (Markt) Arabiens. Der Großteil der Bevölkerung bestand jedoch aus Beduinen, Kameltreibern, Fischern und

Der [illegible] höchste [illegible] Welt

Perlenfischer. Dubai bestand damals aus gut 2000 Häuser und 400 Geschäften. Die große Wende in der Geschichte der Stadt kam dann ganz plötzlich, als nämlich 1966 im Dubai-Fateh-Feld Öl gefunden wurde. Zahlreiche Arbeitskräfte strömten aus Irak, Iran und Pakistan in die Stadt, und nach dem Beitritt des Emirats in die Vereinigten Arabischen Emirate 1971 explodierte die Stadt und der Reichtum, und es entstand 1979 der erste Wolkenkratzer der Stadt, das Dubai World Trade Center. Es folgte 1985 der Bau des Flughafens und 1999 das Burj Al Arab als weltweit erstes Sieben-Sterne-Hotel. Die Einwohnerzahl stieg auf heute über zwei Millionen, natürlich einschließlich der vielen Gastarbeiter. Gekrönt wurde die Jagd nach immer mehr Superlativen 2010 mit der Eröffnung des höchsten Bauwerks der Welt: Burj Khalifa.

Obwohl Dubai nach der Entdeckung der Ölquellen 1938 wie Phönix aus der Asche emporgekommen schien, hat es doch eine tief verwurzelte Kultur, die dem Erbe der Beduinen verpflichtet ist. Zahlreiche Museen geben Einblick in diese spannende Vergangenheit. Wer einige Stunden im historischen Viertel von Al Fahidi oder Bastakiya verbringt (s.u.), gewinnt ein völlig anderes Bild von Dubai.

Der Flughafen von Dubai

Der Dubai International Airport liegt rund fünf Kilometer südöstlich der Stadtmitte. 2013 wurden mehr als 66 Millionen Passagiere befördert, das ist mehr als auf dem Frankfurter Flughafen. Trotzdem war diese Kapazität zu klein geworden, und so wurde 60 Kilometer südwestlich von Dubai im Oktober 2013 der Flughafen Dubai-World Central International für Passagierflüge geöffnet.

Der Dubai International Airport hat drei Terminals, und schon bei der Ankunft mit dem Airbus A380 von Emirates Airlines beginnt das große Staunen über die Größe und die Pracht der Gebäude, und dieses Staunen wird uns bis zum Verlassen der Emirate begleiten. Palmen und Wasserfontänen im Terminal sind Zeu-

Blick vom Burj Khalifa auf Dubai

▲ Karte hintere Umschlagklappe

gen von dem unermesslichen Reichtum dieses Landes, und wir begreifen, wohin die vielen Tankgroschen, die wir an den heimischen Zapfsäulen berappen müssen, letztlich verschwinden.
Natürlich gibt es alle Einrichtungen eines modernen Flughafens mit vielen Geschäften, Restaurants und Wechselstuben, in denen wir unsere ersten Dirham eintauschen können. Als Erweiterung des Terminal 3 wurde 2013 das Terminal ›Concourse A‹, das weltweit erste und einzige Terminal ausschließlich für A380-Jets, derzeit die größten Passagierflugzeuge der Welt, eröffnet. Und zwar vorzeitig. Hier am ›Emirates-Terminal‹, werden alle Flüge von Emirates Airlines abgefertigt. Emirates Airlines besitzt zurzeit 31 dieser Riesenflieger, und das neue Terminal ist ein glitzernder Hingucker. Jede Menge Marmor und polierter Edelstahl wurden für insgesamt 528 000 Quadratmeter Nutzfläche verbaut, von den Wänden plätschern Wasserfälle, an den Decken hängen Kandelaber. Wer die Freude hat, mit Emirates Airlines zu fliegen, wird hier ankommen und wirklich beeindruckt sein.

Dubai International Airport

Flughafencode: DXB, Al Twar -Dubai - Vereinigte Arabische Emirate, Tel. +9714/2245555.

Die **rote Linie** der Metro verkehrt von 6 bis 22.30 Uhr (freitags von 13 bis 23.30 Uhr) von Terminal 1 und Terminal 3 ins Stadtzentrum von Dubai.
Die **grüne Linie** verläuft nördlich des Flughafens und ist von Terminal 2 aus erreichbar.
Eine Fahrt kostet 6,50 Dh (1,15 €).
Während des Fastenmonats Ramadan gelten gesonderte Fahrzeiten.

Öffentliche Busse fahren im Zehn-Minuten-Takt von 6–22 Uhr zum Stadtzentrum von Dubai. Die Linien 4, 11, 15, 33 und 44 halten vor Terminal 1 und 3. Die Fahrt dauert 10–20 Minuten und kostet 2 Dh (0,50 €).
Klimatisierte Airport-Shuttle-Busse fahren ins Stadtzentrum und zu über 80 Hotels. Die Fluggesellschaft Emirates bietet ihren Fluggästen einen kostenlosen Busservice, der dreimal täglich nach Al Ain und viermal täglich nach Abu Dhabi fährt.

Taxis ins Stadtzentrum, die im Voraus bezahlt werden müssen, stehen rund um die Uhr vor jedem Terminal vor der Ankunftshalle zur Verfügung, Tel. 04/264111. Frauentaxis sind rosafarben. Die Fahrt ins Stadtzentrum dauert etwa zehn Minuten und kostet um die 40 Dh (10 €).

Wer als Kreuzfahrtteilnehmer ›Transfers‹ gebucht hat, wird von Bussen der entsprechenden Reederei direkt ans Schiff gebracht. Wer zu unpassender Zeit ankommt, kann ein Zimmer im Dubai International Airport Terminal Hotel reservieren: Terminal 1 & 3, Tel. +9714/ 2244000, Fax +9714/2245955, reservations@dubaiintlhotels.com.
Ab 650 Dh (163 €).

Cruise Ship Terminal

Dubais Cruise Ship Terminal im Port Rashid befindet sich auf einem Gebiet von zwei Millionen Quadratmetern und hat gegenwärtig Platz für fünf Mega-Kreuzfahrtschiffe gleichzeitig. Die Erweiterungspläne sehen vor, dass demnächst sieben große Schiffe gleichzeitig anlegen können. Damit wird dieser Kreuzfahrthafen – wie kann's auch anders sein, der größte der Welt und wahrscheinlich auch der schönste. Auch hier erleben wir eine Welt aus Luxus und Hochglanz.

Der Anleger ist etwa 15 Autominuten vom Dubai International Airport entfernt, die Metro ist aber ungeeignet: zwar hält die Rote Linie am Terminal 1 und 3 am Flughafen, es gibt aber keine Metro-Station am Cruise Ship Terminal. Die nächstgelegene Station ist Al Ghubaiba der Grünen Linie. Aber beachten Sie auch, dass das Schiff etwa fünf Autominuten vom Terminal-Eingang entfernt anlegt, das ist durch die Form des Anlegers bedingt. Man nimmt sich also am besten vom Flughafen ein Taxi (um die 40 €), falls man nicht sowieso abgeholt wird.

Neben Business Center und Konferenzräumen gibt es im Terminal mehrere Restaurants, Post, Duty Free Shop, einen Garten mit arabischen Palmen, Informationsstände, ein Internet- und Computerzentrum, Geldwechselmöglichkeit, eine VIP-Lounge und mehr.

Strand

Der schönste Strand von Dubai ist der kilometerlange **Jumeirah Beach**. Dort findet man auch die schönsten Hotels (Burj Al Arab, Royal Mirage, Palm Jumeirah). Der Besuch des öffentlichen Strandes neben dem Burj al Arab Hotel ist kostenlos, es gibt allerdings keine Einrichtungen. Hier kann jeder Dubai-Tourist lagern, man kann am Strand herumlaufen und sich die Luxushotels vom Strand aus anschauen. Der Strand in Dubai ist breit und sehr sauber und gepflegt, das Wasser hat auch im Januar konstant 24 Grad, und der Strand ist um diese Jahreszeit nicht überlaufen oder ist sogar ganz leer. Der Strand wird von jeder Stadtrundfahrt angefahren und man kann tolle Fotos vom Burj Al Arab und dem Jumeirah Beach Hotel machen.

▲ Karte hintere Umschlagklappe

Zum Sonnen und Schwimmen lässt man sich am besten mit dem Taxi hinfahren. Auch wer einen Mietwagen genommen hat, wäre mit dem Taxi besser beraten, denn es gibt wenig Parkplatz, und die Taxis sind billig.

Touristische Infrastruktur wie Sonnenschirme Liegen, Toiletten, Restaurant findet der Besucher im **Jumeirah Beach Park**, das ist ein 12 Hektar großes Areal mit 700 Meter langem Strand. Er liegt etwas weiter nördlich an der Jumeirah Road, kostet 5 Dh Eintritt. Am Strand können Liegen (verstellbare Kopfteile) für 15 Dh Schirme für 5 Dh gemietet werden, auch Handtücher für 10 Dh. Gleich am Eingang gibt es eine Burger-Bude sowie einen kleinen Laden mit Getränken einschließlich Kaffee, Sonnencreme und anderen Dingen und auch Toiletten. Für Kinder gibt es einen großen Spielplatz.

Dubai Metro

Die Dubai Metro wurde am 9. September 2009 eröffnet. Sie ist hochmodern und ist, wie kann es anders sein, die längste vollautomatisierte und komplett fahrerlose Metro der Welt. Das Schienennetz ist 76 Kilometer lang und es gibt zwei Linien: die ›rote Linie‹ mit 52,1 Kilometer Länge und 29 Stationen und die ›grüne Linie‹ mit 23,9 Kilometer Länge und 18 Stationen. Alle Stationen sind voll klimatisiert – wie übrigens auch die Bushaltestellen. Nur 12 Kilometer der gesamten Metro verlaufen unterirdisch (im Zentrum). Es gibt nur zwei Umsteigemöglichkeiten zwischen den Linien: Am Union Square und an der Khalid Bin Waleed Road.

Die Fahrzeiten sind Sa bis Do 6–23 Uhr und Fr von 14–24 Uhr. Die Fahrt mit der Metro kostet 2 bis 6,50 Dh (0,50 € bis 1,60 €). Die Tageskarte für unbegrenzte

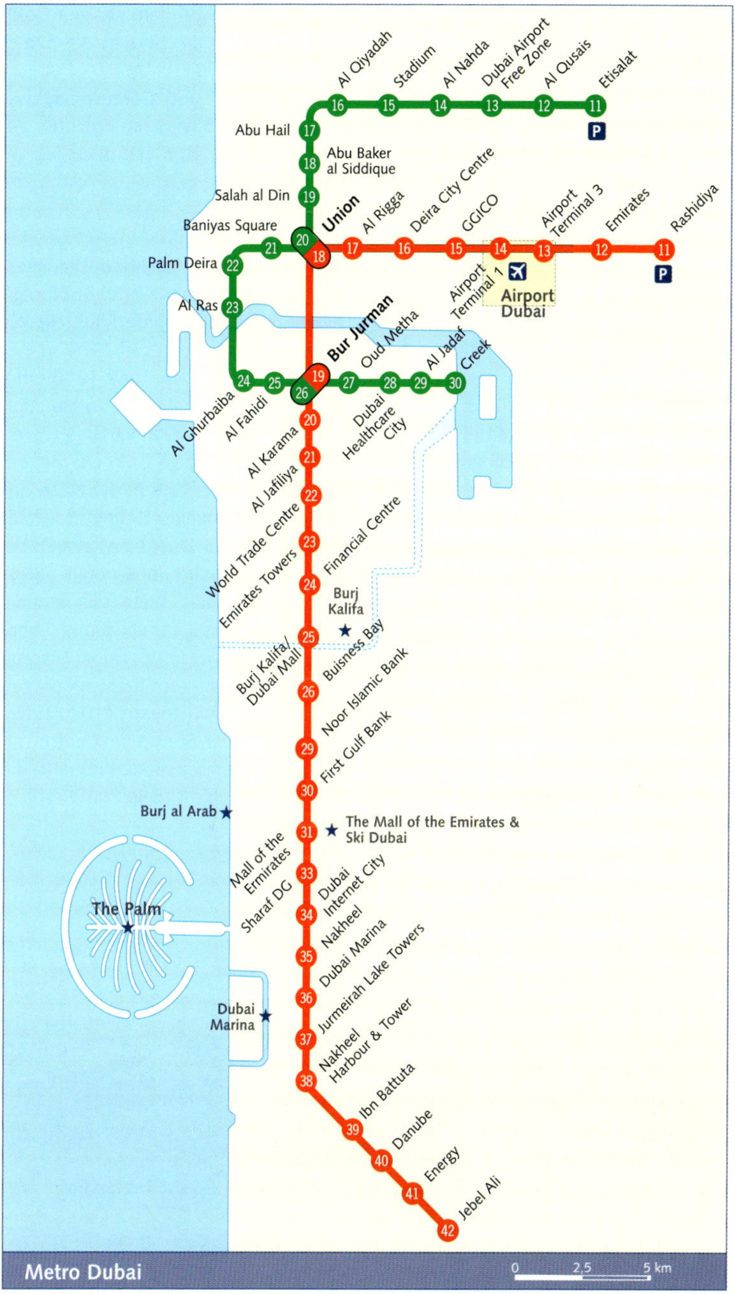
Al Qiyadah
Stadium
Al Nahda
Dubai Airport Free Zone
Al Qusais
Etisalat
Abu Hail
Abu Baker al Siddique
Salah al Din
Union
Baniyas Square
Palm Deira
Al Ras
Al Rigga
Deira City Centre
GGICO
Airport Terminal 3
Emirates
Rashidiya
Airport Terminal 1
Airport Dubai
Bur Jurman
Oud Metha
Al Jadaf
Creek
Al Ghurbaiba
Al Fahidi
Dubai Healthcare City
Al Karama
Al Jafiliya
World Trade Centre
Emirates Towers
Financial Centre
Burj Kalifa
Burj Kalifa/ Dubai Mall
Buisness Bay
Noor Islamic Bank
First Gulf Bank
Burj al Arab
The Mall of the Emirates & Ski Dubai
Mall of the Emirates
Sharaf DG
Dubai Internet City
Nakheel
The Palm
Dubai Marina
Jurmeirah Lake Towers
Nakheel Harbour & Tower
Ibn Battuta
Danube
Energy
Jebel Ali
Metro Dubai
0 2,5 5 km

Fahrten, auch mit Bus und Wassertaxi kostet 14 Dh (3,50 €).
Jeder Metrozug besteht aus fünf Abteilen und ist 85 Meter lang. Achtung: Es gibt Abteile für VIP's (Gold Class), für Frauen und Kinder und für die allgemeine Öffentlichkeit!

Das historische Zentrum

Nicht weit vom Dubai International Airport liegen an beiden Seiten des Creek die beiden ältesten Viertel der Stadt **Deira** und **Bur Dubai**. Im sorgfältig restaurierten Deira erhält man einen Einblick in die Vergangenheit der Stadt. Hier gibt es noch viele alte Märkte, die Souks genannt werden, und Moscheen. Wer sich für diesen alten Teil interessiert, sollte ihn zu Fuß erkunden– Metro: Al Ras oder Palm Deira; oder mit einem ›abra‹ (Wassertaxi).
Nur wenige Schritte vom Wassertaxistand am **Deira Old Souk** entfernt befindet sich der kleine überdachte **Gewürz-Souk**. Der Duft von Weihrauch, Chillies und tausend exotischen Gewürzen vermischt sich mit den lauten Werbesprüchen der Händler zu einem echten arabischen Sinneserlebnis.

Edler geht es zu auf dem riesigen **Gold-Souk** gleich um die Ecke in der Sikkat al-Khai Street (s.u.).
Auch der **Obst- und Gemüse-Souk** ist interessant, dort wird mit Früchten gehandelt, die wir zum Teil noch nie gesehen hatten.

Dubai Creek

Der Dubai Creek ist ein natürlicher Meeresarm des Arabischen Golfes im Norden Dubais, der die Stadt in die Stadtteile Bur Dubai und Deira teilt. Er ist 14 Kilometer lang und soll jetzt um rund 12 Kilometer durch eine kanalartige Fortsetzung bis zum Persischen Golf verlängert werden, also von Golf zu Golf. Der Beginn des Meeresarmes liegt in der Nähe des Cruise Ship Terminals. Während sich im südliche Teil, Bur Dubai, das alte Dubai halten konnte, wird im Nordteil, Deira, emsig gebaut und es bietet sich dem Besucher vom Wasser aus ein ähnlich imposanter Anblick wie in der Dubai Marina. Wie kaum ein anderes Bauwerk prägen bis heute die Twin Towers (102 Meter) des **Twin Tower Shopping Centre** mit ihrer unverwechselbaren Silhouette die Skyline des Dubai Creek.

Wassertaxi am Dubai Creek

Karte hintere Umschlagklappe

Auf 81000 Quadratmetern auf drei Etagen findet man unzählige Geschäfte, und von der beliebten Gourmet-Terrasse hat man einen wunderbaren Blick auf den Creek, besonders nachts, wenn Dubai und der Creek in ein wahres Lichtermeer getaucht werden. Nirgends in Dubai kann man die großen Kontraste zwischen Historie und Moderne besser erleben als hier am Creek.

Zu empfehlen ist eine Fahrt in einer **Abra**, einem kleinen Holzschiff, von denen hier Tausende herumwuseln. Geboten wird ein wundervoller Blick auf die moderne Silhouette sowie das traditionell geprägte Bastakiya-Viertel von der Wasserperspektive aus.

Die Fahrt dauert eine Stunde und kostet ca. 95 Dh (24 €), Abfahrt an der Haltestelle am Fuß der 34.n Straße.

Fischmarkt

Wenn es die Liegezeit des Kreuzfahrtschiffes erlaubt, sollte man am frühen Morgen, aber wirklich schon gegen 7.30 Uhr den **Dubai-Fischmarkt** besuchen. Dort kann man eines der interessantesten Spektakel Dubais erleben. Fischmarkt ist allerdings eine Untertreibung, denn neben Fisch kann man eine bunte Vielfalt in einer kleineren Nachbarhalle erleben, wo an Ständen die leckersten und exotischsten Obst- und Gemüsesorten in hervorragender Qualität und Frische angeboten werden. Der Fischmarkt befindet sich in einer riesigen, flachen Halle ohne Seitenwände in der Al Khaleej Road, Nähe Busbahnhof. Auffallend ist beim Betreten der Halle, dass alle Fischverkäufer uniformiert sind. In strahlenden blauen Anzügen stehen sie vor ihrem üppigen Fisch- und Meeresfrüchte-Angebot, das einen Urlauber nur noch staunen lässt, denn mit Sicherheit hat man viele dieser exotischen Fische noch nie gesehen. Aber nicht jeder fühlt sich hier wohl: trotz der offenen Seitenwände ist die Luft mit einem sehr strengen Geruch angefüllt, der empfindlichen Nasen zu schaffen machen kann.

Wer den Fischmarkt nicht in der Frühe besuchen kann oder will, hat dazu natürlich auch später noch Gelegenheit, oft auch bei einer von der Reederei organisierten Stadtrundfahrt (s.u.), aber gleich morgens entfaltet der Markt seinen magischen Zauber. Geöffnet ist täglich von 7.30–13 und von 19–23 Uhr.

Gold Souk

Der Besuch des Goldmarktes (Gold Souk) in Dubais Stadtteil Deira gehört sicher zu den erstaunlichsten Erlebnissen in Dubai. Rund zehn Tonnen Gold sind hier ausgestellt, nicht als Goldbarren, sondern fein verarbeitet zu Ringen, Ketten und Diademen. Mit seinen unzähligen Geschäften, der unvergleichlichen Auswahl an Waren und den außergewöhnlich vernünftigen Preisen ist der Dubai Gold Souk ein beliebtes Reiseziel für alle, die Schmuck lieben.

Falls Sie sich für ein Stück interessieren, müssen Sie unbedingt feilschen, das gehört dazu, kein Stück wird zu dem angebotenen Preis verkauft. Das Feilschen bezieht sich allerdings nur auf die Arbeit, die in dem Schmuckstück steckt, der Goldwert wird nach Gewicht berechnet. Den aktuellen Goldpreis kann man aus der Zeitung erfahren. Da alle Vorgänge besonders streng von der Regierung überwacht werden, müssen Sie sich nicht fürchten, hier betrogen zu werden - alles, was einem im Souk die Augen blendet, ist reines Gold.

Allerdings ist auch diese Touristenattraktion nicht frei von Plagiat-Gaunern. Diese erkennt man aber sogleich, sie stehen nicht hinter den Goldtresen sondern lungern herum und flüstern den Touristen aufdringlich die Worte ›Rolex‹,

›handbags‹ oder andere ins Ohr. Diese Gestalten sind keine Verkäufer, sondern Kundenfänger. Wer Interesse zeigt, wird einige Gassen weiter in eine Garage oder ein Treppenhaus geführt, wo ihn eine Fülle von Luxuswaren - alles Imitate - erwartet. Wer nicht unbedingt das Original besitzen will, kann hier durchaus Schnäppchen machen, man sollte aber, soweit überhaupt möglich, die Qualität aufmerksam prüfen.

Wenn die Zeit in Dubai für den Besuch dieses Goldmarktes nicht reicht: der Goldmarkt in der Dubai-Mall ist ebenfalls grandios - und dort sind mir keine Plagiatverkäufer aufgefallen.

i Dubai Gold Souk

Sikkat al-Khali Street, Deira, Dubai, UAE, Sa–Do 10–22 Uhr, Fr 16–22 Uhr, Eintritt frei.
Metro:Al Ras Station (Green Line), Baniyas Square.

Al Fahidi

Der Stadtteil Al Fahidi liegt südlich vom Creek, dort wo dieser im Norden eine enge Schleife bildet zwischen Dubai Creek und Al Fahidi Street. Wir winden uns durch verwinkelte Gassen, bestau-

Im Gold Souk von Dubai

▲ Karte hintere Umschlagklappe

nen die restaurierten Windturmhäuser, die vor hundert Jahren von persischen Stoff- und Perlenhändlern erbaut wurden und finden sogar noch ein Stück der ehemaligen Befestigungsmauer aus dem Jahr 1800. Menschen leben hier nicht mehr, sie kommen nur zum Arbeiten in diversen Kultureinrichtungen, Museen, Kunsthandwerkstätten und Restaurants. Das Viertel ist nicht groß und man kann es auf einem Spaziergang erkunden.

i Al Fahidi

Wer sich für die Vergangenheit Dubais interessiert, sollte an einer **Führung** teilnehmen: Sheikh Mohammed Centre for Cultural Understanding, Al Mussalah Rd. (am Ostrand des Viertels), Tel. +9714/353 6666, www.cultures.ae, So und Do 10 Uhr, 50 Dh (13 €).

Dubai-Museum

Das Dubai-Museum ist das vielfältigste Museum in Dubai, wurde 1971 eröffnet und befindet sich im Al Fahidi Fort in der Nähe des Dubai Creeks auf der Südseite. Der größte Teil der Exponate stammt aus dem Orient sowie aus den afrikanischen Ländern. Einige Stücke sollen aus der Zeit von 3000 vor Christus stammen. Schon die Eingangstür ist sehenswert, denn sie stammt aus dem ehemaligen Wohnhaus von Sheikh Saeed Al Maktoum, dem Urgroßvater des heutigen Herrschers. Interessant ist auch ein Windturmhaus, denn hier wird erklärt, wie diese traditionelle Hausbautechnik als Klimaanlage funktionierte – ganz ohne Strom. Ein Besuch lohnt sich vor allem in Kombination mit dem alten Stadtteil Bastakiya.

i Al Fahidi Fort und Dubai-Museum

Al Fahidi Street, Tel.+9714/3531862, www.visitdubai.com/en/pois/dubai-museum; Sa–Do 8.30–17.30 Uhr, Fr 14–17.30 Uhr, 3/1 Dh (0,75/0,25 €).

Dubai ist eine autofreundliche Stadt

Bastakiya

Nicht weit vom Sheikh Mohammed Centre for Cultural Understanding, an der 3rd Street, befindet sich neben dem Dubai-Museum eine weitere historische Anlage, Bastakiya. Das unter Naturschutz stehende Viertel wurde im 19. Jahrhundert von reichen persischen Perlenhändlern erbaut. Heute kann man durch die sauberen, engen Gassen schlendern, kleine Museen und Boutiquen besuchen oder sich in heimeligen Restaurants ausruhen. Die alten Lehmhäuser sind sorgfältig restauriert, und man kann hier mehrere Windhäuser sehen und vielleicht die Wirkung ihrer offenen Türme als Klimaanlage erahnen. Für den Bummel durch das Viertel benötigt man – ohne Kaffeepause oder Essen – 30 bis 45 Minuten.

Das moderne Dubai

Südlich von den Vierteln Al Fahidi und Bastakiya beginnt Dubais Hauptverkehrsstraße, die Sheikh Zayed Road (E11). Sie ist von Wolkenkratzern gesäumt und führt durch Downtown Dubai mit dem Burj Khalifa und der Dubai Mall, vorbei am Hotel Burj Al Arab, vorbei an der Mall of the Emirates mit der Hallenskipiste – ja, Sie können dort wirklich ganzjährig Skilaufen! In Dubai gilt der Satz: Was denkbar ist, ist auch möglich. Es geht vorbei an der Palmeninsel, ›Palm Jumeirah‹, an der Dubai-Marina, der Palmeninsel ›Palm Jebel Ali‹ und führt dann weiter nach Abu Dhabi.

Parallel zur Sheikh Zayed Road verläuft die **rote Linie der Metro**, das ist recht praktisch, denn so kann man fast alle Sehenswürdigkeiten der Stadt mit der Metro erreichen. Zu empfehlen ist auch die **Hopp on-Hopp off-Bustour**. Das Tagesticket der Tour kostet etwa 60 Euro pro Person und gilt 24 Stunden. Man kann damit dann an allen Stationen ein- und aussteigen. Ein Bus kommt etwa alle 20 Minuten.

Und nun noch ein Wort an die Ich-laufe-alles-zu-Fuß-Fanatiker: vom Cruise Ship

Terminal bis zur Palm Jumeirah sind es 30 Kilometer!
Was soll man nun aber zuerst anschauen? Hier die wichtigsten Sehenswürdigkeiten der Stadt.

Jumeirah-Moschee

Wer als Nichtmoslem eine Moschee von innen sehen möchte, hat dazu nicht allzu viele Möglichkeiten. Die Jumeirah-Moschee ist besonders sehenswert und die einzige in Dubai, die für Nicht-Muslime geöffnet ist.
Der elfenbeinweiße Kuppelbau der Jumeirah-Moschee ist ein wunderbares Beispiel für islamische Architektur. Innen ist der Gebetsraum mit kunstvoller arabischer Kalligraphie geschmückt. Das Gebäude hat fünf Kuppeln und zwei Minarette, die ihm ein elegantes Aussehen geben. Mit Einbruch der Dämmerung wird die Moschee von Scheinwerfern beleuchtet, was sie noch viel beeindruckender und bedeutender erscheinen lässt.
Die Moschee darf von Nicht-Muslimen nur mit einer organisierten Führung an bestimmten Tagen besucht werden. Dabei ist darauf zu achten, dass entsprechende Kleidung zu tragen ist und Frauen ihr Haar bedecken müssen.

i Jumeirah-Moschee

Geführte Besichtigungen bietet beispielsweise das Sheikh Mohammed Centre for Cultural Understanding an. Treffpunkt: Donnerstag und Sonntag 10 Uhr vor der Moschee.
Auskunft: Beach Centre, Level 2, Jumeirah Beach Road, Tel. +9714/3428060. Die Führung dauert etwa eine Stunde und kostet 10 Dh (2,50 €).
Kleiderordnung: Lange Hosen oder Röcke und Blusen/Hemden/Jacken mit langen Ärmeln. Frauen müssen ihr Haar bedecken (leichtes Kopftuch mitnehmen). Die Schuhe sind vor dem Betreten auszuziehen.
Fotografieren ist innen und außen erlaubt, aber bitte nicht während Gebet und Predigt fotografieren.

Burj Khalifa

Burj Khalifa ist eines der beiden Wahrzeichen von Dubai und zurzeit der höchste Wolkenkratzer der Welt. Er wurde 2010 gebaut bzw. eröffnet und ist 828 Meter hoch! Auf 452 Meter Höhe gibt es die **Aussichtsplattform ›At the Top‹**, das ist das 124. Stockwerk (ohne Außenterrasse). Zwei Doppeldeckaufzüge sausen mit einer Geschwindigkeit von 10 m/sec. (36 km/h) in einem Zug hinauf, also ohne Umsteigen, das dauert nur 45 Sekunden (OTIS-Aufzüge, New York). Insgesamt hat das Gebäude 189 Stockwerke, von denen 163 nutzbar sind, und zwar als Büroräume, Wohnungen, Fitness-Studios, einem Armani-Hotel, Garagen u.v.m. Das Armani-Hotel befindet sich in den unteren Etagen. In den darüber liegenden Etagen befinden sich 43 Büros und einige Suiten.
Seit Herbst 2015 gibt es noch **zwei weitere Aussichtsplattformen**, die man über drei Aufzüge erreicht. Zunächst geht es in den 125. Stock, dort gibt es eine weitere Aussichtsplattform ohne Außenterrasse. Mit einem weiteren Aufzug kann man dann in die 148. Etage fahren zu einer Aussichtsplattform mit Außenterrasse. Diese liegt auf einen Höhe von 555,7 Metern und ist damit die höchste Aussichtsplattform der Welt.
Die höchste bewohnte Etage ist die 163. in 584,5 Metern Höhe. Alle Etagen werden über 57 Aufzüge erreicht, die sogar bis in die 189. Etage in 638 Meter Höhe fahren.
Im122. Stock befindet sich das **Restaurant At.Mosphere** (das heißt so: At.Mosphere). In 441 Metern Höhe kann man hier im höchsten Restaurant der Welt hervorra-

▲ Karte hintere Umschlagklappe

gend speisen bei einem phantastischen Blick über ganz Dubai und das Meer, dafür garantiert der französische Sternekoch. Für dieses außergewöhnliche kulinarische Erlebnis muss man natürlich einige Dirham opfern: Dreigänge-Menü 600 Dh (145 Euro) pro Person ohne Getränke. Reservierung unter +9714/8883828, www.atmosphereburjkhalifa.com.

Die obersten 206 Meter sind Technikgeschosse mit Schaltkästen und der Wartungselektronik für die Antennen.

Die Wohnungen im höchsten Gebäude der Welt sind natürlich nicht ganz billig: 55 000 US-Dollar Jahresmiete plus heftige Nebenkosten für ein Einzimmer-Apartment. Auch der Aufenthalt im Armani-Hotel muss teuer bezahlt werden: Zimmer ab 2300 Dh (575 €), Suite von 3700 Dh (925 €) bis 34 900 Dh (8725 €), jeweils pro Nacht..

In dem Parkhaus in den zwei Unteretagen B1 und B2 gibt es Platz für 3000 Autos. Die Baukosten des Supergebäudes betrugen 1,5 Milliarden US-Dollar. Übrigens: viele Tausend Tonnen Altstahl aus dem abgerissenen ›Palast der Republik‹ in Ost-Berlin wurden verbaut!

i Burj Khalifa

Sheikh Mohammed bin Rashid Blvd, Dubai, VAE, Tel. +9714/8888888, www.burjkhalifa.ae/en; tgl 10–22 Uhr, Do, Fr, Sa bis 24 Uhr.

Metro: Burj Khalifa/Dubai Mall.

Der **Besuch der Aussichtsplattform** kostet vor Ort 150/120 Dh (Erw./Kind – 40/30 €), die Aussicht, **Tickets** zu bekommen, ist aber sehr gering, denn die meisten Besucher und Veranstalter kaufen die Tickets im Voraus im Internet. Dort kosten sie auch etwa 32 Euro. Der Besuch der 148. Etage ist doppelt so teuer.

Dubai Mall

›Nur‹ das zweitgrößte Einkaufszentrum der Welt – nach der South China Mall in Dungguan – ist die Dubai Mall, in Downtown Dubai am Fuße des Burj Khalifa. Auf einer gigantischen Gesamtfläche von 520 000 Quadratmetern befinden sich auf einer Fläche von 316 000 Quadratmetern 1200 Geschäfte und Boutiquen, Hier findet man alle namhaften Designer wie Dior, Gucci, Armani, Chanel, Louis Vuitton, Versace, Hermes und Dolce & Gabbana u.a. 40 Millionen Besucher wälzen sich jährlich durch die Hallen, ihnen stehen 16 000 Parkplätze zur Verfügung, und die Rote Linie der Metro hält hier an der Station Burj Khalifa/Dubai Mall. Diese ist aber 800 Meter von dem Einkaufstempel entfernt, und so weit kann man ja nicht laufen. Also baute man eine Verbindung in Form einer klimatisierten und mit Rollbändern ausgestatteten Gangway, den sogenannten Metro Link. Das fast größte Einkaufszentrum der Welt hat natürlich auch den größten Goldmarkt der Welt. Hier im Gold Souk stellen 220 Juweliere ihre kostbaren Waren aus. Neben all diesen teuren Geschäften gibt es aber auch etwas für den Alltag: die bekannten Kaufhausketten Bloomingdale's und Galeries Lafayette laden die ›Normalverbraucher‹ ein, ebenso ein Supermarkt für Bio-Lebensmittel. Einkaufen macht müde, aber auch daran haben die Erbauer der Riesenmall gedacht: In ca. 160 Restaurants werden die Besucher vor dem Hungertod bewahrt. Dazu gibt es noch zahlreiche Fast-Food-Restaurants und Cafès, alle mit erstklassigen Gerichten und Top-Service. Die Gesamtfläche der Mall ist so gigantisch, dass hier auch ein riesiges **Erlebniscenter** mit Attraktionen, die für Jung und Alt interessant sind, eingerichtet werden konnte. Es gibt eine große **Indoor-Eislaufbahn**, in der ein olympisches Programm Platz finden würde, nicht zu verwechseln mit der Skiarena ›Ski Dubai‹ in der Mall of the Emirates

Im Zentrum Dubais: der Burj Khalifa

(siehe dort). Weiterhin gibt es ein **Multiplex-Kino** mit insgesamt 22 Sälen, einen **Themenpark** auf zwei Etagen und 77000 Quadratmetern sowie eines der größten Aquarien der Welt, das **Dubai-Aquarium**. Auch hier nur Superlative: über drei Etagen mit etwa 10 Millionen Litern Wasser und über 33 000 Meeresbewohnern. Durch ein 32 Meter breites und 8 Meter hohes Fenster – das größte Acrylglasfenster der Welt – blickt man aus einer Halle des Einkaufszentrums in die faszinierende Unterwasserwelt. Ein gläserner Fußgängertunnel vermittelt ein unglaubliches Unterwassererlebnis (Eintritt Unterwassertunnel 25 Dh/6 €). Obwohl die Dubai Mall ein neues Bauwerk ist, fühlt man sich unwillkürlich in ein orientalisches Märchen versetzt, Es gibt verspielte Brücken und in arabischem Stil gehaltene Eingangstore zwischen modernen Glasfassaden.

Die gesamte Anlage liegt auf einer Seite an dem künstlich geschaffenen See **Lake Dubai** mit der Dubai Fountain und dem größten Wasserspiel der Welt. Abends kann man sich alle 30 Minuten an dem Wasserspiel erfreuen, das mit Pop-Musik untermalt ist. Über eine Länge von 250 Metern werden bis zu 1000 verschiedene Wasserimpressionen mit Höhen zwischen 21 und 150 Metern erzeugt. Die Mall ist Teil des Projektes ›Downtown Dubai‹, zu dem eine größere Anzahl Apartment- und Bürogebäude, zahlreiche Hotels und ein neu gebauter Stadtteil, der den Eindruck einer arabischen Altstadt vermitteln soll, eine Wasserbeckenlandschaft mit der weltgrößten Springbrunnenanlage sowie als Mittelpunkt der welthöchste Wolkenkratzer Burj Khalifa gehört. Zu diesem gibt es eine direkte fußläufige Verbindung von der Dubai Mall.

i Dubai Mall

Financial Center Road, Dubai 31166, VAE, www.thedubaimall.com; tägl. 10–1 Uhr nachts.
Metro: Burj Khalifa/Dubai Mall.

■ Burj Al Arab

Das Superhotel Burj Al Arab – Turm der Araber – ist 321 Meter hoch, hat die Form eines aufgespannten Surf-Segels und ist wohl das markanteste Wahrzeichen der Stadt. Es gilt als das luxuriöseste Hotel der Welt (ab 4644 € pro Person und Nacht, Frühbucher ab 1161 €), hat

▲ Karte hintere Umschlagklappe

aber trotzdem ›nur‹ fünf Sterne, obwohl in vielen Reiseführern sechs oder sieben Sterne angegeben werden: es gibt nur fünf Sterne! Als Ausdruck für diese Super-Luxus-Hotels wird deshalb oft auch die Bezeichnung ›5 Sterne +‹ benutzt.

Ich muss hier über die größten Hotels berichten, auch wenn wir als Kreuzfahrtteilnehmer ja kein Hotel benötigen, aber diese Bauwerke gehören zu den Wahrzeichen der Stadt, sie prägen den Charakter der Stadt und werden uns bei den Stadtführungen gezeigt und erklärt wie bei uns daheim die alte Stadtmauer, der Park oder die gigantische Kulisse der Seefestspiele in Bregenz.

Auf einer künstlichen Insel vor Dubais Küste erbaut, beherbergt das Hotel ausschließlich Suiten. 202 an der Zahl, neun Weltklasse-Restaurants und Bars und vier Swimmingpools. Ein Privatstrand und eine Flotte von sechs weißen Rolls-Royce-Limousinen machen den Aufenthalt zu einem unvergesslichen Erlebnis. Das Al-Muntaha-Restaurant ragt 200 Meter über dem Arabischen Golf an beiden Seiten frei schwebend über das Gebäude hinaus, und die Tische an den Fenstern sind natürlich besonders begehrt. Deshalb muss eine Woche im Voraus reserviert werden. Natürlich sind auch die Gerichte hier absolute Weltklasse. Und wer nicht gerade Kaviar für 1880 Dh (470 €) verspeisen will, kann das sogar (vielleicht) auch bezahlen, ein Angus-Steak mit Stampfkartoffeln kostet allerdings 105 Euro pro Person, ohne Getränke.

Zwei Stockwerke über dem Restaurant befindet sich auf der Landseite eine Plattform, die als Hubschrauberlandeplatz dient oder auch zu extravaganten Werbeveranstaltungen wie dem Tennis-Match von Roger Federer und Andre Agassi im Februar 2005. Der Flug mit dem Helikopter vom Flugplatz bis auf die Plattform kostet etwa 5000 US-Dollar.

Wer nicht in schwindelnder Höhe, sondern lieber unter Wasser speisen möchte, macht eine Reservierung im Unterwasser-Restaurant Al-Mahara.

In dem Luxushotel können Touristen nicht einfach so herumlaufen. Wer den Luxus bestaunen möchte, hat dazu zwei – eigentlich drei Möglichkeiten, aber die dritte Möglichkeit, nämlich einfach ein Zimmer zu buchen, ist ja leider nicht jedem Sterblichen mit normal gefüllter Brieftasche möglich. Bezahlbar hingegen ist ein Besuch in der **Skyview Bar** (Reservierung Tel. +9714/3017600 oder baarestaurants@jumeirah.com) im 27. Stock. Es gibt Drinks, leichte Snacks und Afternoon Tea, Mindestverzehr 320 Dh (80 Euro). Achten Sie auf die Kleiderordnung. Mehr unter www.jumeirah.com.

Ein Besuch des Burj Al Arab Jumeirah-Hotels ist auch im **Rahmen einer Ausflugstour** möglich, siehe weiter unten.

Zur Dekoration der Innenbereiche wurden 8000 Quadratmeter Blattgold verarbeitet. In der 180 Meter hohen Lobby befinden sich neben weichen Teppichen mehrere Springbrunnen und Kaskaden und mit Blattgold verzierte Säulen. Ur-

Das Aquarium in der Dubai Mall ist eine Attraktion

Gilt als luxuriösestes Hotel der Welt: Burj Al Arab

sprünglich war geplant, das Hotel direkt an der Küste und nicht auf einer Insel davor zu bauen, dieser Plan wurde aber verworfen, weil das Gebäude einen zu großen Schatten auf den Strand geworfen hätte.

In der 18. Etage befindet sich der SPA-Bereich mit Pool und Fitnessstudio. Diese Einrichtungen sind in identischer Ausstattung zweimal vorhanden, gemäß arabischem Sittenkodex einmal für Männer und einmal für Frauen. Der Bereich für Männer darf von Frauen mitbenutzt werden, Männer im Frauenbereich sind hingegen verboten. Außerdem gibt es auf der Seeseite im Erdgeschoss zusätzlich einen Außenpool. Er wird im Sommer gekühlt, damit das Baden trotz der hohen Außentemperaturen eine Erfrischung ist, im Winter ist er beheizt.

In der Nähe des Burj Al Arab steht direkt am Strand ein weiteres Hotel, das von einigen Besuchern mit dem Burj Al Arab verwechselt wird, das ›Jumeirah Beach Hotel‹.

Mit seiner wellenförmigen Architektur gehört das Fünf-Sterne-Hotel Jumeirah Beach zu den markantesten Bauwerken in Dubai. Das Strandhotel hat 598 luxuriösen Zimmern und Suiten sowie über 16 Restaurants, Cafés und Bars. Von allen Zimmern hat man eine atemberaubende Aussicht auf den Persischen Golf. Wir Kreuzfahrtteilnehmer müssen vor den horrenden Preisen dieser Luxushotels nicht zurückschrecken, wir haben ja immer ein Dach über dem Kopf und auch ausgezeichnete Restaurants auf dem Schiff.

i Burj Al-Arab

Jumeirah 3, Jumeirah Road, Dubai, UAE, Tel. +9714/3017777, www.burjalarab.com.
Metro: Mall of he Emirates, weiter mit dem Taxi. Am besten ist es, gleich ein Taxi zu nehmen.

Palm Jumeirah

Zwischen Burj Al-Arab und der Dubai Marina wurde in den Jahren 2002 bis 2008 eine riesige Insel aufgeschüttet von der Gestalt einer Palme – Palm Jumeirah. Die Insel ist 560 Hektar groß und besteht aus dem ›Stamm‹ und 16 palmwedelartigen Landzungen. Die Palme/Insel wird zum Schutz von Sturmfluten von einem Schutzring umgeben. Für die Aufschüttung der Palme wurden 200 Millionen Kubikmeter Sand und Steine aufgeschüttet und in einem Spezialverfahren verdichtet. Der Stamm der Palme ist vier Kilometer lang und 600 Meter breit und über eine 600 Meter lange Brücke mit dem Festland verbunden, mit Anbindung an die Sheikh Zayed Road (E11). Die Hauptinsel ist im Nordwesten mit dem fast zwölf Kilometer langen Außenring über einen rund 800 Meter langen Unterseetunnel verbunden.

Auf dem Außenring befinden sich der fast 50 Hektar große Resort- und Vergnügungskomplex Atlantis The Palm und weitere Resorts. Das **Atlantis The Palm Dubai Hotel & Resort** liegt in Verlängerung des Palmenstammes quasi oben auf der Krone der Palme. Es ist weniger in die Höhe als in die Breite gebaut und erhebt sich wie ein majestätisches Tor aus dem Meer empor. Das Hotel soll an den verlorenen Kontinent Atlantis erinnern, der Sage nach ein prachtvolles Inselreich, das mitsamt aller seiner Bewohner innerhalb von nur einem Tag und einer Nacht komplett im Meer versank. Ob es Atlantis wirklich gab, ist eines der großen Rätsel der Menschheit. Man kann nur hoffen, dass der einzigartige Hotelbau nicht dasselbe Schicksal erleidet wie sein Namensgeber.

Das Atlantis Palm Hotel ist ›nur‹ 100 Meter hoch mit 22 Etagen, 21 Restaurants und 1539 Zimmern bzw. Suiten. Der durchschnittliche Preis für die Suite ist 1668

Dh (417 €), es gibt auch zwei Unterwasser-Suiten für je 5700 €/Nacht und zwei ›Brückensuiten‹ von 924 Quadratmetern über dem zentralen Verbindungsbogen im 22. Stockwerk für 25 000 bis 30 000 Dh pro Nacht (6250 bis 7500 €).

In der Unterwassersuite wohnt man unter einem **Aquarium**, von diesem durch eine 77 Zentimeter dicke Acrylglasscheibe getrennt! Das Aquarium fasst elf Millionen Liter Wasser und beherbergt 65 000 Meerestiere, die von162 Fischpflegern und drei Tierärzten betreut werden. Die Gesamtzahl der Angestellten ist 3500. Weiterhin gibt es in dem Hotel 21 Boutiquen und ein mittelgroßes Einkaufszentrum. Umgeben wird das Hotel von einem 17 Hektar großen Freizeit- und Vergnügungspark ›Aquaventure‹, er ist für Hotelgäste im Zimmerpreis inbegriffen, Tagesbesucher zahlen 225 Dh (57 €) für Erwachsene und 180 Dh (45 €) für Kinder unter 1,20 Meter. Kinder von unter 2 Jahre haben freien Eintritt. Das Hotel wurde am 20. November 2008 mit vielen Prominenten und einem gigantischen dauernden Feuerwerk, angeblich das ›größte Einzelfeuerwerk aller Zeiten‹, welches allein 20 Millionen Dollar verschlungen haben soll, eröffnet. Das alles erfahren Sie übrigens auch, wenn Sie an der **entsprechenden Stadtrundfahrt** teilnehmen (→ S. 98).

Seit 2009 können Besucher die Palmeninsel und das Areal um das Hotel herum mit der **Palm Monorail** erkunden. Sie verbindet den Eingang der Palmeninsel mit dem Atlantis Hotel. Unterwegs gibt es zwei Stationen (Trump Tower und Palm Mall), die aber noch nicht geöffnet sind, der Zug hält dort kurz, die Türen bleiben aber geschlossen. Geplant ist eine Anbindung der Monorail an die Dubai Internet City (TECOM).

i Atlantis The Palm

Crescent Road, Palm Jumeirah Island, Dubai, VAE; Tel. +9714/4262000, www.atlantisthepalm.com.

Metro: Mall of the Emirates, dann Monorail. Kosten: einfach 15 Dh (3,50 €), retour 25 Dh (6,25 €).

■ Weitere Inseln

Südlich der Palmeninsel Jumeirah entsteht eine baugleiche, aber 50 Prozent größere Insel: **Palm Jebel Ali**. Sie ist für 250 000 Einwohner konzipiert, aber noch nicht bebaut. Bislang ist hier nur die Landgewinnung abgeschlossen. Die ursprünglich geplante dritte Insel The

The Palm – ein gigantisches Landgewinnungsprojekt

▲ Karte hintere Umschlagklappe

Palm Deira weiter im Norden wurde während der Landgewinnung eingestellt und in eine kleinere Inselgruppe umgestaltet: **Deira Islands**. Zwischen dieser und Palm Jumeirah entsteht eine weitere Inselgruppe: **The World**. Dreihundert Inseln sind hier in Form einer Weltkarte angeordnet und stellen die Kontinente und Länder der Erde dar. Die einzelnen Inseln sind frei verkäuflich, die Insel ›Deutschland‹ soll ein betuchter Österreicher gekauft haben. Schade, eigentlich wollte ich sie kaufen. Die Inseln kosten 11–40 Millionen US-Dollar!

Dubai Marina

Südlich der Palm Jumeirah, rund 25 Kilometer südwestlich vom Stadtzentrum, liegt die Dubai Marina, erreichbar über die gleichnamige Metro-Station am nördlichen Rand sowie über die weiter südlich gelegen Station Jumeirah Lakes Towers. Der Yachthafen von Dubai ist nun aber nicht nur ein Ziel für Bootsliebhaber sondern ist für den ›normalen‹ Besucher gleichsam interessant, bietet er doch tolle Aussichten auf die moderne Bebauung in der Nachbarschaft. Die umliegenden Restaurants bieten Speisen vvverschiedenster Nationen an, so dass auch für den Magen bestens gesorgt ist.

Dubai Marina besteht nicht aus dem Yachthafen, sondern rings herum entstehen 200 Wolkenkratzer dicht gedrängt, die einmal 150000 Menschen beherbergen sollen.

Vor einigen Jahren wurden hier gerade einmal an einer Handvoll Hotels gebaut. In den letzten Jahren aber fanden aufwändige Baumaßnahmen statt, so dass sich heute rund um den neu geschaffenen Yachthafen hunderte Appartementgebäude befinden und mittlerweile auch der letzte freie Küstenabschnitt mit den über 40 Wohntürmen der Jumeirah Beach Residence bebaut ist. Auch die

Das Hotel Atlantis an der Spitze der ›Palme‹

großen Hotelketten sind hier vertreten: Ritz, Hilton, Sheraton und andere.

In Dubai Marina befinden sich einige der neuesten und faszinierendsten Gebäude und Attraktionen Dubais. Hier können sich die Besucher direkt am Wasser in purem Komfort und Luxus erholen.

Den Besucher empfängt ein großartiger Anblick, wenn er den Hafen abends besucht, wenn die Leute vor den vielen Restaurants im Freien sitzen und sich die erleuchteten Appartement- und Hoteltürme und die in ihrem Licht glänzenden Yachten im Hafen spiegeln. Auf der gegenüberliegenden Hafenseite erstreckt sich über eine Länge von 1,7 Kilometer entlang der Küste die Promenade ›The Walk‹ und stellt Springbrunnen, Grasflächen und Bänke für alle bereit, die nach dem Einkaufen oder dem Abendbummel eine kurze Ruhepause benötigen.

Mall of the Emirates

Die Mall of the Emirates ist das zweitgrößte Einkaufszentrum in Dubai. Es befindet sich im Stadtteil Al-Barsha und beherbergt über 400 Geschäfte auf einer Fläche von 223 000 Quadratmetern.

Wintersport in der Wüste: Ski Dubai

Außer diesen vielen Geschäften gibt es noch einen Kinokomplex mit 40 Leinwänden, ein Theater, einen Kinderspielplatz und natürlich etliche Restaurants, zum Beispiel das Avalanche Café an der Mittelstation des Sessellifts.

Die Hauptattraktion dieses Einkaufszentrums ist nämlich eine gigantische Wintersporthalle: **Ski Dubai.** Sie ist durch ein über mehrere Etagen gehendes Schaufenster vom Einkaufszentrum abgegrenzt. Die schneebedeckte Fläche beträgt 22 500 Quadratmeter, es gibt fünf Pisten mit unterschiedlichem Schwierigkeitsgrad mit einem Vierer-Sessellift, einem Schlepplift und einem Personenbeförderungsband. Immerhin ist die längste der Abfahrten 400 Meter lang und der Höhenunterschied 60 Meter. 90 Meter lang ist die Halfpipe für die Bobfahrer, und für Kinder mit Schlitten stehen zusätzlich 3000 Quadratmeter zur Verfügung. Zudem lebt hier eine Gruppe von 20 Pinguinen (je zehn Esel- und Königspinguine). Die Temperatur beträgt konstant -1 bis -2 Grad. Der Eingang zu diesem Winterparadies erfolgt durch die Mall of the Emirates. Natürlich ist dieser Snowpark der größte der Welt!

▲ Karte hintere Umschlagklappe

Mall of the Emirates

Al Barsha 1, Dubai, Tel. +9714/409 9000, www.malloftheemirates.com. Geöffnet täglich 10–2 Uhr morgens.
Metro: Mall of the Emirates 1 und 2.
Eintrittspreise: Snowpark 275/240 Dh (68,75/60 €) pro Tag, 200/170 Dh (50/42,50 €) für 2 Stunden incl. Miete für die Ausrüstung.
Pinguine: 150 Dh (37,50 €) pro Person für 40 Minuten, 500 Dh (125 €) für 1¼ Stunden und 850 Dh (212,50 €) für 1½ Stunden, in diesem Preis ist der Besuch des Snowparks inbegriffen.

Club 360°

Am Ende der Marina des Jumeirah Beach Hotels, einer der beeindruckendsten Club-Locations der Welt, verspricht der Club 360° eine unvergessliche Nacht. Die Bar am Ende eines langen Piers wurde unlängst aufgepeppt und bietet einen unvergleichlich schönen Blick auf das Burj Al Arab.

Der Club steht für erstklassige Musik und gehört zu den angesagtesten Veranstaltern in Dubai. Zu den Gast-DJs ge-

Der Club 360°

hören Hernan Cattaneo, Spirit Catcher und Milton Jackson.

Der Club wurde seit drei Jahren in Folge vom britischen DJ Magazine unter die 100 besten Clubs der Welt gewählt. Eintritt Freitag und Samstag nur gegen Voranmeldung. Gästen des Jumeirah Beach Hotels ist der Einlass garantiert. Alle Besucher müssen über 21 Jahre sein, am Eingang ist ein Ausweis vorzulegen. Über Preise spricht man hier nicht! Open-Air Brunch freitags von 12.30 bis 16 Uhr, 475 Dh (120 €) pro Person inklusive Champagner, Reservierung erforderlich.

Kamelrennbahn

Wer in der Rennsaison, also zwischen September und März, nach Dubai kommt, sollte sich ein Kamelrennen nicht entgehen lassen, wenn möglich. Die Rennen finden an drei oder vier Tagen am frühen Morgen statt, bereits um 7.30 Uhr, und eine Stunde später ist alles vorbei. Außerhalb der Rennsaison finden fast täglich Übungsrennen und Trainingsstunden statt, allerdings auch am frühen Morgen, weil es später zu heiß wird.

Bevor das Öl entdeckt wurde, zählten Kamele zu den wichtigsten Transportmitteln des Landes, und im Passgang trotteten sie gemächlich durch die Lande. Heute stehen die Kamele immer noch hoch im Kurs, nur haben sie jetzt eine andere Aufgabe. Zu Rennkamelen (eigentlich sind es Dromedare) gezüchtet und trainiert sind sie Statussymbol ihrer Besitzer, und die Scheichs begleiten ihre Rennmaschinen in ihren riesigen Geländewagen auf Schritt und Tritt. ›Rennmaschinen‹ kann man hier wörtlich verstehen, denn seit in Dubai keine Kinder-Jockeys mehr auf den Kamelen sitzen dürfen, werden diese von Robotern ›geritten‹, die von den Scheichs von ihren mitfahrenden Geländewagen aus ferngesteuert werden. So kommt es, dass neben der Rennstrecke eine ganz Armada riesiger Geländewagen den Tross der Rennkamele begleitet und die Tiere mit lautem Getöse anfeuern. Dem Sieger lockt ein hoher Preis, aber für die Scheichs viel wichtiger ist die große Ehre des Gewinners. Wichtige Rennen sind mit hohen Preisgeldern oder Luxusartikeln dotiert. Den Scheichs geht es dabei aber nicht um Geld, sondern um Ansehen und Vergnügen. Wetten ist streng verboten.

Das Gerangel der Geländewagen um günstige Plätze neben der Piste ist dabei genauso spannend wie das Rennen selbst.

Das Kamelrennen wird unzweifelhaft eines der bemerkenswertesten und einzigartigsten kulturellen Highlights Ihres Besuches in Dubai und den VAE sein. Und wer das Rennen verpasst und trotzdem gerne Kamele rennen sehen möchte: Auf der Galopprennbahn in Dortmund finden gelegentlich ebenfalls Kamelrennen statt!

i Kamelrennbahn

Dubai Camel Racing Club, Dubai–Al Ain-Road, Al Marmoom, rechts an der Schnellstraße nach Al Aid (E66) 40 km südöstlich von Dubai, Tel. +9714/8326526, mail@dcrc.ae; So–Do 7.30–13 Uhr.

Mit Kindern in Dubai

Die einheimischen Araber haben in der Regel viele Kinder, und auch die vielen asiatischen Gastarbeiter sind sehr kinderfreundlich. Überall in den VAE werden Kinder gern aufgenommen und bedient – vielleicht mit Ausnahme einiger Super-Edelrestaurants.

In den größeren Hotels gibt es gewöhnlich einen extra Kinderpool, Zusatzbetten für Kinder sind in den meisten Hotels vorhanden, Kinderbetreuung oder sogar Kinderclubs findet man in zahlreichen großen Hotels. Ermäßigungen bei

In Dubai wird auch Kamelmilchschokolade hergestellt

der Übernachtung und am Buffet sind selbstverständlich. Auch in den vielen Einkaufszentren lockt meist ein Spielbereich für Kinder, oft auch mit kostenloser Betreuung.

Weshalb Familien in die Emirate reisen, hat aber auch damit zu tun, dass das Land als sehr sicher gilt mit einer der niedrigsten Kriminalitätsraten der Welt und dass es hier keine fliegenden Plagegeister wie Moskitos oder gar gefährliche Krankheiten wie Malaria gibt. Die Strände sind weiß und sauber, das Wasser immer warm und meist scheint auch die Sonne. Im Folgenden einige Aktivitäten speziell für Kinder.

▲ Karte hintere Umschlagklappe

■ Sega Republic

Der gut 70 000 Quadratmeter große überdachte Themenpark in der Dubai Mall (→ S. 87) bietet neun atemberaubende Attraktionen und mehr als 150 Vergnügungsspiele, darunter topaktuelle Bewegungssimulatoren, klassische Abenteuerspiele und Wettbewerbsspiele. Man kann fünf Zonen zu besonderen Themen erkunden – Geschwindigkeit, Abenteuer, Sport, Cyberpop und Gewinnspiele. Von Fahrten mit hohem Adrenalinausstoß über Bewegungsspiele oder simulierte Sportaktivitäten bis zu Vergnügungsspielen bietet SEGA Republic etwas für jeden und alle Altersklassen. Family Pass 600 Dh (150 €) pro Tag.

■ Dubai Aquarium

Das Dubai Aquarium befindet sich ebenfalls in der Dubai Mall (→ S. 87). Das sich über drei Etagen erstreckende Aquarium hält mehr als 10 000 Kubikmeter Meereswasser, 33 000 Seetiere, Fische und Haie mehrerer Arten, Barsche, Rochen, Riffbewohner und Riesenkrabben, aber auch Robben und Pinguine. Durch das untere Becken verläuft ein zwei Meter hoher schmaler Fußgängertunnel, dessen Wände nur 19 Zentimeter dick sind, was der natürlichen Größenwiedergabe der Tiere dient. Da kein natürliches Licht in das Becken dringt, verfügt es über eine Lichtanlage mit Regie für Tag- und Nachtsimulation. Der Besuch des Aquariums ist kostenlos, Unterwassertunnel & Unterwasserzoo 70 Dh (17,50 €).

■ Wild-Wadi-Wasserpark

Das Wild Wadi liegt direkt neben dem Jumeirah Beach Hotel und bietet um die 30 verschiedene Wasserbahnen und Attraktionen. Eintritt über/unter 120 cm 220/175 Dh (55/43,75 €).

Aquaventure Water Park am Atlantis The Palm Hotel

Der sich über 17 Hektar erstreckende Aquaventure Water Park (→ S. 92) ist für viele die beste Familienunterhaltung in Dubai. Aquaventure wurde so gestaltet, dass Sie das Wasser nie verlassen müssen, wenn Sie die einzelnen Attraktionen erkunden. Spektakulär ist der 27,5 Meter lange Leap of Faith (Sturz des Vertrauens): Eine fast senkrecht entlang des zentralen Ziggurat-Turms verlaufende Rutschbahn, die durch eine Lagune mit Haien führt. Der Aquaventure Water Park bietet auch einen 700 Meter langen Privatstrand, ein Wellenbad und unzählige Sonnenliegen. Natürlich finden Sie auch Restaurants und Imbissstände überall im Park. Im Atlantis kann man Schwimmen mit Delphinen buchen, ab 745 Dh. Eintritt für Hotelgäste frei, sonst 250/205 Dh (63/52 €).

Global Village

Das Global Village befindet sich in Dubailand an der Emirates Road und ist alljährlich in den Wintermonaten geöffnet, meistens von Ende Oktober bis Mitte März. Das Global Village ist eine Art Expo mit Länderpavillons aus aller Welt (an frischer Luft), wo es auch einen großen Lunapark gibt. 15 Dh (4 €) pro Person.

Dubai Childrens City

Die Childrens' City liegt wunderschön im Dubai Creek Park und ist ein eigenes großes Gebäude, das man mit einem ›Lernmuseum‹ oder Aktivitätszentrum für diverse Altersklassen bezeichnen kann. Kinder lernen Neues und haben gleichzeitig Spaß.

Metro: Dubai Healthcare City. Familienpass 40 Dh (10 €) pro Tag.

MoDhesh City

MoDhesh City ist Bestandteil der ›Dubai Summer Surprises‹, die den Kindern helfen soll, den heißen Sommer zu überbrücken. Dafür werden meist diverse Messehallen in komplette Kinderparadiese umgebaut, wo man locker den ganzen Tag spielen und die diversen Darbietungen genießen kann. 20 Dh (5 €).

Aquaventure Water Park am Hotel Atlantis

Empfehlungen für Landausflüge

Die Reedereien halten für ihre Destinationen eine ganze Reihe Ausflugstouren bereit. Da diese Touren von lokalen Veranstaltern durchgeführt werden, sind sie im Prinzip bei allen Reedereien etwa gleich. Für Dubai ist diese Liste besonders lang, und ich werde deshalb nur jeweils eine Vormittagstour, eine Nachmittags- und eine Abendtour beschreiben. Theoretisch könnte man auch für einen Tag eine Vormittags- und eine Nachmittagstour buchen. Die meisten Touren überschneiden sich aber, so dass diese Kombination dann nicht buchbar ist. Natürlich kann man jede Vormittagstour mit jeder Abendtour kombinieren. Die Abendtouren sind so terminiert, dass die Teilnehmer auf jeden Fall rechtzeitig vor Abfahrt des Schiffes zurück sind. Bei den von der Reederei organisierten Touren würde das Schiff bei einer Verzögerung der Gruppe nicht ohne diese Passagiere abfahren! Bei selbstorganisierten Touren wartet das Schiff nur eine gewisse Zeit, danach müssen die Ausflügler dem Schiff hinterherschwimmen oder ... ich weiß nicht!

Hier vier der beliebtesten Touren:

■ Futuristisches Dubai

Dubai ist die Stad der Superlative, und diese Tour führt Sie direkt in die pulsierenden, modernen Stadtteile dieser Megacity. Es ist so üblich, dass die komfortablen und klimatisierten Tourenbusse die Besucher direkt vom Kreuzfahrtschiff abholen, in diesem Fall zu einer eindrucksvollen Stadtrundfahrt. Der erste Fotostopp ist am **Burj Al Arab**. Vom Strand aus hat man einen schönen Blick auf das Superhotel und den Rundbau des Club 360°.

Anschließend steigen Sie um in die Monorail und erkunden so die große künstliche Inselgruppe **The Palm Jumeirah**. Bei dem gigantischen Hotel Atlantis haben Sie Zeit zum Fotografieren, dann geht es im Bus weiter auf Panoramafahrt und zur **Dubai Marina** – den Stadtteil, in dem sich die Architekten besonders stimmungsvoll ausgetobt haben. Die Skyline ist atemberaubend, besonders am Abend, wenn sich die vielen bunten Lichter im Wasser spiegeln.

In Dubais Zentrum erwarten Sie schließlich das größte Einkaufszentrum der Welt, die **Dubai Mall**, und als absolutes Highlight der Blick auf den **Burj Khalifa**, wohlgemerkt nur der Blick auf den Turm, keine Besichtigung. Dafür gibt es ausreichend Zeit für einen Einkaufsbummel durch die Mall.

Dauer/Kosten: 4,5 Stunden, vormittags und nachmittags, Fußweg etwa 1,5 Kilometer, leichte Tour, 49/39 €.

■ Modernes Dubai mit Burj Khalifa

Auch hier holt der komfortable und klimatisierte Tourenbus die Besucher direkt vom Kreuzfahrtschiff ab. Auf der Fahrt durch die Stadt gibt es etliche Fotostopps: **Burj Al Arab**, **The Palm Jumeirah** mit Blick auf das Hotel Atlantis und schließlich machen Sie Halt an der **Dubai Mall**, mit 1200 Geschäften eines der größten Einkaufszentren der Welt. Hier finden Sie sicher alles, was das Herz begehrt.

In direkter Nachbarschaft befindet sich der 828 Meter hohe **Burj Khalifa**. Der Höhepunkt dieser Tour ist die **Aussichtsplattform mit Rundumblick im 124. Stock** in 452 Meter Höhe. Hier liegt Ihnen die ganze Stadt zu Füßen, genießen Sie die Aussicht vom höchsten Gebäude der Welt.

Anschließend bleibt genügend Zeit für einen Bummel durch die Einkaufshallen, der allerdings leicht zu einem strapaziösen Gewaltmarsch werden kann. Kon-

▲ Karte hintere Umschlagklappe

zentrieren Sie sich auf das Riesenfenster des **Aquariums** und den **Gold-Souk** und genießen Sie den Gesamteindruck. Erkunden können Sie dieses Monster sowieso nicht!

Dauer/Kosten: 5 Stunden, vormittags und nachmittags, Fußweg etwa 1,5 Kilometer, leichte Tour, 69/49 €.

Dubais nächtliche Pracht

Nach einer 30-minütigen Busfahrt erwartet Sie zuerst ein Fotostopp am Wahrzeichen Dubais – am **Burj Al Arab**. Direkt daneben erschließt sich der moderne, aber traditionelle **Souk Madinat**. Bummeln Sie etwa 30 Minuten durch die Gassen oder entspannen Sie im Innenhof mit Blick auf den Burj Al Arab. Danach geht es weiter zum **Burj Khalifa**, dem höchsten Gebäude der Welt. Der riesige Turm wird Sie mit seinen 163 Stockwerken und insgesamt 828 Metern Höhe in seinen Bann ziehen. Auf 456 Meter Höhe lädt eine Besucherplattform dazu ein, Dubai von oben zu bewundern. Wieder unten angekommen, nimmt Sie dann eine spektakuläre Wassershow, begleitet von Musik und buntem Licht, mit auf eine Traumreise. Nach der Show fahren Sie zurück zum Hafen.

Dauer/Kosten: 4.5 Stunden, abends, Fußweg etwa 1,5 Kilometer, leichte Tour, 69/59 €.

Bootsfahrt mit Abendessen auf dem Dubai Creek

Nach einer kurzen Busfahrt zum Dubai Creek erreichen Sie ein **traditionelles Holzboot**, auf dem Sie sanft über den natürlichen Meeresarm der Stadt gleiten. An Bord werden Sie mit einem Getränk begrüßt. Anschließend erleben Sie einen bezaubernden Abend mit Blick auf Dubais ehemaliges Handelszentrum. Am Ufer erkennt man den Gold- und Gewürzmarkt, das Sheikh-Zayed-Haus oder die denkmalgeschützten Stadtteile Al Fahidi und Bustakiya am Eingang zum Meeresarm. Eingeschlossen in diese Tour ist ein traditionelles Abendessen auf dem Holzboot. Nach rund zwei kulinarischen Stunden auf dem Dubai Creek fahren Sie zurück zum Hafen.

Dauer/Kosten: 3 Stunden, abends, extra leichte Tour, 69/49 €.

Wasserspiele im Stadtviertel um den Burj Khalifa

Dubai-Informationen von A bis Z

Einkaufen

Dubai gilt als Einkaufsparadies. Das bedeutet aber nicht, dass hier alles furchtbar billig ist. Aber denken Sie daran: der Verkäufer erwartet nicht, dass Sie den verlangten Preis zahlen: Handeln gehört hier zum Alltag.

Die größte Shopping-Mall ist die neu erbaute Dubai Mall, ein Gigant mit über 1200 Geschäften direkt neben dem höchsten Gebäude der Welt Burj Kalifa. Sie ist die größte Shopping Mall in Dubai und momentan die zweitgrößte Shopping Mall der Welt – nach der South China Mall in Dungguan. Bei zahlreichen Stadtbesichtigungsfahrten wird dieses gigantische Einkaufszentrum besucht. Andere Malls in Dubai sind: Mall of the Emirates, IBN Batutta Mall, Deira City Centre, Wafi Mall, Bur Fuman Centre, Mercato Mall, Festival City Mall, Dubai Outlet Mall, Dragon Mart Dubai, Al Ghurair City und Al Bustan Centre.

Aber auch hier hat Dubai bald ›die größte‹, nämlich die ›Mall of the World‹, mit einer Gesamtfläche von 740 000 m² dann die größte Mall der Welt (in Bau).

Billiger ist es und besser feilschen kann man auf den Märkten (souks).

Wer guten Schmuck günstig kaufen möchte, sollte einen Gold Souk besuchen. Gold wird zum Tagespreis und nach Gewicht verkauft. Handeln ist ganz wichtig und sogar erwünscht (→ S. 83).

Fotografieren

Dubai ist mit seinem architektonischen Gigantismus ein Eldorado für Fotografen. Der Knipsefinger juckt ständig, und im Nu ist die Speicherkarte voll. Deshalb genügend Speicher mitnehmen!

Wenn Sie mich jetzt fragen, ob Fotografieren denn überhaupt erlaubt ist, antworte ich mit Radio Eriwan: ›Im Prinzip ja, aber ...‹ Streng verboten ist das Fotografieren aller militärischen Einrichtungen, aber das ist ja überall auf der Welt so. Auch die Paläste der Herrscher dürfen nicht fotografiert werden. Da die Stadt zu 96 Prozent von Muslimen bewohnt wird, muss man unbedingt beachten, dass im Islam das Fotografieren von allem, was eine Seele hat (Menschen und Tiere) verboten ist. Fotografieren Sie auf keinen Fall verschleierte Frauen ohne die Erlaubnis des sie begleitenden Mannes!

Wasserfall in der Dubai Mall

Geldscheine der VAE

Geldwechseln/Kreditkarten

Im modernen, luxuriösen Dubai darf auch die Kreditkarte als Zahlungsmittel nicht fehlen und es finden sich Akzeptanzstellen in Hotels, Restaurants, Bars, Einkaufszentren. Mietwagenstationen fordern die Bezahlung ausschließlich mit Kreditkarte. Visa, Mastercard, American Express und Diners Club gehören zu den bevorzugten Karten in Dubai. Es fallen die üblichen ›Auslandsgebühren‹ an. Die EC-Karte wird nur von einigen Stellen angenommen; V-Pay-Karten funktionieren nirgends.

Geldwechseln: Um den besseren Wechselkurs zu erhalten, empfiehlt sich das Umtauschen in Dubai selbst. Bereits am Flughafen finden sich Wechselmöglichkeiten.

Medizinische Versorgung

Wenn Sie medizinische Betreuung benötigen, werden Sie sich natürlich an den Schiffsarzt wenden. Falls Sie aber doch einen Arzt in der Stadt aufsuchen müssen, so erfahren Sie hochwertige medizinische Betreuung im **Saudi German Hospital**, Al Barsha 3, Hessa Street 331, West-Off Exit 36 Sheikh Zayed Road Opposite of American School of Dubai, VAE, Tel. +9714/3890000, Fax +9714/3890505, *GPS N25°5'48"E 055°11'3"*
www.sghgroup.com.sa

Mietwagen

Ich habe beobachtet, dass sich einige Kreuzfahrtteilnehmer ein Auto für einen Tag mieten, um flexibel zu sein. Das ist bei den großen Entfernungen in Dubai und – im Sommer – der Hitze eine gute Entscheidung, man braucht aber starke Nerven, denn die Einheimischen flitzen mit ihren großen Prunkkarossen wie die Wiesel durch die Straßen. Der deutsche Führerschein ist in Dubai gültig und es gibt überall zahlreiche Mietwagen-Angebote ab 12 € pro Tag (www.billiger-mietwagen.de). Spritpreise: Benzin 0,35 €/Liter, Diesel 0,57 €/Liter (Jan 2016).

Öffnungszeiten

Der Freitag und der Samstag bilden das Wochenende. Diese Regelung gilt für alle staatlichen und öffentlichen Institu-tionen. **Banken**: Sa–Mi 8–14 Uhr, Do 8–12 Uhr; einige Banken öffnen auch 16.30–18.30 Uhr, **Geschäfte**: Einzelhandel teilweise sechs oder sieben Tage in der Woche 8–13 Uhr und 16-20 oder 22 Uhr. Große Supermärkte öffnen in durchgehend von 8–24 Uhr. Einige Supermärkte haben 24 Stunden geöffnet, außer freitags 12.30–14.30 Uhr (Freitagsgebet), **Behörden**: normalerweise So–Do 8–16 Uhr.

Post

Emirates Post Office, Street # 6, Al Quoz Industrial Area 1, Dubai, Tel.+971/6005 99999, in der Nähe des Burj Al Arab; täglich 7.30–15 Uhr, außer Fr.

Radfahren

Radfahren ist nicht sehr populär in Dubai. Das ist auch nicht verwunderlich, bei den Spritpreisen! Aber was die wenigsten wissen: Die Wintermonate (Oktober–April) bieten sehr gute Bedingungen für Rennrad-Fans: Morgens angenehme Temperaturen um die 20 Grad, dazu kilometerlange, zum Teil neu asphaltierte Straßen.

Ein Deutscher dominiert in Dubai die Biker-Szene: Wolfgang Hohmann, der an Dubais berühmter Einkaufsstraße Sheik Zayed Road seit mehreren Jahren einen Bikeshop betreibt und dreimal wöchentlich Rundfahrten durch Dubai organisiert.

Der internationale Verleih ›Nextbike‹ hat auch in Dubai seine offen zugänglichen Leihräder (www.bykystations.com).

Restaurants

In Dubai gibt es unzählige Restaurants, teure und extrem teure, aber auch preiswerte, an der Straßenecke oder in schwindelnder Höhe mit atemberaubender Aussicht.

Ein einmaliges Erlebnis ist der Besuch eines der **Armani-Restaurants im Burj Al Arab**. Al Mahara und Al Muntara in der 27. Etage sind weltklasse im Service, in den Speisen und im Preis.

Bezahlbar ist die ›Tea Time‹ im **Restaurant At.mosphere** in der 123. Etage des **Burj Al Arab** in knapp 500 Meter Höhe, wahrscheinlich das höchste Restaurant der Welt. Der Ausblick ist unvorstellbar, es gibt Sekt, Tee und süßes Gebäck zum Preis von 180 Dh (45 Euro). Einlass erhält man nur in korrekter Kleidung, Voranmeldung notwendig. Schon happiger wird es in der **Skyview Bar** in der 27. Etage. Hier gibt es täglich außer freitags um 13, 13.30, 16 und 16.30 Uhr leichte Snacks, Drinks und Afternoon Tea für Dh 620 pro Person (155 Euro). Nur mit Reservierung unter Tel. +9714/3017600.

Stadtverkehr

Busse und Taxis sind preiswert. Wichtige Hinweise: Beim Warten auf den Bus gilt das ›britische‹ Schlangestehen. Es dürfen erst die Frauen einsteigen, dann die Männer. Wird die Dame allerdings von einem (ihr zugehörigen) Mann begleitet, darf er direkt mit einsteigen. Die ersten drei Reihen (bis zur Abtrennung) sind für Damen reserviert, sie dürfen dort sitzen, müssen es aber nicht, wenn sie z.B. in Begleitung eines Mannes sind. Männer können dort sitzen, bis eine Dame sonst keinen Sitzplatz mehr hätte. Weiterhin gibt es keinerlei Abstellgelegenheit für größere Gepäckstücke oder Kinderwagen, für große Rucksäcke muss man meistens ein zusätzliches Ticket lösen und darf dann zwei Sitze beanspruchen – oder wird gar nicht erst in den Bus gelassen.

Metro: → S. 80.

Telefon und Internet

Telefon-Vorwahl: +9714, www.dubai.de

WLAN: Für den Internet-Zugang gibt es folgende Möglichkeiten:

Direkt aus dem Hotelzimmer. Preise um die 40 Dirham pro Stunde oder 100 Dirham pro Tag. Manchmal gibt es in der Hotellobby kostenlosen Internet-Zugang. Oder man geht in eines der vielen Internet-Cafés, die vor allem in der Innenstadt zu finden sind (manchmal ein wenig versteckt in Seitenstraßen, einfach Leute fragen), sie bieten schnelle Zugänge für 4–6 Dirham pro Stunde an. Leider gibt es nur sehr wenige offene, kostenlose WLAN-Zugänge.

Kreuzfahrtteilnehmer haben natürlich die Möglichkeit, das Internet-Café des Kreuzfahrtschiffes zu nutzen.

In Dubai hat man überall sehr guten Handyempfang (Smartphone, iPhone, iPad...).

Tourist Information

Dubai Department of Tourism
9th, 8th and Ground Floors, Al Fattan Plaza, Airport Road, Deira, Dubai.
Airport Visitor Information Bureau, ständig besetzt, Tel. +9714/2245252, info@dubaitourism.ae.

Übernachten

Damit nach Beschreibung all der Luxushotels kein falscher Eindruck entsteht, möchte ich darauf hinweisen, dass man in Dubai als Tourist auch übernachten kann, ohne dass man die Reisekasse bereits am ersten Tag total plündern muss. Die Preise hängen natürlich davon ab, ob sich das Hotel in Top-Lage am Strand befindet oder etwas weiter entfernt. Außerdem gibt es riesige Preisunterschiede, abhängig von der Reisezeit: im Juni und Juli, wenn das Thermometer dort auf 40 Grad Celsius und mehr klettert, sind die Zimmer richtig billig. Außerdem findet man auch stets preiswerte Angebote bei den deutschen Hotelanbietern. Beispiel: Citimax Hotel Al Barsha, wenige Gehminuten von der Mall of the Emirates entfernt für 93 Euro pro Doppelzimmer im Juni 2016, 183 Euro im Januar. Mit Emirates Airlines kommt man non-stopp von Frankfurt nach Dubai und zurück für 500 Euro, diesen Urlaub kann sich auch ein Normalverdiener leisten.

Zeitzone

UTC+4 h, d.h. MEZ +3; keine Umstellung auf Sommerzeit.

Moschee an der Autobahn in Dubai

Abu Dhabi

Abu Dhabi ist das reichste Emirat der VAE und besitzt mehr als 90 Prozent der Erdölvorkommen der Föderation. Vor fünf Jahrzehnten bedeutete Abu Dhabi nur Wüste und Beduinen, es gab keine Elektrizität, keine Autobahnen, nichts - bis 1958 in großem Stil die Ölförderung begann

Die Stadt Abu Dhabi ist die Hauptstadt der Vereinigten Arabischen Emirate und nach Dubai die zweitgrößte Stadt des Landes. Es ist das Industrie- und Kulturzentrum der VAE.

Verglichen mit Dubai ist Abu Dhabi mehr familiär und traditionsbewusster, das liegt zum Teil auch daran, dass der Anteil einheimischer Bevölkerung hier bedeutend höher ist, als in Dubai.

Das Oberhaupt der Herrscherfamilie von Abu Dhabi ist gleichzeitig der Präsident der Vereinigten Arabischen Emirate, und Abu Dhabi ist deshalb Sitz der Regierung und finanzielles Zentrum der VAE. Gegenwärtiger Präsident ist Scheich Chalifa bin Zayid Al Nahyan. Er gehört zu den reichsten Männern der Welt, sein Reichtum von 23 Milliarden Dollar entstammt, wie könnte es anders sein, dem Ölgeschäft. Auch sein Immobilienbesitz trägt zu diesem Reichtum bei. Kürzlich wurde ein neuer Palast für die Herrscherfamilie gebaut, im Stadtteil Ras Al Akhdar.

Eingang zum ›Emirates Palace Hotel‹

▲ Karte S. 106

Abu Dhabi versucht, sich vom Lifestyle-Tourismus Dubais etwas abzuheben und sich mehr zu einer kulturellen Drehscheibe zu entwickeln. Auf der künstlich erweiterten, 27 Quadratkilometer großen Insel Saadiyat östlich der Hauptinsel werden gerade mehrere Einrichtungen für Bildende Kunst, Musikdarbietung, Theater und kulturelle Bildung auf hohem Niveau errichtet. So wollen beispielsweise bis Ende 2016 die französische Regierung und das Emirat einen ›Mini-Louvre‹ auf Saadiyat eröffnen. Ein Kooperationsvertrag wurde am 7. März 2007 unterzeichnet. Bis 2019 soll der ›Louvre‹ 6000 Quadratmeter Dauerausstellungsfläche haben.

Auch die Verantwortlichen von Abu Dhabi wissen, dass die Ölvorräte sich dem Ende neigen und beginnen damit, die gesamte Energieversorgung des Emirats auf Solartechnik umzustellen.

Stadtgeschichte

Abu Dhabi ist eine noch junge Stadt. Die Legende berichtet, dass um etwa 1760 einige Beduinen aus den Liwa-Oasen eine Gazelle mehrere Tage lang auf der Jagd verfolgten, ohne dass sie sie erlegen konnten. Schließlich stellten Sie das Tier an einer damals unbewohnten, flach abfallenden Küste und befanden diesen Platz durch seine Inselähnlichkeit als ideal, um sich dort anzusiedeln. Sie nannten diesen Ort Abu Dhabi - Vater der Gazelle.

Später dann bauten sie einen Hafen und ernährten sich von Fischfang und Perlenfischerei. Bald kamen indische Perlenhändler nach Abu Dhabi und sorgten dafür, dass der Handel von Perlen auf alle möglichen anderen Dinge erweitert

Die Marina Mall in Abu Dhabi

wurde. Im Jahr 1793 übernahm der Stamm der Bani Yas mit dem Stammesscheich Shakhbout bin Dhiab die politische Macht und siedelte sich in Abu Dhabi an. Man erschloss eine Quelle und baute das Fort Qasr al Hosn. Um 1800 hatte Abu Dhabi die Größe eines kleinen Dorfes und einen Hafen für 400 Schiffe. Mit der nur 130 Kilometer entfernten Siedlung Dubai pflegte es keine guten Beziehungen und es kam zu zahlreichen Stammeskriegen zwischen den beiden Städten. Unter Vermittlung der Engländer erfolgte 1820 ein erster Waffenstillstand, der aber nicht dauerhaft hielt. Mehr als zehn Jahre später übersiedelte Maktoum Bin Butti vom Stamm der Bani Yas von Abu Dhabi nach Dubai und gründete dort ein eigenes Emirat.

1855 übernahm dann Sheik Zayed I. bin Khalifa al Nahyan die Herrschaft über Abu Dhabi und sorgte dafür, das Gebiet innerhalb kürzester Zeit zum wichtigsten und mächtigsten Emirat am Golf wurde. Sheik Zayed I. starb 1909 und danach gab es 20 Jahre lang Auseinandersetzungen um die Thronfolge. Dann kam 1929 die Wirtschaftskrise und 1930 die Erfindung der Zuchtperlen in Japan, was Abu Dhabi schwere Zeiten bescherte. Die Situation änderte sich erst, als 1958 auch hier Öl gefunden wurde und 1971 die Vereinigten Arabischen Emirate gegründet wurden.

Die Gründung der VAE erfolgte durch Sheik Zayed II. bin Sultan al Nayan, der Abu Dhabi zur Hauptstadt der Föderation ernannte und sie zur ›grünen Stadt der Wüste‹ machte. Er pflanzte Hecken und Sträucher, Palmenhaine und Blumenbeete und große, grüne Rasenflächen. Heute gibt es in Abu Dhabi etwa 20 großzügige Parkanlagen, die mit ungeheuren Wassermengen aus den Meerwasseraufbereitungsanlagen ständig gegossen werden müssen, um die Pracht zu erhalten.

Und noch etwas hat Sheik Zayed II. bin Sultan al Nayan gemacht: Er hat in seinem Land einen westlichen Lebensstil

Abu Dhabi Übersicht
Al-Bahya
Al-Reef
Al-Rahia Beach
Abu Dhabi International Airport
Falken-Hospital (2 km)
Yas Island
Ferrari World
Yas Marina Circuit
Masdar
Sheikh Khalifa Hwy
Khor Faridah
Ba Al-Ghaylam Island
Rahman Island
Zeraa Island
Samakyah Island
Abu Dhabi-bin Shahama Rd
Khalifa City
International Airport Rd
Air Base
Al-Jubail Island
Sas Al-Nakhl Island
Al-Maqta
Große Moschee
Abu Dhabi Gate City
Sheikh Zayed Bin Sultan St
Al-Khaleej Al-Arabi St
Al-Bateen Airport
Saadiyat Beach
Saadiyt Island
Umm Yifenen Island
Khor al-Bagaal
Al-Aman
Louvre Abu Dhabi
Kunst- und Kulturzentrum
Al-Reem Island
Al-Nahyan
Al-Mushrif
Khor al-Bateen
Cruise Ship Terminal
Al-Danah
Al-Etihad
Al-Hosn
28th st
Al-Bateen
S. 110
Lulu Island
Corniche Beach
Al-Hudayriat Island
Marina Mall
Emirates Palace
Breakwater Island
Heritage Village
Präsidentenpalast
Massnoua Island
0
2,5
5 km

eingeführt, der trotz einer kapitalistischen und konsumorientierten Ausrichtung die orientalischen glaubenstreuen Traditionen erhält. Diese interessante Kombination führt, zusammen mit der bunten Pracht der Gartenanlagen und den prächtigen, gigantischen Bauwerken, dazu, dass reisefreudige Europäer dieses Land zu Tausenden besuchen. Ein Umstand, von dem sich die Herrschenden Wohlstand auch über das Ende der Erdöl-Ära hinaus vesprechen.

Cruise Ship Terminal

Am 13. Dezember 2015 wurde in Abu Dhabi das neue Kreuzfahrtschiff-Terminal in Betrieb genommen. Es liegt in Port Zayed, dem großen Hafen von Abu Dhabi. Dieser befindet sich etwa drei Kilometer nördlich vom Stadtzentrum und der beliebten Promenade Corniche. Das Terminal ist modern und großzügig gestaltet und es gibt alle Einrichtungen, die man von einem Schiffsterminal erwartet, die Menschen sind freundlich, alles ist groß, hell und sehr sauber. Das Terminal soll eine zweite Ebene bekommen, über die Passagiere dann auch bequem über Passagier-Brücken auf die Schiffe gelangen statt aktuell über die Pier. Abu Dhabi erhofft sich bis zur Saison 2019/2020 mehr als 300 000 Passagiere jährlich.

Es ist nicht erlaubt, innerhalb des Hafengeländes herumzulaufen. Für die Fahrt ins Stadtzentrum gibt es Taxis und Shuttlebusse. Der hoho-Bus (hop on-hop off) hält drei Gehminuten entfernt. Einige Cruise Lines bieten auch einen kostenlosen Shuttle an, der entlang der Corniche (Prachtstraße am Wasser) zur Marina Mal (Breakwater) führt.

i Abu Dhabi Terminals

Tel. +9712/6730600, info@adterminals.ae, www.adterminals.ae.

Strand

Der Corniche Beach ist ein Strandpark, an dem Rettungsschwimmer anwesend sind. Seine perfekten Ufer wurden mit der begehrten Blauen Flagge ausgezeichnet, einer international anerkannten Umweltauszeichnung für Strände und Häfen, die sauberes und sicheres Baden garantierten.

Der Hauptzugang zum Strand befindet sich in Höhe der Al Khaleej Al Arabi Street. Unter der Woche bekommt man leicht einen Sonnenschirm, aber am Wochenende wird es voll. Man kann nicht sehr weit hinausschwimmen, schwimmende Zäune, 40 Meter vom Strand entfernt, schützen die Schwimmer. 30- bis 50000 Besucher vergnügen sich hier jeden Monat in drei verschiedenen Bereichen: dem Familienbereich, dem Frauenbereich und dem öffentlich zugänglichen Bereich. Es gibt mehr als 1100 Parkplätze, die innerhalb von fünf Gehminuten zum Strand liegen. Der Eintritt zum Familienbereich und zum Bereich für Singles beträgt 10 Dh (2,50 €). Der öffentliche Bereich ist kostenlos. Es gibt Umkleidekabinen, Duschen, Toiletten, Strandge-

An der Corniche

Die Große Moschee ist ein Erlebnis

schäfte, Eisbuden, Donut-Stände und eben alles, was man von einem gepflegten Strand erwartet. Wer sehr viel Geld hat, kann auch die Strände einiger Hotels benutzen, z.B. Intercontinental und Hilton. Eintritt 75 bis 100 Dh (19–25 €) unter der Woche und 150 Dh (37 €) an den Wochenenden.

Den Strandboulevard sollte man zu Fuß genießen, allerdings ist es im Sommer dort so heiß, dass der Spaziergang eher zu einer Qual wird.

Sehenswürdigkeiten

Die Sehenswürdigkeiten von Abu Dhabi liegen über die ganze Stadt verstreut, einige von ihnen finden wir entlang der prächtigen Uferpromenade ›Corniche‹, die in der Nähe des Kreuzfahrtterminals beginnt und weit im Südwesten beim Emirates Palace Hotel endet. (etwa 15 Minuten mit dem Taxi, um die 25 Dh). Die größte Sehenswürdigkeit der Stadt aber, die Scheich Zayed Grand Mosque, liegt weiter im Inland in der Nähe der Al Maqta Bridge.

▲ Karte S. 110

Sheikh Zayed Grand Mosque

Die Scheich-Zayed-Moschee ist die größte und eine der schönsten Moscheen der Welt, aber das Schönste für uns Kreuzfahrtteilnehmer ist, dass sie auch von Nichtmuslimen besucht werden kann, Voraussetzung dafür sind aber bestimmte Verhaltensregeln, denn die Moschee ist eines der größten Heiligtümer des Islam. Die Besucher müssen angemessen gekleidet sein, d.h. konservative, bequeme Kleidung, langärmelige Oberbekleidung, auch für Herren (!), lange Hosen oder knöchellange Röcke, auf keinen Fall durchsichtige Kleidung oder kurze Hosen und natürlich keine Bade- oder Strandbekleidung.

Vor dem Betreten der Moschee werden die Schuhe ausgezogen.
Frauen müssen ein Kopftuch tragen (Kopftücher und Abayas sind beim Einlass kostenlos erhältlich).
Intimes Verhalten wie Händchenhalten oder Küssen ist in einem muslimischen Gebetshaus ein absolutes Tabu.
Aus Sicherheitsgründen und aus Respekt vor den Gläubigen sollten sich Besucher in den für sie vorgesehenen Bereichen der Moschee aufhalten.
Rauchen und Essen sind im gesamten Moschee-Bereich nicht erlaubt.
Die Besucher müssen beachten, den Koran und andere architektonische Elemente in der Hauptgebetshalle nicht zu berühren.
Das Fotografieren und Filmen ist auf dem gesamten Gelände gestattet.
Der Besuch der Moschee ist kostenlos.
Die Moschee wurde auf einem Gelände von 22 412 Quadratmetern errichtet und im Jahre 2007 eingeweiht. Dieses architektonische Kunstwerk ist die größte Moschee der Welt und bietet Platz für 40 000 Gläubige. Mit über 80 Kuppeln erweckt dieses phantastische Bauwerk, ganz in Weiß gehalten, den Eindruck eines Märchenschlosses aus Tausend und einer Nacht – zum Unbehagen einiger muslimischer Gläubiger, denen diese Moschee zu prunkvoll ist.
1192 Säulen, unzählige 24-Karat-vergoldete Kronleuchter, der weltgrößte handgeknüpfte Teppich, der größte Kronleuchter der Welt und 115 119 Quadratmeter Marmor demonstrieren den Reichtum des Emirats. Schneeweißer Marmor, das war eine der Vorgaben, die der im November 2004 verstorbene Scheich Zayed Bin Sultan Al Nahyan verfügte. Die Farbe Weiß ist für die Muslime die Farbe des Friedens.
Unter der 70 Meter hohen Kuppel der Haupthalle ist Platz für über 7000 betende Männer. Dahinter liegen zwei kleinere Gebetsräume für jeweils 1500 Frauen, die wesentlich filigraner gestaltet sind. Hier sei noch erwähnt, dass Frauen im Gegensatz zu Männern nicht in der Moschee ihre Gebete verrichten müssen.
In der 70 Meter hohen Kuppel hängt der größte Kronleuchter der Welt. Er ist mit grünen, roten, gelben und weißen Kristalltropfen aus Swarovski-Steinen besetzt und wurde in Europa hergestellt. Er hat ein Gewicht von etwa zehn Tonnen, ist 15 Meter hoch und soll zehn Millionen US-Dollar gekostet haben.
Unter diesem größten Kronleuchter der Welt ist der Boden mit dem größten handgeknüpften Teppich der Welt bedeckt. 5625 Quadratmeter ist er groß, und er wurde innerhalb 18 Monaten von rund 1200 Weberinnen in drei nordostiranischen Städten geknüpft. Dabei verarbeiteten sie 38 Tonnen Wolle und Baumwolle und knüpften ca. 2,2 Millionen Knoten!
Im 17 000 Quadratmeter großen Hof haben weitere rund 23 000 Muslime

Im Innenhof der Moschee

Abu Dhabi Zentrum
Al-Meena
Yas Island (30 km)
Teppich-markt
Maryah Island
Al-Reem Island
Dhow Hafen
Abu Dhabi Mall
Marina Square
Tourist Club St
Al-Firdous St
Corniche Rd East
Southern Sun
Tourist Club Area
13th St
19th St
Al Salam St
Int. Flughafen, Abu Dhabi-Dubai Rd
Hamdan Bin Mohammed St
Sheik Zayed the First St
Al-Falah St
Al-Markaziyah
Al-Baladia
Bani Yas St
Lulu St
Medinat Zayed
Abu Dhabi Central Post Office
Al-Dafrah
Al-Shaqiri St
Medinat Zayed Mall
Lulu Island
Al-Etihad Square
Festung Al-Hosn
Rashid Bin Al-Maktoum St
Corniche Beach Park
Al-Manhal
Khalifa Hospital City
Al-Karameih St
Al-Nasr St
Deutsche Schule
Int. Flughafen, Airport Rd
Al-Karamah
King Khalid Bin Abdel Aziz St
Corniche Rd West
Al-Khalidiyah
28th St
Al-Manal St
Hasaa Bin Zayed St
Haupteingang Strand
Al-Khaleej Al Arabi St
Al Asalah
Heritage Village
Corniche Beach Park
Sultan Bin Zayed St
Breakwater Island
Marina Mall
Le Boulanger Marina Café
Al-Khubeirah
Al-Bateen
Nation Towers
Baynunah St
Emirates Palace
Neuer Präsidenten Palast
Etihad Towers
Khor al-Bateen
0 500 1000 m

Platz, die auf dem Marmorboden mit Blumenmotiven aus Halbedelsteinen beten können. Der Hof ist von einer beeindruckenden Säulenreihe umgeben. Eingebettet ist die ganze Pracht in eine Anzahl von Wasserbecken, in denen sich die atemberaubenden weißen und goldenen Farben der Fassaden spiegeln, welche nachts von einem einzigartigen Beleuchtungssystem angestrahlt werden. Auf dem Gelände der Moschee gibt es eine Toilettenanlage, diese ist ein wahres Kunstwerk aus Marmor und Sauberkeit, und die Benutzung ist natürlich kostenlos.

Der Swarovski-Kronleuchter hängt unter der Kuppel

Scheich-Zayed-Moschee

2nd Shaikh Rashid Bin Saeed Al Maktoum Street, Abu Dhabi, VAE, Tel. +9712/4416444.

Geöffnet ist die Moschee Sa–Do von 9–22 Uhr (letzter Einlass 21.30 Uhr) und Fr 16.30–22 Uhr. Kostenlose, einstündige **Führungen** werden von So–Do um 10, 11 und 17 Uhr angeboten. Außerdem Fr um 17 und 19 Uhr und Sa um 10, 11, 14, 17 und 19 Uhr.

Im Heiligen Monat (Ramadan, → S. 60) ist die Moschee täglich außer freitags von 9–14 Uhr geöffnet. Letzter Einlass um 13.30 Uhr.

Die Zeiten der letzten Führung des Tages variieren je nach Sommer- bzw. Winterzeit zwischen 16.30/17 Uhr und 19.30/20 Uhr. Die aktuellen Zeiten finden Sie unter www.szgmc.gov.ae.

Emirates Palace Hotel

Das imposanteste Gebäude in Abu Dhabi ist das Emirates Palace Hotel, auf der Landzunge Al Ras Al Akhdar gelegen. Es ist so zu sagen das Gegenstück zum Burj Al Arab Hotel in Dubai. Es ist natürlich ein Fünf-Sterne-Hotel, denn mehr Sterne gibt es in der Hotellerie offiziell nicht. Vielfach wird es aber mit sieben Sternen bewertet, denn es ist wunderschön von außen und super-luxuriös im Innern mit echtem Blattgold aufwendig verziert und allem nur erdenklichen Komfort.

Einen Höhenrekord gibt es hier nicht, dafür aber wohl einen Breitenrekord: das einem Märchenschloss aus 1001 Nacht gleichende Hotel ist 714 Meter breit, hat einen Umfang von 2,5 Kilometern und steht auf einem 1,24 Millionen Quadratmeter (1,24 km^2) großen Grundstück mit einem 1300 Meter langen Privatstrand. Die Hotelfläche beträgt 243 000 Quadratmeter mit 302 Zimmern (›deluxe luxury rooms‹) und 92 Suiten für ca. 860 Gäste, die von 2600 Angestellten betreut werden. Auch die Fahrstühle sind nicht die längsten, dafür gibt es aber 140 Stück!

Im Hotel gibt es 20 Restaurants, Bars und Kaffees, zwei Schwimmbäder, natürlich viele Läden und Boutiquen namhafter Marken, Parketagen für 2500 Autos und zwei Helikopter-Landeplätze.

Um das Hotel herum gibt es einen ein Quadratkilometer großen Park mit über 8000 Bäumen, 200 Springbrunnen und zwei großen Teichen. Hier werden auch die zigtausend Rosen gezüchtet, die man überall im Hotel antrifft: in den Gästeräumen, in den Fluren und Hallen, in den Restaurants – überall, 20 000 Rosen werden täglich verbraucht.

Das Hotel wurde 2005 eröffnet und ist gleichzeitig Gästehaus der Regierung der VAE für ausländische Staatsgäste – auch die deutsche Bundeskanzlerin Frau Dr. Merkel hat hier genächtigt, sagt jedenfalls die ›Lady in Red‹, die Hausdame. Um diese Gäste mit dem Reichtum des Emirats zu beeindrucken, befinden sich im Innern u.a. 1000 Kristallleuchter von Swarovski.

Die größte Suite ist 680 Quadratmeter groß und kostet 13 000 Euro pro Nacht. Sechs weitere Suites sind jeweils 1200 Quadratmeter groß und sind für die Herrscher und deren Gäste reserviert, sie werden nicht vermietet.

Und: was hier aussieht wie Gold ist auch Gold, und zwar wurden 6000 Quadratmeter 22-karätiges Blattgold verarbeitet! Zwar gehört das Hotel dem Staat, gemanagt wird es jedoch von der deutschen Traditionskette Kempinski, seit Juli 2013 von dem Deutschen Holger Schroth.

Von der Uferpromenade Corniche hat man einen schönen Blick auf dieses Traumhotel.

i Emirates Palace Hotel

West Corniche Road, Abu Dhabi – VAE, Tel. +9712/6909000, Fax +9712/6909999, www.emiratespalace.ae; 1875 Dh (468 €) bis 61000 Dh (15 250 €) pro Nacht.

Observation Deck at 300

Wer nun noch ein wenig Zeit hat, sollte auf Abu Dhabis höchsten Aussichtspunkt fahren. Der befindet sich gleich gegenüber vom Emirates Palace Hotel an der Corniche Street, und zwar im Jumeirah at Etihad Tower 2 im 74. Stockwerk. In dem Restaurant ist formale Kleidung erwünscht, durch die Panoramascheiben hat man einen weiten Blick auf Corniche Beach, auf das Emirates Palace Hotel und über die ganze Stadt. Einlass ist von 10 bis 18 Uhr, die Preise sind moderat, wenn man sich hier oben nicht vollmampfen will und bedenkt, dass der Eintrittspreis mit dem Verzehr verrechnet wird.

i Observation Deck at 300

Jumeirah at Etihad Towers, Corniche Street, gegenüber Emirates Palace, Abu Dhabi 111929, VAE, Tel. +9712/8115666, Eintritt Dh 75 (19 €); www.jumeirah.com/en; jadrestaurants@jumeirah.com. Preisbeispiele: Sandwich Dh 50 (13 €), Stück Torte Dh 45 (12 €), Café Latte Dh 32 (8 €), Cola Dh 21 (5,50 €).

Corniche Waterfront

Die Prachtstraße Corniche Road erstreckt sich über eine Länge von acht Kilometer von der Marina bis herunter zum Emirates Palace Hotel direkt am Wasser entlang. Der breite Prachtboulevard ist gesäumt von Hotelbauten, Cafés, Restaurants, wunderschönen Grünanlagen, weißen Stränden, Kinderspielplätzen und separaten Rad- und Fußgängerwegen, sowie dem Corniche Beach (→ S. 107).

Freilichtmuseum Heritage Village

Das beschauliche Freilichtmuseum Heritage Village liegt gegenüber der Uferpromenade Corniche auf der Breakwater-Insel. Hier bekommen Besucher eine Idee davon, wie die Menschen noch vor einigen Jahrzehnten, vor der Zeit vor dem großen Öl-Boom, am Arabischen Golf gelebt haben. Es gibt viele authentische Ausstellungsstücke aus dieser Zeit sowie originalgetreue Nachbauten von Wohnstätten der Perlentaucher, Fischer und Beduinen, die dem Besucher die Lebensweise ihrer ehemaligen Bewoh-

▶ Karte S. 110

ner zeigen. Ein ganzes Wüstenlager ist zu sehen mit Zelten aus Ziegenhaar, Lehmziegelhäusern, einer Moschee und Werkstätten.

In kleinen Läden können Gewürze, Kunsthandwerk und viele andere Souvenirs gekauft werden.

Natürlich gibt es hier auch ein Restaurant mit arabischen Gerichten: Im **Al Asalah Restaurant** geht es zumeist gemütlich zu und man hat einen beeindruckenden Panoramablick auf Abu Dhabi.

Ein Besuch ist allen zu empfehlen, denen das Großstadtgewimmel auf die Nerven geht oder die sich für diese Nachbauten wirklich interessieren.

i Heritage Village

Corniche, Brake Water, Near Marina Mall - Abu Dhabi VAE, Tel.+9712/681 4455, www.abu-Dhabi.de/heritage-village, info@torath.ae; Sa bis Do 9 bis 17 Uhr, Fr 15.30 bis 21 Uhr. Der Eintritt ist frei.

Ferrari World

Kinder und Freunde von schnellen Autos zieht es in den Vergnügungspark Ferrari World auf der der Yas-Insel. Hier wurde am 4. November 2010 auf einer Gesamtfläche von 25 Hektar ein acht Hektar großer Themenpark eröffnet, der damit der größte überdachte Themenpark der Welt ist. Geboten werden 20 Attraktionen rund ums schnelle Autofahren, darunter eine voll funktionsfähige Freizeitrennstrecke, eine Gokartbahn sowie ein Rally-Parcours und eine Drag-Racing-Piste, dazu eine große historische und aktuelle Ferrari-Produktübersicht. Dazu kommen ein Show- und Theaterkomplex, einige spezielle Fahrschulen mit Renn-Schnupperkursen und natürlich etliche Restaurants mit – wie kann es bei Ferrari anders sein – vorwiegend italienischen Gerichten. Im Zentrum des Gebäudes steht ›G-Force‹ ein 62 Meter hohes Fahrgeschäft, in dem der Besucher das in der Formel 1 auftretende Fahrgefühl, insbesondere das der hohen Beschleunigungskräfte, vermittelt bekommt.

Formula Rossa, die schnellste Achterbahn der Welt, ist ein ganz besonderes Erlebnis. Ferrari World ist für Kinder und die ›Ewigen Kinder‹ ein Riesenspaß, ich empfehle aber den ›Premium Pass‹ zu kaufen, sonst muss man an den einzelnen Fahrgeschäften sehr lange warten.

Vom Freilichtmuseum hat man einen guten Blick auf die Stadt

Ferrari World Abu Dhabi

Yas Island, P.O.Box 128717, Abu Dhabi, VAE, Tel. +9712/4968000, https://ferrariworldabudhabi.com; tägl. 11–20 Uhr; es gibt ausreichend Parkmöglichkeiten für Dh 35 (9 €). Premiumticket: Dh450 (113 €), für Gäste kleiner als 1,5 Meter Dh 365 (92 €), Kinder unter drei Jahren frei. Tickets unter Tel.+9712/4968001 sales@ferrariworldabuDhabi.com.

Yas Marina Circuit

Direkt neben Ferrari World befindet sich die Formel 1 Rennstrecke Yas Marina Circuit. Sie wurde vom deutschen Rennstrecken-Designer und Bauingenieur Hermann Tilke entworfen und ist 5,554 Kilometer lang. Sie hat neun Rechts- und elf Linkskurven, die mögliche Höchstgeschwindigkeit beträgt 320 km/h. Das erste Rennen auf dieser neuen Strecke war der Große Preis von Abu Dhabi am 1. November 2009, Sieger war damals Sebastian Vettel mit einer Durchschnittsgeschwindigkeit von 194,863 km/h.

Hier können auch Besucher den Adrenalinkick der Formel-1-Wagen erleben; es gibt verschiedene Angebote zum assistierten Selbst- und Mitfahren in verschiedenen Rennklassentypen und auch im eigenen Fahrzeug (ab 300 €).

Dienstags ab 18 Uhr kann man den Yas Marina Circuit sogar kostenlos zum **Radfahren** oder **Laufen** nutzen. Wer kein eigenes Rad dabei hat, kann dieses für ab 30 Dirham/Stunde (7,50 €) vor Ort ausleihen.

Als Besucher einer **Tour auf dem Circuit** hat man die Möglichkeit eine Runde in einem Minibus auf der Strecke zu absolvieren.

Den besten Blick auf die Rennstrecke hat man vom Formel-1-Hotel Yas Island Rotana, und zwar aus der Bar im neunten Stock (›Blauen Aufzug‹ nehmen). Von dort oben, in dem edel ausgerichteten Barbereich, hat man einen perfekten Blick auf die gesamte Ferrari-World, allerdings nur durch mit weißen Mustern durchzogene Fenster. Man sollte aber die Gastfreundschaft der Emiratis nicht überspannen und wenigstens einen Drink in der Poolbar bestellen.

Aber auch von der Terrasse des Yas-Hotels hat man einen guten Blick auf die Formel-1-Rennstrecke.

Yas Marina Circuit

Tickets: Tel. +9712/6599800 oder www.yasmarinacircuit.ae oder persönlich am West Eingang Willkommens-Center, Yas Marina Circuit (9–18 Uhr) oder Ferrari World Abu Dhabi YMC Kiosk, (Di–So 12–22 Uhr).

Das Falken-Hospital

Die Jagd gehörte schon immer zum Leben der Beduinen, denn damit konnten sie ihren dürftigen Speiseplan etwas aufwerten. Heute gehört die Haltung von Jagdfalken zu den beliebtesten Hobbys. Die Falken sind ein Statussymbol und heißgeliebte Tiere, die von ihren Herren gehegt und gepflegt werden. In jedem Jahr werden in den Vereinigten Arabischen Emiraten 5000 neue Reisepässe für Falken ausgestellt. Denn sie reisen mit ihren Herren, als ob sie Teil der Familie wären. Mehr als 20 000 Falken soll es in den Vereinigten Arabischen Emiraten geben, und sie kosten im Durchschnitt 30 000 Dollar – das Stück.

Ein Falke hat in den Vereinigten Arabischen Emiraten viele Freiheiten. Er darf im Wohnzimmer auf der Stange sitzen und Wachteln essen. Jeden Morgen und jeden Abend chauffiert ihn sein Herrchen in die Wüste zum Freiflug, denn sonst wird dem Greifvogel langweilig. Bei den Freiflügen besteht durchaus das Risiko, dass einer der teuren Vögel auch einmal verloren gehen kann. Da-

▲ Karte S. 106

her tragen die Tiere Peilsender mit entsprechend robusten, leichten Batterien. Wenn der Falke Anzeichen einer Krankheit oder eines Unwohlseins zeigt, wird sofort der Doktor gerufen. In Abu Dhabi ist das die deutsche Tierärztin Margit Müller. Sie leitet das Abu Dhabi Falcon Hospital und hat nach eigenen Angaben inzwischen 130 000 Falken operiert. Es ist das größte Falkenhospital der Welt. Hier werden Greifvögel aus dem gesamten arabischen Raum medizinisch betreut und aufgepäppelt. Seit einiger Zeit können auch Touristen das Hospital besuchen und sich an den Falken er-freuen. Geboten wird eine Besichtigung der ›Patienten‹, ein Vortrag über Falken und die Falknerei sowie eine Flugschau und natürlich ein Erinnerungsfoto mit Falke.

i Abu Dhabi Falcon Hospital

Sweihan Rd. (Nähe Flughafen), P.O.Box: 45553, Abu Dhabi-UAE. Tel. +9712/5755155, Fax +9712/ 575500, www.falconhospital.com.
Einlass für Touristen: So–Do 10 und 14 Uhr, Reservierung erforderlich, 170/60 Dh (42,50/15 €).

Empfehlungen für Landausflüge

Auch in Abu Dhabi warten morgens die Busse auf die Passagiere für diverse Landausflüge. Drei davon möchten wir Ihnen vorstellen.

Panoramafahrt Abu Dhabi

Bei dem ersten Fotostopp an der **Großen Moschee** ist sofort klar, warum der imposante Bau rund 715 Millionen US-Dollar gekostet hat. Benannt wurde die pompöse Moschee nach dem ersten Präsidenten der Emirate, Sheikh Zayed bin Sultan Al Nahyan.
Als nächstes fahren Sie zum berühmten **Luxushotel Emirates Palace**. Insgesamt 114 Kuppeln zieren das ein Kilometer lange Hotel, das eine beeindruckende Gesamtfläche von ca. 243 000 Quadratmeter hat.
Weiter geht es entlang der **Corniche** zu einem weiteren Fotostopp, von dem Sie einen schönen Ausblick auf die Wolkenkratzer der Stadt haben. Zum Abschluss fahren Sie mit dem Bus entlang der sechs Kilometer langen Uferpromenade zurück zum Hafen.
Dauer/Kosten: 2,5 Stunden, vormittags und nachmittags, extra leichte Tour, 39/29 €.
Hinweis: Dieser Ausflug enthält keine Innenbesichtigungen.

Stadtrundfahrt durch Abu Dhabi

Nach einer Busfahrt durch die Stadt erreichen Sie eine der **größten Moscheen** der Welt, die mit ihrem Luxus beeindruckt. Bestaunen Sie die floralen Motive aus Halbedelsteinen, den großen Swarovski-Kronleuchter und den größten handgeknüpften Teppich der Welt, an dem 1200 Frauen gearbeitet haben. Nach der Besichtigung fahren Sie zum neuen **Kunst- und Kulturzentrum** Abu Dhabis auf der Insel Saadiyat, wo Sie dann eines der Museen besuchen werden, die hier im Zuge des **Mini Louvre** entstanden sind.
Nach einem kurzen Aufenthalt fahren Sie zum **Freilichtmuseum auf Breakwater Island** (Heritage Village). Dort ist unter anderem ein traditionelles Wüstenlager, wie es lange vor dem Ölboom existierte, abgebildet. Abgerundet wird dieser Ausflug mit einem Fotostopp und Blick auf das Emirates Palace Hotel.
Dauer/Kosten: 4 Stunden, vormittags und nachmittags, leichte Tour, 45/29 €.
Hinweis: In der Moschee müssen Arme und Beine komplett bedeckt sein (auch bei Männern). Frauen müssen ein Kopftuch tragen.

Jeep-Safari in der Wüste von Al Khatim

Diese Tour führt Sie raus aus dem Häusermeer von Abu Dhabi und hinein in die Natur der arabischen Welt. Die Sandwüste von Abu Dhabi gehört zu den größten auf unserer Erde. Hier türmen sich die Sanddünen bis zu 300 Meter auf. Etwas kleiner ist es in der Wüste von Al Khatim, denn sie ist nur eine Fahrstunde mit dem Jeep vom Hafen entfernt. Durch ein Meer aus Dünen fahren Sie abseits der Straßen mitten in der Ödnis, durch dieses unglaubliche Stück Natur über Wüstenhügel und Sandlöcher. In rasanter Fahrt geht es die **Dünen hinauf und wieder steil bergab**, in atemberaubender Schräglage mit aufheulendem Motor – nichts für schwache Nerven!

Schließlich erreichen Sie ein arabisch anmutendes Camp inmitten der unglaublichen Weite dieser Wüste. Hier erwartet Sie ein **orientalisches BBQ-Buffet** mit musikalischer Untermalung und der Darbietung traditioneller Bauchtänze. Wer möchte, kann sich auf den Rücken eines Wüstenschiffes begeben oder sich mit Henna landestypisch verzieren lassen. In totaler Finsternis geht es dann in dem klimatisierten und sehr komfortablen Geländewagen zurück zum Schiff.

Dauer/Kosten: 6 Stunden, nachmittags/abends, mittelschwere Tour, 89/79 €.

Hinweis: Dieser Ausflug ist nicht für Gäste mit Rückenbeschwerden geeignet und zudem wetterabhängig, er kann kurzfristig abgesagt werden.

Tagesausflug nach Al Ain

Die ›Gartenstadt‹ Al Ain liegt etwa 160 Kilometer östlich von Abu Dhabi an der Grenze zum Oman und am Fuße des Hajar-Gebirges. Die Grenze verläuft durch die Stadt, der omanische Teil heißt Buraimi. Al Ain ist die zweitgrößte Stadt des Emirats Abu Dhabi. Alle Hauptstraßen, welche die Stadt durchqueren, sind sechsspurig ausgelegt. Im Juli 2009 wurde der erste öffentliche Nahverkehr mit 100 Bussen eingerichtet, der die Stadt nun großflächig verbindet. Mit Abu Dhabi ist der Ort durch eine Autobahn (E30)

Nichts für schwache Nerven: Jeep-Safari in der Wüste

▲ Karte S. 72

Kamelritt in der Wüste bei Abu Dhabi

verbunden; für die etwa 160 Kilometer benötigt man etwa 1½ Stunden. Ein Tagesausflug dauert ab Abu Dhabi Zentrum etwa acht Stunden und kostet Dh 207 (52 €). Zahlreiche Reisebüros bieten diese Touren an.

Die Stadt ist sehr weiträumig angelegt, und wer hier ein halbverlassenes Wüstendorf erwartet, wird überrascht sein: Al Ain hat eine Ausdehnung, die der Fläche von Paris ähnelt, nämlich knapp 1000 Quadratkilometer. Etwa 200 Brunnen spenden genügend Wasser für die 630 000 Bewohner und die gepflegten Grünanlagen. Dazu wurde hier schon lange vor unserer Zeitrechnung ein ausgeklügeltes Bewässerungssystem angelegt. Auf den zahlreichen Grünflächen versprühen heute Berieselungsanlagen mit leichtem Schleier Wasser – der Pro-Kopf-Verbrauch des Emirats gilt als der höchste weltweit.

In Al Ain wachsen Zitronen, Orangen, Feigen und Mango, vor allem aber auch Datteln, die hier besonders lecker sein sollen. Ein Baum kann bis zu 150 Kilogramm im Jahr bringen und 50 Jahre alt werden. Aus Palmblättern werden außerdem Taschen und Matten gemacht. Die größte Grünanlage ist die im Osten der Stadt gelegene Palmenoase, an deren Rand sich auch das Nationalmuseum befindet (s.u.).

Im Gegensatz zu allen anderen großen Städten der Emirate gibt es in al-Ain nur maximal sechsgeschossige Gebäude. Diese stehen überwiegend im Stadtzentrum. In den weitläufigen Außenbereichen werden fast ausschließlich Villen für die einheimische Bevölkerung gebaut.

In Al Ain befindet sich die älteste Universität der Vereinigten Arabischen Emirate, die 1976 gegründete United Arab Emirates University, und am Rande von Al Ain liegt der 1240 Meter hohe Jebel Hafeet, der höchste Berg der Vereinigten Arabischen Emirate und östlich von diesem der einzige Kamelmarkt des Landes.

Kamelmarkt

Der Kamelmarkt von Al Ain, einst der berühmteste noch existierende Markt dieser Art in den Emiraten, ist an einen Ort weit außerhalb der Stadt hinter der Bawadi Mall, südlich der Stadt, verlegt worden. Wer den alten Kamelmarkt kannte, wird feststellen, dass er stark an Atmosphäre eingebüßt hat. In langen

Auf der Autobahn nach Al Ain

Reihen von offenen Gehegen dösen etwa 200 Kamele vor sich hin. Die Händler kommen von weit her, um hier ihre Geschäfte abzuwickeln. Neben Kamelen und Rennkamelen mit farbigen Decken werden auch Kälber, Schafe, Ziegen und Hühner angeboten.

Reisende berichten aber immer wieder, dass sie von Händlern und anderen Gestalten sehr unangenehm bedrängt und um mehr als nur ein Bakschisch erleichtert wurden.

Auch wenn es jetzt nicht das außergewöhnlichste Erlebnis ist, ist dieser Markt doch Teil der Kultur der Emirate und allein schon deshalb vielleicht sehenswert. Um Kamele zu sehen, kann man aber auch dem Zoo von Al Ain einen Besuch abstatten.

Al Ain-Nationalmuseum

Das Museum steht außerhalb des Stadtkerns von Al Ain am östlichen Rand der Oase, und zwar auf dem gleichen Gelände wie das Sultan Bin Zayid Fort (auch unter dem Namen Eastern Fort bekannt), das im Jahre 1910 erbaut wurde und noch sehr gut erhalten ist. Der Großvater des heutigen Präsidenten ließ es aus in der Sonne getrockneten Lehmziegeln und Ton errichten. Das Museum stellt das einmalige Erbe und die Geschichte der Stadt aus und verwahrt die Fundstücke aus der Bronzezeit bis in die islamische Gegenwart aus dem Hili Archaeological Park und dem Jebel Hafeet, darunter auch 5000 Jahre altes Steinwerkzeug.

▲ Karte S. 72

i Al Ain-Nationalmuseum

Omar Bin al-Khatab Road, Abu Dhabi, VAE, Tel. +9712/6576171, www.explorealain.com; tgl. 8–19.30 Uhr, Mo geschlossen; Fr 15–19.30 Uhr. Eintrittspreise: 3/1 Dh (0,75/0,25 €).

Archäologischer Park Hili

Am nördlichen Stadtrand von Al Ain, zehn Kilometer außerhalb an der Straße nach Dubai, liegt der Archäologische Park Hili. Er beherbergt eine der bedeutendsten archäologischen Fundstellen der Emirate wie die Reste einer 5000 Jahre alten Siedlung und ein oberirdisches Rundgrab (Great Hili Tomb).

Man schätzt, dass dieses Rundgrab etwa 200 bis 300 Jahre lang benutzt wurde. Und es hatte Platz genug für einige Hundert Gebeine. Die ausgegrabenen Grabbeigaben kann man in den Nationalmuseen von Al Ain und in Abu Dhabi bestaunen.

Als eine Kombination von öffentlichem Garten und archäologischer Stätte ist der Archäologische Park ein beliebter Ort für Touristen und Einwohner geworden, denn das Gelände ist wunderschön angelegt, mit einer sehr gepflegten Gartenanlage, Bäumen und weiteren Rasenflächen sowie einem Kinderspielplatz.

i Archäologischer Park

Sa–Do von 16–23 Uhr, Fr von 10–23 Uhr. Eintritt 1 Dh (25 Cent).

Al Ain Palace Museum

Das mächtige, viereckige Fort im Herzen der Stadt an der 118th Street fällt durch zwei mehrstöckige Rundtürme auf mit einem prächtigen Haupttor und einem großen Innenhof. Dort kann man einen uralten englischen Landrover bestaunen, Sheikh Zayeds erste Staatskarosse.

Der Palast ist das ehemalige Heim des späteren Gründers der VAE, Sheikh Zayed Bin Sultan al Nahyan. Im Jahre 1910 erbaut, wurde das Gebäude 1998 zum Museum. Hier erhält man bei einem Rundgang durch die ehemaligen Wohn- und Schlafräume und die Palastschule einen Einblick in das Leben der berühmten Scheichfamilie.

i Al Ain Palace Museum

Di–So 8.30 bis 19.30 Uhr, Fr 14.30 bis 19.30 Uhr. Eintritt frei, Tel. +9713/7517755.

Fort Al Jahili

Das malerische Al Jahili Fort in Al Ain ist eines der ältesten Gebäude der VAE. Es wurde 1891 zum Schutz der Stadt und der kostbaren Palmenhaine auf Geheiß von Sheikh Zayed bin Khalifa (Herrscher über Abu Dhabi von 1855–1909) errichtet und ist eine der größten noch erhaltenen Festungsbauten auf dem Gebiet der Vereinigten Arabischen Emirate. Es liegt in wunderschön gestalteten Gärten im Südosten der Oasenstadt Al Ain, in der Nähe des Al Ain-Palace Museum. Al Ain wird auch die ›Gartenstadt des Arabischen Golfs‹ genannt und ist durch die Grenze der Vereinigten Arabischen Emirate und Oman geteilt.

Die Nutzfläche des Forts beträgt 625 Quadratmeter, und das ganze Fort wurde jetzt sorgfältig restauriert. Eine Dauerausstellung ist hier nun untergebracht, die die Arbeit des britischen Abenteurers Sir Wilfred Thesiger, den die Einheimischen Mubarak Bin London nennen, zeigt. Sir Wilfred Thesiger hat 1940 die Wüste Rub al-Chali (Das Leere Viertel) durchquert, und diese geniale Leistung wird in der Ausstellung gewürdigt.

Das Fort besteht 100 prozentig aus Lehmziegeln, die mit Palmstämmen stabilisiert wurden.

i Al Jahili Fort

Al Ain St, in der Nähe des Gewerbegebiets auf der Straße Richtung Sinaiyya, Al Mutawaa, Abu Dhabi VAE, Tel. +9713/7517755; tgl. außer Mo von 8.30–19.30, Fr 15–19.30 Uhr, Eintritt frei.

Im Garten des Palastmuseums von Al Ain

Fußballstadion

Ungewöhnlich ist auch das nach Scheich Tahnoun Bin Mohammed benannte Fußballstadion. Es ist das größte der Emirate und liegt südlich der Oase. Fußballbegeistert sind viele Emiratis, und die Mannschaft von Al Ain ist dort so berühmt wie Bayern München bei uns in Deutschland.

Sir Bani Yas Island

Sir Bani Yas ist eines der acht ›Desert Islands‹, die vor der Küste von Abu Dhabi liegen und auch zu Abu Dhabi gehören. Zur Insel Sir Bani Yas fährt man mit dem Auto von Abu Dhabi aus auf der Autobahn E11 etwa 250 Kilometer westwärts bis zum Jebel Dhanna Jetty, stellt das Auto auf einem bewachten und sonnengeschützten Parkplatz ab und setzt mit einem Wassertaxi zur Insel über, die acht Kilometer vor dem Festland. liegt. Die Insel ist eine neue Destination für einige Kreuzfahrtschiffe, diese müssen aber in der Royal Bay vor Reede gehen (ankern) und ihre Passagiere mit dem Tenderboot an Land bringen. Die Insel ist ein einzigartiges Naturschutzgebiet, das in ganz Arabien seinesgleichen sucht,

Arabische Oryx-Antilope

Karte S. 72

ein wahres Paradies für Naturfreunde. Die Wege führen durch atemberaubend spektakuläre Landschaften, vorbei an einer unvergleichlichen Tier- und Pflanzenwelt. Die Insel ist also wirklich nur für ausgesprochene Naturfreunde interessant und für Urlauber, die absolute Ruhe und Entspannung suchen.

Die Insel ist etwa 100 Quadratkilometer groß mit einer Länge von 13,9 und einer Breite von 9,2 Kilometern. Die Höchste Erhebung heißt Qarn Zaqiq und ist immerhin 148 Meter hoch. Über die Hälfte der Fläche nimmt der **Arabian Wildlife Park** ein, eines der größten Wildtierreservate der Region, das bei den World Travel Awards in Anguila 2014 als ›führende nachhaltige Tourismus-Destination‹ ausgezeichnet wurde. Der Park bietet mehr als 10000 frei laufenden Wildtieren ein Zuhause, darunter Arabische Oryx-Antilopen, Gazellen und Giraffen, Hyänen, Schildkröten und Geparden. Den Tieren nähern kann man sich aber nur bei einer geführten **Safari-Tour** in Spezialfahrzeugen mit erfahrenen Führern. (Touristen-) Autos sind auf der Insel nicht erlaubt, die Fähre nimmt sie auch gar nicht mit. Das Naturreservat wurde 1970 von Scheich Zayid bin Sultan Al Nahyan, dem damaligen ersten Präsidenten der VAE und Emir von Abu Dhabi, errichtet. Es gibt einen kleinen Flugplatz, einen kleinen Hafen, Reitstall, Falknerei, Archäologische Ausgrabungen, viele schöne Strände und drei sehr gute Hotels der Hotelgruppe Anatara.

Für Kreuzfahrtteilnehmer werden zahlreiche Wildlife-Jeeptouren und Wanderungen angeboten.

i Anantara Sir Bani Yas Island Resorts

P.O. Box 12452, Al Ruwais, Sir Bani Yas Island, Abu Dhabi, United Arab Emirates, Tel. +9712/8015400, Fax +9712/8015408, www.anantara.com.

Abu Dhabi-Informationen von A bis Z

Einkaufen

Einkaufen ist so etwas wie ein nationaler Zeitvertreib in Abu Dhabi, vielleicht weil es so vielseitig ist: Es gibt alles – von ultra-modernen Einkaufszentren mit den neuesten Marken, bis zu kleinen Märkten, wo man traditionelle Parfüms, Handwerk, Gewürze und Teppiche kaufen kann. Auch hier gilt beim Kaufen: Handeln!

Die meisten Geschäfte haben von etwa 10–22 Uhr geöffnet, einige machen allerdings eine ausgedehnte Mittagspause, gewöhnlich von 13–16 Uhr. Im Ramadan gelten andere Öffnungszeiten (geöffnet von 19 Uhr bis Mitternacht).

Die **Marina Mall Abu Dhabi** ist die beste und modernste Mall mit über 400 Geschäften auf 1,25 Millionen Quadratmetern. Von dort aus hat man einen sehr schönen Blick auf die Corniche. Auch die **Abu Dhabi Mall** ist riesig, sie wurde 2001 eröffnet und beherbergt ca. 200 Geschäfte aller Art. Origineller ist es auf den **traditionellen Souks**, den Märkten, von denen es etliche gibt. Sehr beliebt sind die Gold-Souks (z.B. Madinat Zayed Shopping Centre im Herzen von Abu Dhabi) und die Teppich-Souks (Mina Road nahe Abu Dhabis Haupthafenbereich).

Flughafen

Der **Abu Dhabi International Airport** liegt 30,5 Kilometer östlich der Stadt. Er ist durch eine Autobahn mit der Stadt verbunden. Taxi bis zum Corniche Beach etwa 69 Dh (17 €).

Fotografieren

Auch in Abu Dhabi gilt: Streng verboten ist das Fotografieren aller militärischen Einrichtungen. Auch die Paläste der Herrscher dürfen nicht fotografiert werden. Da die Stadt zu 96% von Muslimen bewohnt wird, muss man unbedingt beachten, dass im Islam das Fotografieren von allem, was eine Seele hat (Menschen und Tiere) verboten ist. Fotografieren Sie auf keinen Fall verschleierte Frauen ohne die Erlaubnis des sie begleitenden Mannes!

Kreditkarten/Geldwechseln

Auch in Abu Dhabi findet man natürlich Kartenautomaten, und an vielen Orten kann mit Kreditkarte bezahlt werden: in Hotels, Restaurants, Bars, Einkaufszentren. Mietwagenstationen fordern die Bezahlung ausschließlich mit Kreditkarte. Visa, Mastercard, American Express und Diners Club gehören zu den bevorzugten Karten in Abu Dhabi. Es fallen die üblichen ›Auslandsgebühren‹ an.

Die EC-Karte wird nur von einigen Stellen angenommen.

Geld sollte man vor Ort tauschen, dann ist der Wechselkurs günstiger. Bereits am Schiffsanleger finden sich Wechselmöglichkeiten, zudem gibt es zahlreiche Moneychanger in jeder Shopping Mall.

Medizinische Versorgung

Falls Sie einen Arzt in der Stadt aufsuchen müssen, so empfiehlt sich das Städtische Krankenhaus. Die Notfallbehandlung war dort bisher auch für Touristen kostenlos, inzwischen werden in den meisten Fällen (allerdings mäßige) Gebühren erhoben. Sheikh Kalifa Medical City, Tel. +9712/8190000. Das geplante ›German General Hospital‹ wurde bisher nicht realisiert.

Mietwagen

Alle namhaften Autovermieter bieten Mietwagen an. Der deutsche Führerschein ist in Abu Dhabi nur in Verbindung mit einem **Internationalen Führerschein** gültig, den man sich zu Hause austellen lassen muss! In den VAE herrscht Rechtsverkehr. Die zulässige Höchstgeschwindigkeit beträgt innerhalb der Stadt je nach Ausschilderung in der Regel zwischen 50 und 60 km/h, auf Landstraßen und Autobahnen 100 bzw. 120 km/h. Vorsicht: Es gibt zahlreiche Radarkontrollen mit unterschiedlicher Toleranz!

Am Steuer herrscht **absolutes Alkoholverbot** und das Telefonieren beim Fahren ist strafbar.

Mietwagen gibt ea ab 12 € pro Tag, einmal Volltanken kostet für ein kleineres Fahrzeug 20 €!

Die Straßen sind hervorragend ausgebaut, und die Autobahnen sind sogar beleuchtet. Alles ist sehr sauber und ordentlich. Anstrengend sind nur manche Einheimische, die in ihren dicken Jeeps bis zur Stoßstange auffahren.

Spritpreise: Benzin 0,35 €/Liter, Diesel 0,57 €/Liter (Jan 2016)

Museum

Der ›Louvre‹ im neuen Museumsquartier auf der Insel Saadiyat soll wahrscheinlich Ende 2016 eröffnet werden. Es gab bereits zahlreiche Verzögerungen im Baufortschritt für die futuristische Anlage. Nähere Informationen: www.louvreabudhabi.ae.

Öffnungszeiten

Der Freitag und der Samstag bilden das Wochenende. Diese Regelung gilt für alle staatlichen und öffentlichen Institutionen. **Banken**: Sa–Mi 8–14 Uhr, Do 8–12 Uhr; einige Banken öffnen auch 16.30–18.30 Uhr, **Geschäfte**: Einzelhandel teilweise sechs oder sieben Tage in der Woche 8–13 Uhr und 16-20 oder 22 Uhr. Große Supermärkte öffnen in durchgehend von 8–24 Uhr. Einige Supermärkte haben 24 Stunden geöffnet, außer freitags 12.30–14.30 Uhr (Freitagsgebet), **Behörden**: normalerweise So–Do 8–16 Uhr.

Post

Hauptpostamt (Main Post Office), East Rd. Ecke Al Falah St., nahe dem Madinat Zayed. Sa bis Mi 8–20 Uhr, Do 8–11 Uhr.

Radfahren

An der Uferpromenade, der Corniche, Fahrrad zu fahren ist sehr populär.

FunRideSports verleiht eine Vielzahl von Fahrrädern - von Mountainbikes für die Abenteurer, bis zu Stadtfahrrädern, die 2 oder 3 Passagiere auf der Rückbank mitnehmen können, und sogar speziell entworfene Fahrräder für Damen, die Abayas tragen. FunRideSports hat 4 Verleihstationen entlang der Corniche-Uferpromenade und eine Hauptstation vor dem Hiltonia Beach Club. Die Verleihgebühren beginnen bei 20 Dh (5 €) pro Stunde für Erwachsene und 15 Dh (3,50 €) für Kinder. Gutscheinbücher für 15 Stunden Radfahren gibt es auch für 200 Dh (50 €).

FunRideSports, 301, 3rd Floor, Mushrif Mall, Abu Dhabi, UAE, täglich 16–24 Uhr. Tel: +9712/445 5838, www.funridesports.com, info@funridesports.com.

Restaurant

Wer einkehren und dabei eine fantastische Aussicht genießen möchte, ist bestimmt nicht enttäuscht im **Le Boulanger Marina Café**, Corniche Rd., Opp. Corniche Bike Track, Near Marina Mall, Tel.+9715/542 8537-1. Der gläserne Rundbau des Restaurants liegt an der Verbindungsstraße nach Breakwater, also in der Nähe des Heritage Village. Man hat einen herrlichen Blick über das Wasser auf die Hochhäuser von Abu Dhabi und die Uferpromenade Corniche. Es gibt Snacks, Salate und Fleischgerichte aber auch eine reichhaltige Auswahl an Frühstücksmenüs und Säften, alles zu moderaten Preisen.

Schulen

Auch in Abu Dhabi gibt es die allgemeine Schulpflicht vom sechsten bis zwölften Lebensjahr. Auch eine deutsche Schule gibt es hier, die ›GISAD‹. Ab drei Jahren können die Kinder in den Kindergarten gehen.

Deutsche Internationale Schule in Abu Dhabi

P.O. Box 4150, Karamah Str., Abu Dhabi
Tel.: +9712/6668668, Fax+9712/6653107
www.germanschool.ae, info@gisad.ae

Stadtverkehr

Abu Dhabi hat ein sehr gut ausgebautes **Stadtbus-Netz**, Passagiere können jeden Bus nutzen, indem sie zwei Dirham in den Sammelbehälter neben dem Fahrer legen. Es gibt 9 Linien, mit denen man fast alles erreichen kann.

Die Abu Dhabi Metro steht bisher nur auf dem Papier. Geplant ist ein Streckennetz von 70 km, der erste Bauabschnitt, die Linie 1, wird 18 km lang, verbindet die Marina Mall mit der ar-Rim-Insel und soll 2016/17 eröffnet werden.

Telefon und Internet

Telefon-Vorwahl: +9712, www.abudhabi.ae

WLAN: Für den Internet-Zugang gibt es folgende Möglichkeiten: Direkt aus dem Hotelzimmer. Preise um die 40 Dirham pro Stunde oder 100 Dirham pro Tag. Manchmal gibt es in der Hotellobby kostenlosen Internet-Wireless-LAN-Zugang. Oder man geht in eines der Internet-Cafés, die vor allem in der Innenstadt zu finden sind. Kreuzfahrtteilnehmer haben natürlich an Bord ihres Schiffes ein Internet-Café.

Mobiltelefone funktionieren auch hier ohne Probleme. Derzeit gibt es Roaming Verträge mit Anbietern in den VAE von T-Mobile, E-Plus, O2 und Vodafone.

Tourist-Information

Abu Dhabi Tourism Authority
Maqta Fort, Maqta Bridge
Tel. +9712/444 0444,
Information Desk: im **Flughafen Terminal 1/Ground**.

In Deutschland:
Abu Dhabi Tourism Authority
Goethestraße 27, 60313 Frankfurt
Tel: 069/29925390,
www.visitabudhabi.ae.

Übernachten

Das größte und teuerste Hotel in Abu Dhabi ist das Emirates Palace Hotel.

Preiswerter, und von Reisenden empfohlen, ist das **Southern Sun Hotel**, Al Mina Street, Tourist Club Area, Abu Dhabi, VAE, Tel. +9712/818488, reservations.abudhabi@tsogosun.com, http://southern-sun-abudhabi.hotel-rn.com, 98 €/Nacht.

Zeitzone

UTC+4 h, MEZ+3 h (keine Umstellung auf Sommerzeit).

Die Ferrari World ist eine besondere Attraktion

Khor Fakkan

Willkommen in einem entspannten Hafenort im typisch arabischen Gewand!
Khor Fakkan liegt am Golf von Oman, es ist umgeben vom Emirat Fudschaira, gehört aber als Exklave zum Emirat Sharja. Die Stadt besitzt einen Hochseehafen mit einem Container-Terminal und neuerdings auch einem Cruise Ship Terminal. Wegen ihrer Lage direkt am Indischen Ozean bzw. am Golf von Oman, also außerhalb des Persischen Golfs, hat Khor Fakkan Stadt eine große Bedeutung für die Vereinigten Arabischen Emirate.
Die Umgebung ist reizvoll und der Ort selbst hat eine sehr schöne Uferpromenade. Sonst ist hier mehr Ruhe als Action angesagt.
Es gibt einen Ableger der Universität von Sharja und ein Industriegebiet. Die Stadt bezieht die heutige Bedeutung hauptsächlich durch den wichtigen Seehafen, aber auch durch den Tourismus. Außerhalb des Hafens gibt es attraktive Strände und Korallenbänke, an denen getaucht werden kann.

In Khor Fakkan erwartet den Besucher eine Welt, die alles andere als modern ist. Das Emirat Sharja ist das traditionellste aller Arabischen Emirate. Hier gibt es kein Schweinefleisch, Alkohol ist auch in internationalen Hotels verboten, und Frauen dürfen nicht zu viel Bein zeigen
Die Einkaufsmeile der Stadt ist die von der Promenade abzweigende Shaikh Khalid Road. Hier gibt es viele günstige Geschäfte und Restaurants mit leckeren Gerichten schon ab drei Euro.

Stadtgeschichte

Khor Fakkan, oder auch Chaur Fakkan, wurde erstmals 1580 vom venezianischen Juwelier Gasparo Balbi in einer Liste von Orten an der Ostküste der heutigen Vereinigten Arabischen Emirate erwähnt, und zwar als ›Chorf‹, – diese Siedlung wird von den Historikern als das heutige Chaur Fakkan angesehen. Die Portugiesen bauten dann dort das Fort Gorfacan, das aber 1666 geschleift wurde. Die Siedlung bestand damals aus

Auf dem Freitags-Markt in Khor Fakkan

▲ Karte S. 126

200 kleinen Holzhütten, die umgeben waren von Dattelpalmen und Feigenbäumen, die aus Brunnen bewässert wurden. 1737 wurde Chaur Fakkan von den Persern erobert. Später, ab 1765, gehörte die Stadt der im Emirat Sharjah herrschenden Scheich-Familie. Von 1903 bis 1952 war Chaur Fakkan Teil des von Sharjah abgespaltenen Emirats Kalba (südlich von Fujairah), gehört heute aber wieder zum Emirat Sharjah. Scheich Mohamed Al-Qassimi, Jahrgang 1939, regiert Sharjah seit 1972. Er ist Doktor der Geografie und Philosophie. Unter ihm wurde Sharjah 1998 Unesco-Kulturhauptstadt der islamischen Welt. Der Ort am Golf von Oman hat sich also von einer kleinen Siedlung mit Holzhütten zu einer Stadt mit gut 33 000 Einwohnern und einem geschäftigen Hochseehafen gemausert.

Cruise Ship Terminal

Das Kreuzfahrtschiff legt im Industriehafen in einer geschützten Bucht an. Bis in den Ort sind es drei Kilometer, der Fußmarsch ist aber wenig erquickend, man sollte also besser den kostenlosen Shuttlebus benutzen! Aber auch der Ort selbst hat eher wenig zu bieten: Großer Supermarkt, Banken, einige kleinere Läden, ein kleines Cafe und der ›Blue Souk‹ mit 600 Läden, wo es von Goldschmuck bis zur Haarnadel alles gibt.

Strand

Der Strand und die Strandpromenade von Khor Fakkan sind die Hauptattraktion des Ortes. Der Strand ist schön und sachte abfallend, also bestens geeignet für Kinder. Und weiter draußen kann man wunderbar schnorcheln und tauchen. Am von Palmen gesäumten Strand gibt es mehrere Cafés und ein Restaurant. Den Strand selbst darf man **nicht in Badekleidung** besuchen, sondern nur mit

Am Anlegeplatz im Industriehafen

bedecktem Oberkörper und bedeckten Beinen. Khor Fakkan ist eine der striktesten arabischen Regionen.

Man sollte deshalb mit einer der von der Reederei organisierten Touren an einen der schönen Hotelstrände fahren, dort kann man in normaler Badekleidung baden und sonnen.

Die Strandpromenade Al Corniche ist an ihrem schönsten Abschnitt zwischen dem Souk und dem Oceanic Hotel richtig idyllisch. Mit dem herrliche Strand an der einen Seite und dem Green Beach Park auf der anderen Seite bietet die Corniche hier eine entspannte Szenerie mit Cafés und kleinen Restaurants, und vom Strand aus starten die Ausflugsboote zu den beliebten Tauchplätzen rund um Khor Fakkan.

Sehenswürdigkeiten

Diese Stadt ist nicht für Action und spektakuläre Bauwerke bekannt. Hier findet man Ruhe und ein wenig arabisches Leben. Allerdings gibt es hier etwas, das man auf der Arabischen Halbinsel nun gar nicht vermutet: einen **Wasserfall**! Etwa fünf Kilometer nördlich von Khor Fakkan zweigt von der Hauptstraße nach

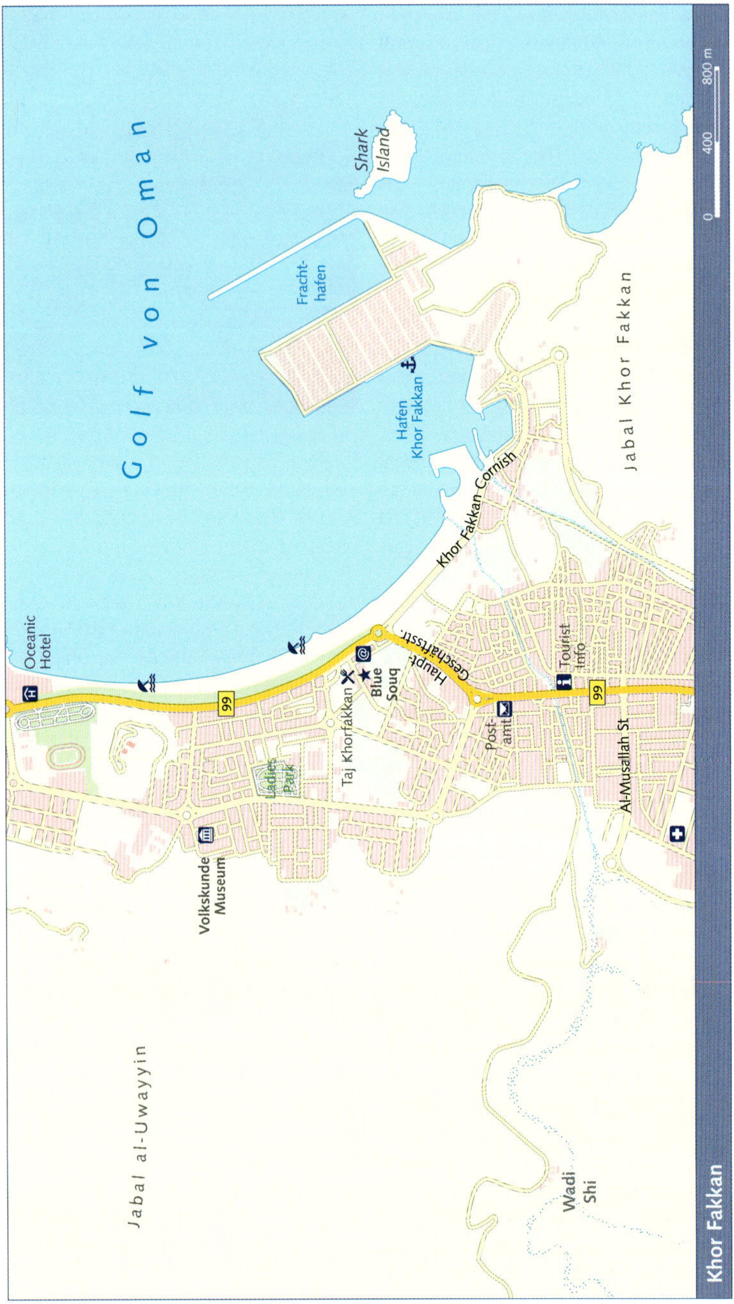

Golf von Oman
Shark Island
Fracht-hafen
Hafen Khor Fakkan
Khor Fakkan Cornish
Haupt-Geschäftsstr.
Oceanic Hotel
99
Blue Souq
Taj Khorfakkan
Ladies Park
Post-amt
Tourist Info
Al-Musallah St
Volkskunde Museum
Jabal Khor Fakkan
Jabal al-Uwayyin
Wadi Shi
Khor Fakkan
0
400
800 m

Dibba links eine geteerte Straße ab, die bis ins **Wadi Wurayah** führt, und zwar zunächst fünf Kilometer schnurgerade in das ebene Hinterland und dann in das Hajargebirge. Mehrfach werden trockene Wadis durchquert. Nach insgesamt 13 Kilometern endet die Straße an einem großen Parkplatz. Von hier kann man in zehn Minuten den Wasserfall erreichen: Man geht zum Ende des Parkplatzes und trifft auf einen schmalen Pfad, der in kurzen Serpentinen einen Hang hinuntersteigt. Dabei ist etwas Trittsicherheit und Schwindelfreiheit erforderlich. Nach weiteren 400 Meter ist die Mündung des Wasserfalles erreicht. Er bildet ein großes natürliches Becken, welches gern zum Baden genutzt wird. Das glasklare Wasser hat eine Temperatur von über 25 Grad und erfrischt in der glühenden Hitze.

Dieser Wasserfall ist der einzige natürliche Wasserfall der Emirate. Die steil aufragenden Wände des Wadis, die am Ufer des Flusses emporstreben, laden zu Wanderungen ein und mit dem Geländewagen kann das Wadi ebenfalls noch weiter erkundet werden. Trotz der kargen Lebensbedingungen ist das Wadi Wurayah von Tieren bevölkert, die vor allem auf der Suche nach Wasser hierher kommen. Und so sind im Wadi einige der seltensten Tiere der Arabischen Welt zu finden, wie zum Beispiel der Arabische Tahr, ein zotteliges, ziegenähnliches Huftier, der Wüstenluchs, die Arabische Berggazelle oder der Arabische Leopard. Neben den Säugetieren leben auch 75 Vogel- und 17 Reptilienarten im Wadi Wurayah. Von den Süßwasservorräten des Wadis leben außerdem an die 300 Pflanzenarten, von hochgewachsenen, schattenspendenden Akazien bis hin zu niedrigen Büschen.

Die Schönheit und Idylle des Wadis hat sich nicht nur bei den Einheimischen, sondern auch bei den Touristen rasch herumgesprochen, die das traumhafte Tal zunehmend zu ihren Ausflugszielen zählten. Die Tiere, die ins Wadi kamen, um zu trinken, fühlten sich durch die vielen Besucher gestört, die sich neben Lärmbelästigung auch noch der Umweltverschmutzung und sogar der Wilderei schuldig machten. Scheich Hamad ibn Muhammad asch-Scharqi sah hier Handlungsbedarf und stellte das Wadi und insgesamt 129 Quadratkilometer in seiner Umgebung unter Schutz. Am 16. März 2009 entstand somit das erste Gebirgsschutzgebiet der Vereinigten Arabischen Emirate. Das Wadi Wurayah zählt zu den wenigen dauerhaften Wasserquellen, die die Vereinigten Arabischen Emirate zu bieten haben. Obwohl im Sommer die Temperaturen zwischen den fast senkrechten Felswänden auf bis zu 50°C steigen, reicht die Niederschlagsmenge im kühleren Winter aus, um die Wasserstellen für das ganze Jahr zu füllen. So entsteht auch das einzigartige Phänomen eines nicht austrocknenden Wasserfalls mitten in der Wüste.

Empfehlungen für Landausflüge

Die Auswahl an Landausflügen ist in Khor Fakkan nicht so riesig wie in den Mega-Metropolen Dubai und Abu Dhabi, dafür kann man sich hier wirklich entspannen.

■ Entspannter Strandaufenthalt

Bei dieser Fahrt können Sie einen der schönsten Strände dieser Gegend genießen. Innerhalb von 30 Minuten entlang der Küstenstraße Richtung Norden erreichen Sie die orientalisch angehauchte Hotelanlage des Miramar Al Aqah. Die kommenden drei Stunden können Sie nach Herzenslust sonnenbaden, schwimmen oder am Strand entlang spazieren gehen. Oder genießen Sie bei einem Getränk (gegen Gebühr) an der Strand-

Im Hajargebirge

oder Poolbar die grandiose Aussicht auf die umliegende Hajar-Gebirgswelt. Es gibt Liegen und Sonnenschirme am Strand und am Pool. Bitte denken Sie an Badebekleidung, Handtücher und Sonnenschutz. Es gibt keinen Ausschank von Alkohol im Hotel.
Dauer/Kosten: 4 Stunden, vormittags und nachmittags, sehr leichte Tour, 45/39 €.

■ Landschaftsfahrt durch zwei Emirate

Bei dieser Fahrt haben Sie die Gelegenheit, Eindrücke aus zwei Emiraten zu sammeln, denn die Fahrt geht von Khor Fakkan, das ja als Exklave zum Emirat Sharjah gehört, bis ins südlich gelegene Nachbaremirat Fujairah. Nach einer kurzen Fahrt entlang der Küstenstraße von Khor Fakkan erreichten Sie die älteste und kleinste Moschee des Landes, die Al Badiya-Moschee. Sie ist sehr malerisch an einen Felsen gebaut, von oben hat man einen schönen Blick über die Gegend. Weiter geht es die Küstenstraße entlang und später in die Gebirgswelt des Hajar. Angekommen am **Masafi-Pass**, einer der höchstgelegenen Passstraßen der Emirate, gibt es Gelegenheit für einen Fotostopp. Ihr nächstes Ziel ist der von Einheimischen und Touristen geschätzte Friday Market in Masafi. Masafi ist ein kleiner Ort dort, wo sich die Straße von Dubai zur Ostküste gabelt und nördlich nach Dibba und südlich nach Fujairah führt. Der ›Freitags‹-Markt ist täglich von 8 bis 22 Uhr geöffnet. Frisches Obst, Gemüse und traditionelle Handwerkskunst werden hier angeboten. Auf dem Weg von Masafi nach Fujairah legen Sie noch einen Fotostopp mit Blick auf die Bitnah-Oase ein, eine Oase, deren kleine Festung von einem Palmenhain umgeben ist. Die Burg wurde schon 1735 erbaut, und hinter der Ortschaft liegen große, von alten Mauern umgebene Dattelfelder und mehrere Wadis. Zum Abschluss können Sie im Norden von Fujairah das 300 Jahre alte Fujairah-Fort von außen bewundern und kehren danach zurück zum Schiff.
Mitunter erfolgt die Tour auch in umgekehrter Richtung, also mit der Bidiya-Moschee am letzten Stopp.
Dauer/Kosten: 4 Stunden, vormittags und nachmittags, leicht, 39/29 €.

Die Oase Bitnah mit ihrer Festung

▲ Karte S. 126

Khor Fakkan-Informationen von A bis Z

Einkaufen
Hauptgeschäftsstraße ist die von der Corniche am Kreisverkehr abbiegende Sheikh Khalid Road.

Flughafen
Khor Fakkan hat keinen Flughafen. Nächster Regionalflugplatz ist Fujairah.

Geldwechseln/Kreditkarten
Geldautomaten (ATM) gibt es an allen Banken entlang der Einkaufsmeile, Kreditkarten werden überall akzeptiert, außer natürlich auf den Märkten.

Medizinische Versorgung
Das Hospital ist täglich 24 Stunden geöffnet, Tel. +9719/2370222.

Mietwagen
Mietwagen werden direkt ans Hotel oder Schiff geliefert. Ab 10 € pro Tag. Spritpreis: 0,47 US-Dollar pro Liter (Sept. 2015)

Museum
Ein kleines Volkskundemuseum ist seit 2001 im Kulturzentrum beim Oceanic Hotel eingerichtet. Es zeigt Haushaltsgegenstände des 19. Jahrhunderts, beduinische Waffen, traditionellen Schmuck und historische Kleidungsstücke.

Post
Emirates Post Office, an der E99 nahe der Polizeistation, Tel. +971/600 599999.

Restaurant
Wer lecker und original indisch essen möchte, kann dies im **Taj Khorfakkan Restaurant** tun in der Al-Tufail bin Malik Str. (ab Corniche Road), Tel. +9719/2370040, geöffnet täglich von 12–24 Uhr, gehört zur Taj Mahal Gruppe. Hauptgerichte 25 Dh (Kebab) bis 120 Dh (Hummer) entsprechend 6 bis 30 €.
Restaurant Al-Gargour im Oceanic Hotel: Das runde Dachrestaurant des Hotels serviert internationale Küche bei fantastischem Blick auf Meer, Hafen und Berge, kein Alkoholausschank.
Oder etwas weiter nördlich mit großartigem Ambiente in toller Lage direkt am Meer: Gonu Bar & Grill im Meridien Al Aqah Beach Resort, Al Aqah, Tel. + 9719/2449000, reservation.imaa@lemeridien.com. Man sitzt direkt am Wasser und kann das Rauschen des Meeres genießen. Die offene Bar bietet kühle Witterung das ganze Jahr über. Abends wird das Meer sogar angestrahlt.

Stadtverkehr:
Taxifahren ist genau so billig wie in Dubai: Grundgebühr 3 Dh, 1 km 1,8 Dh, also 0,5 € pro km.

Tourist-Information
Sharja National Travel and Tourist Agency SNTTA, Al Arouba Street, Tel. +9719/2385712, www.sntta.com, mail@sntta.ae.

Telefon und Internet
Telefonvorwahl: +9719 (wie Fujairah)
WLAN: Khorfakkan Internet Cafe, Al Hayawa, Tel. +9719/2387773.
Mobiltelefon: Auch hier funktioniert natürlich das Handy. Derzeit gibt es Roaming-Verträge in den VAE mit T-Mobile, E-Plus, O2 und Vodafone.

Unterkunft
Das größte und beste Hotel in Khor Fakkan ist das Oceanic Khorfakkan Resort & Spa, Al Mudifi Street, Opposite Al Matlaa Park-P.O Box 10444, Khor Fakkan, VAE, Tel. +9719/2385111, Fax +9719/2387716, info@oceanichotel.com, www.oceanichotel.com, ab 109 US-Dollar/Nacht.

Zeitzone
UTC+4 h, MEZ+3 h (keine Umstellung auf Sommerzeit).

Fujairah

Dank schöner Strände und hinreißender Gebirgszüge, einer fruchtbaren Küstenebene und vieler kulturhistorischer Sehenswürdigkeiten hat sich Fujairah in jüngster Zeit als Touristenziel fest etabliert. Fujairah oder auch Fudschaira ist eines der sieben Emirate, die zu den Vereinigten Arabischen Emiraten (VAE) gehören. Es hat etwa 143 000 Einwohner und liegt wie auch Khor Fakkan direkt am Indischen Ozean bzw. am Golf von Oman. Die Stadt Fujairah ist die Hauptstadt des Emirats, sie hat 108 000 Einwohner und liegt 150 Kilometer östlich von Dubai und nur 24 Kilometer südlich von Khor Fakkan.

Traumhaft breite Sandstrände, eine fruchtbare Landschaft und majestätische Gebirgszüge sind die Hauptmerkmale des Emirats Fujairah. Abseits des Massentourismus und mit viel arabischem Zauber bietet es faszinierende Tauchgebiete und ist das perfekte Reiseziel für Erholungsuchende. In Fujairah landet man, wenn man nicht mit dem Kreuzfahrtschiff kommt, auf einem modernen internationalen Flughafen, der bisher hauptsächlich für Frachtflüge aber auch für Passagierflüge nach Kuwait und Indien genutzt wird. RAK Airways, die nationale Fluggesellschaft des Emirats Ras Al Khaimah, bietet Direktflüge dienstags und freitags von Düsseldorf nach Fujairah an. Es gibt zahlreiche gute Hotels und Restaurants

Stadtgeschichte

Auch Fujairah hat sich aus einer kleinen Siedlung entwickelt. Im Gegensatz zu den anderen Emiraten gibt es hier aber ergiebige Regenfälle, so dass das Klima hier eher tropisch ist. Große Hitze und Regenfälle sowie enorm hohe Luftfeuchtigkeit ermöglichen Obst- und Gemüseanbau und erfolgreiche Viehzucht. Hinzu kommen die reichhaltigen Fischbestände, dadurch konnte sich der kleine Ort rasch entwickeln. Natürlich kamen die Portugiesen auch in diesen Küstenstreifen und errichteten zahlreiche Forts, von denen einige noch heute erhalten sind.

Karte S. 132

Kreisverkehr in Fujairah

Bis 1952 gehörte Fujairah zum Emirat Sharja, erwarb dann aber seine Unabhängigkeit und erlebte seitdem einen ständigen Aufschwung. Bis zum Ende der 1970er Jahre gab es keine Schnellstraße durch das Hajar-Gebirge wodurch Fujairah immer etwas isoliert war. Durch den Bau der Schnellstraße erreicht man jetzt Fujairah von Sharja oder Dubai aus in etwa zwei Stunden. Fujairah hat keine Ölvorkommen, die Bedeutung der Stadt und des Emirates liegt in dem 1980 eröffneten riesigen Containerhafen. Aber auch der Tourismus erblühte trotz des eher ungewöhnlichen Klimas, denn die Urlauber lieben die herrlichen Strände und idealen Tauchgründe direkt vor der Küste. Alles ist kleiner und viel bescheidener als in Dubai. Man kauft ein im LuLu-Hypermarkt in der Sheikh Khalifa Bin Zayed Straße oder in der ersten großen Shoppingmall des Emirats, dem Fujairah City Center, das allerdings nicht in der City liegt, sondern weiter im Westen kurz vor der Kreuzung der Autobahn E89 mit dem Sheikh Khalifa Highway nach Dubai.

Cruise Ship Terminal

Das Kreuzfahrtschiff legt im Industriehafen in einer geschützten Bucht zwischen riesigen Containerschiffen und Öltankern an. Es gibt einen kostenlosen Shuttle-Bus zum Hafeneingang. Mit dem Taxi sind es zehn Kilometer bis ins Zentrum, das Taxi kostet etwa zehn Euro.

Strand

Die Strände in Fujairah sind zum einen geprägt von der schönen Kulisse des Hajar-Gebirges und zum anderen durch die langen, ruhigen Sandstrände, mit ihrem klaren und sauberen Wasser. Leider sind die öffentlichen Strände nicht sehr attraktiv. Der schönste Strand ist sicher Sandy Beach, der liegt aber 40 Kilometer südlich der Stadt und kostet eine Menge Eintritt.

Ich würde deshalb auch hier empfehlen, sich einem von der Reederei organisierten Strandbesuch an einem der großen Hotels anzuschließen.

Fujairah hat auch ausgezeichnete Tauchgründe. Hier kann man noch ganz in Ruhe seinem Hobby nachgehen, denn die meisten wissen wahrscheinlich gar nicht, dass man hier wirklich gut tauchen kann. Zu empfehlen ist ein Tauchgang am Dibbas Rock. Gelegentlich bekommt man Schwarzspitzriffhaie zu Gesicht.

Sehenswürdigkeiten

Die Sehenswürdigkeiten halten sich wie in Khor Fakkan in Grenzen: Ein kleines **Museum** zeigt Töpferarbeiten aus der islamischen Epoche, Haushaltsgegenstände des 19. Jahrhunderts, beduinische Waffen, traditionellen Schmuck, historische Kleidungsstücke und einige interessante archäologische Fundstücke aus dem Emirat. Der **Markt** ist bunt und lebhaft, wie überall im Orient. Empfehlen kann man auch eine **Wüstensafari** mit Stopp in der Oase Bithnah oder eine **Gebirgstour mit Jeep** in die Masafi-Berge. Interessant ist die Besichtigung der drei Festungen, die Fujairah umgeben.

■ Fujairah-Festung

Drei Kilometer vom Meeresufer entfernt auf einer Anhöhe inmitten des alten Dorfkernes von Fujairah gelegen, ist diese Festungsanlage nur einen Steinwurf von der Castle Road im Norden Fujairahs entfernt. Diese Festung zählt zu den interessantesten Sehenswürdigkeiten in Fujairah. Ursprünglich wurde sie in der Zeit zwischen 1500 und 1550 erbaut und in den Jahren 1650 und 1700 erneuert. Vor einigen Jahren wurde sie renoviert, um dieses einzigar-

tige historische Bauwerk für Touristen und Besucher zu erhalten.

Die Festung besteht aus drei jeweils zweistöckigen Hauptgebäuden. Zwei dieser Gebäude sind kegelförmig und miteinander durch eine massive hohe Mauer verbunden. Diese zeigt an ihrer oberen Begrenzung pyramidenförmige Aufbauten, die in der damaligen Zeit als Schießscharten und Aussichtsposten dienten. Das dritte Gebäude hat die Form eines Würfels, wobei der untere Teil wesentlich größer ist als der obere, in diesem befinden sich auch Fenster die als Lichtquelle, Aussichtspunkt und zur Ventilation dienten. Von der Festungsanlage hat man einen weitläufigen Ausblick auf das alte Dorf und die Dattelpalmoase Fujairah.

Al Bathna-Festung

Würdevoll überblickt die Al Bathna-Festung den Wadi Harn, welcher sich von Fujairah entlang bis zum Wadi Siji zieht. Neben dem gleichnamigen Dorf und gegenüber den Bergen gelegen, ist diese Festungsanlage nur 13 Kilometer von der Stadt Fujairah entfernt. Sie liegt nahe der Hauptstraße, die Fujairah mit dem Rest der Vereinigten Arabischen Emirate verbindet. Dies ermöglicht Touristen oder Besuchern bei ihrer Fahrt von oder nach Fujairah einerseits die Festung zu sehen und andererseits die atemberaubende Schönheit der majestätischen Berge und umliegenden Palmenhaine zu genießen.
Der Bau der Festungsanlage geht zurück auf das Jahr 1735. Dieses solide und gewaltige Gebäude wird von zwei Wachtürmen auf der Westseite flankiert.

Al Hayl-Schloss

Nur 15 Autominuten im Südwesten von der Stadt Fujairah gelegen, steht diese Festung imposant in der Nähe der Hauptstraße, die Fujairah mit dem Rest der Vereinigten Arabischen Emirate verbindet mit Blick auf den Wadi Al Hayl. Der Bau dieser Festung umfasst Versammlungsräume, Schlafzimmer Lagerhäuser und eine Küche und geht ungefähr auf das Jahr 1670 zurück.
Die Festungsanlage ist von einer Mauer umgeben, in der sich Schießscharten befinden, die eine effektive Art der Verteidigung darstellten. Außerhalb der Festung auf einem kleinen Hügel steht der Wachturm, der einen Ausblick auf den Palast und das Dorf bietet. Im Erdgeschoss befindet sich eine Produktionsstätte für Dattelsirup.

Bullenkämpfe

Berühmt sind die Stierkämpfe von Al Fujairah. Sie finden jeden Freitag gegen 17 Uhr statt, und zwar auf einem staubigen Platz, der sich großspurig ›bullfighting arena‹ nennt. Die Bullenkämpfe sind hier ein wahres Volksspektakel. Es finden jeweils mehrere Kämpfe statt, wobei sich zwei Bullen Kopf an Kopf gegenüber stehen. Wer zuerst einen Schritt zurückweicht, hat verloren.
Die Regeln erinnern mehr an einen Sumo-Ringkampf für Stiere. Zwei in Größe, Alter und Gewicht ebenbürtige Tiere werden aufeinander zugeführt. Erst wenn sie schon fast Kopf an Kopf gegenüberstehen und in die Augen blicken scheint der Kampfgeist in den eben noch friedlichen und beinahe lammfrommen Tieren zu erwachen. Sie rammen ihre Köpfe gegeneinander und beginnen zu schieben. Der Bulle, der es schafft seinen Gegner wegzuschieben hat gewonnen. Über ein Megaphon wird der Spielverlauf lautstark kommentiert. Preisgelder an sich gibt es nicht. Doch Tiere die viele Kämpfe gewonnen haben sind deutlich mehr Wert. Die Spanne reicht von umgerechnet 500 Euro für einen Anfänger bis hin zu 7500 Euro oder mehr für einen kampferprobten Sieger.
Wer Blut oder durch die Luft wirbelnde Toreros erwartet wie in Spanien, ist hier fehl am Platz, die Bullenkämpfe sind absolut unblutig!

Empfehlungen für Landausflüge

Da Fujairah nur 24 Kilometer südlich von Khor Fakkan liegt, ähneln sich die angebotenen Touren sehr und überschneiden sich zum Teil. Touren ab Khor Fakkan beinhalten in der Regel zumindest einen Blick auf Fujairah und umgekehrt.

Fujairah und seine Tradition

Auf diesem Ausflug lernen Sie die Landschaft entlang der Ostküste und die Orte Fujairah und Khor Fakkan kennen, die sich an den Ufern des Golfs von Oman befinden und über traumhafte unberührte Strände vor einer schroffen Bergkulisse verfügen.

Dieser Ausflug beginnt mit einer Besichtigung des **Museums** von Fujairah, in dem Ausstellungsstücke regionalen Ursprungs gezeigt werden. Das Museum verfügt über eine einzigartige Sammlung von Münzen aus Fujairah, die vor der Gründung der Vereinigten Arabischen Emirate bis 1971 als Zahlungsmittel dienten.

Es folgt ein Fotostopp am 300 Jahre alten **Fort von Fujairah**, das zurzeit in ein Nationalmuseum umgewandelt wird.

Anschließend fahren wir zum **Heritage Village**. Dort werden wir in die Vergangenheit eintauchen und alte Lebensweisen in alten Wohnsitzen entdecken und wir haben auch die Möglichkeit, charakteristische Arbeitsweisen kennen zu lernen und typische Bewässerungsanlagen, die früher eingesetzt wurden.

Danach fahren wir zu Fujairahs **Fisch-, Obst- und Gemüsemarkt a**uf einen kurzen Besuch, um einen kleinen Eindruck eines traditionellen Marktes zu bekommen, und dort haben Sie auch etwas Freizeit. Dieser Markt ist interessant und beinhaltet alle typischen lokalen Produkte.

Danach sehen Sie die **älteste Moschee der VAE**: die ›Al Badiya‹, allerdings nur von außen. Zu sehen gibt es dort zudem **zwei portugiesische Wachtürme** aus dem Jahr 1498. Sie überblicken sowohl die Moschee als auch die Oase von Al Badiya. Auf der Rückfahrt zum Pier in Fujairah kommen Sie durch Khor Fakkan (→ S. 124), die Hafenstadt des Emirats Sharjah mit ihrem eindrucksvollen Containerhafen.

Dauer: 4,5 h, leichte Tour.

▲ Karte S. 132

Wüsten- und Wadi-Safari mit dem Geländewagen

Auf dieser aufregenden Fahrt können Sie die Wüste und die Wadis der Vereinigten Arabischen Emirate erkunden. Sie fahren durch die **Masafi-Berge** und die wechselnden Wüsten- und Wadi-Landschaften zur **Oase von Wadi Shawkah**.

Nach einem kurzen Zwischenstopp, bei dem Luft aus den Reifen der Geländewagen herausgelassen wird, geht es hinein in die Wüste zu einer Fahrt über die hohen **Sanddünen**. Der Ausflug führt weiter durch Wüsten- und Berglandschaften und ein zerklüftetes Felsgebiet mit glänzend roten Sanddünen.

Dann erreichen Sie **Fossil Rock**, den Fossilienfels mit seinen 80 Millionen Jahre alten Fossilien.

Der nächste Halt erfolgt am **Kamelfelsen**, einer sonderbaren Felsformation, die wie ein ausgestreckter, aus dem Wüstensand ragender Kamelkopf aussieht.

Zum Abschluss gibt es ein Picknick.

Dauer: 4,5 h, leichte Tour.

Ein Tag am Strand

Nach Verlassen des Hafens fahren wir an der Küste entlang bis zu einem der Strand Hotels. In dieser Hotelanlage werden wir einen entspannten Tag verbringen und Sie können über den 500 Meter Strand mit bequemen Sonnenliegen, Badetüchern und Sonnenschirmen verfügen. Im vorderen Bereich des Strandes befindet sich der Spielpark für unsere jüngeren Gäste. Außerdem befindet sich ein Volleyball Feld am Strand und Sie können drei Swimming Pools nutzen. Der eine Swimming Pool ist für Wasserspiele gedacht, der zweite für Wassermassagen und der dritte ist für Gäste, die in einem bequemen Umfeld ein Sonnenbad nehmen möchten.

Das Mittagessen wird im Hotelrestaurant serviert

Dauer: ganztags, sehr leichte Tour.

Fujairah-Informationen von A bis Z

Einkaufen

Ein Muss ist der Besuch des Souk: Händler bieten hier Datteln, Mangos und andere exotische Früchte an. Unmittelbar daneben befindet sich der Fleisch- und Fischmarkt sowie Bekleidungshändler, bei denen man traditionelle arabische Kleidung erhält. Der Duft von 1001 Nacht schwebt über den Ständen der Gewürzhändler und funkelnde Schmuckstücke werden im Gold Souk feilgeboten.

Flughafen

Fujairah International Airport, 2 km südlich vom Stadtzentrum, www.fujairah-airport.com

Geldwechsel/Kreditkarten

Die gängigen Kreditkarten werden akzeptiert, Geldautomaten gibt es in fast allen großen Hotels, in den Malls und Märkten.

Medizinische Versorgung

Jumairah Central Hospital, Anajaimat Road, Tel. +0971/2242999.

Das Hospital ist mit modernsten Geräten gut ausgerüstet und hat hervorragende Ärzte, die alles behandeln können, was der Schiffsarzt in seiner Krankenstation nicht behandeln kann. Sofortige Bezahlung, Kreditkarte wird akzeptiert (Deckungsabfrage).

Mietwagen

Es gibt alle gängigen Mietwagen am Flugplatz, die werden auf Wunsch auch ans Hotel oder Schiff gebracht. Ab 9 € pro Tag. Bitte denken Sie daran, dass auch die kleinste Menge Alkohol im Blut (auch vom Vortag) schlimme Folgen haben. Spritpreis: 0,43 € pro Liter (Jan. 2016).

Museum

Das moderne Fujairah-Museum befindet sich in der Nähe des Forts in der Al Gurfa Street. In seiner archäologischen Abteilung gibt es Fundstücke aus dem Emirat zu sehen, darunter altes Werkzeug und Beduinenschmuck. Tel. +9719/2229085; Sa–Do 8.30–13.30 u. 16.30–18.30, Fr 14.30–18.30 Uhr. Eintritt 5 Dh.

Post

Emirates Post Office, Al Fasael Rd., schräg gegenüber vom Hilton Resort. Tel. 9719/2222879.

Restaurant

Für das leibliche Wohl sorgen über 200 Restaurants. Wer gern italienisch speist, ist gut aufgehoben im Sardinia Restaurant, Seakamkam Area at The Club, Fujairah 50063, VAE, Tel. +9719/2283601. Einheimisch essen kann man im Oriental Restaurant, Salaam Street, Town Centre 4. Es gibt zudem eine große Auswahl an südostasiatischen Gerichten, darunter viele Spezialitäten aus Singapur und Malaysia zu vernünftigen Preisen. Tel. +9719/2221877.

Tourist Information

Fujairah Tourism & Antiquities Authority, Fujairah World (Nähe Fujairah-Museum und Fort), Tel. +971/509019512, info@tourism.fujairah.ae, www.fujairahtourism.ae; So–Do 7.30–14.30 Uhr

Telefon und Internet

Telefonvorwahl: +9719. WLAN: Internet-Café im Erdgeschoss des Emirates Trade Center, Sheikh Zayed Bin Sultan Road, Tel. +9719/2244509.

Unterkunft

In Fujairah gibt es eine Reihe guter Hotels, darunter Hilton, Radisson, Ibis und Novotel.

Zeitzone

UTC+4 h, ME +3 (keine Umstellung auf Sommerzeit).

Ganz im Gegensatz zu Dubai mit seinem Gigantismus empfängt den Reisenden im Oman Ruhe und Gelassenheit sowie eine überraschend vielfältige Landschaft: tief eingeschnittene Fjorde im Norden, geologisch interessante Formationen im Hajar-Gebirge, endlose Sanddünen in der Wüste Rub al-Khali, tropisches Grün in Dhofar sowie üppige Plantagen an der Batinah-Küste

OMAN

Abend an der Corniche von Muscat

Das Land des Weihrauchs

Oman ist ein Sultanat im Osten der Arabischen Halbinsel und grenzt im Nordwesten an die Vereinigten Arabischen Emirate, im Westen an Saudi-Arabien, im Südwesten an Jemen und im Osten an den Golf von Oman. Außerdem gehört zu Oman die Halbinsel Musandam (Rus-al-Dschibal) an der Straße von Hormus sowie die von den VAE umschlossene Enklave Madha zwischen dem Hauptland und der Halbinsel Rus-al-Dschibab. Hinzu kommen noch etliche Inseln (Masira und die Kuria-Muria-Inseln). Die Gesamtfläche des Landes beträgt 309500 Quadratkilometer, es gibt vier Millionen (2014) Einwohner, die Hauptstadt ist Muscat (auch Muskat geschrieben oder Mascat) im Nordosten des Hauptlandes am Golf von Oman.

Den nördlichsten Omans bildet die Halbinsel Musandam. Sie schiebt sich weit in die Straße von Hormuz hinein. Diese schmale Meerenge ist enorm wichtig, führen doch alle Seerouten für die Tankschiffe der Ölstaaten rund um den Persischen Golf hier hindurch. Japan und vor allem der Westen wird durch diese Meerenge mit Erdöl versorgt.

Im Norden des Oman beherrscht das Hajar-Gebirge die Landschaft mit dem höchsten Berg Jebel Shams (Sonnenberg) mit 3009 Metern.

Im Westen wird das Land begrenzt von der großen, kaum besiedelten Zentralarabischen Wüste Rub al-Khali – das Leere Viertel. Ihre Ausläufer reichen bis in die Geröllebenen der Djiddat al-Harasis. Hier befindet sich das Schutzgebiet für die Arabischen Oryx-Antilopen. Die weiße Oryx hat sich im Lauf der Evolution ihrem Lebensraum ähnlich perfekt angepasst wie das Dromedar. Die Tiere können ihren Feuchtigkeitsbedarf mit wenigen Grasbüscheln und Akazienblättern decken. Den Sommer über verharren die Antilopen meist reglos im Schatten einzelner Akazien und werden nur bei Dunkelheit aktiv. Überflüssige, schnelle Bewegungen vermeidet die Oryx möglichst. Ihre normale Gangart ist das Schritttempo, was sie zu einer leichten Jagdbeute werden ließ.

▲ Karte S. 139

Zwischen dem Hajar-Gebirge und dem Süden von Oman erstreckt sich eine 800 Kilometer lange, ebene Kieswüste. Hier gibt es kaum Vegetation, auch Menschen findet man in dieser lebensfeindlichen Umgebung kaum. Die in den Landkarten wie Seen eingetragenen blauen Flächen, z.B. die Umm as Samim an der Grenze zu Saudi Arabien, sind Salzwüsten, die mit ihren Treibsandfeldern als berüchtigtste aller Wüstenformen gelten.

Der Süden Omans, die Region Dhofar, hingegen ist ganz anders. Aus der trockenen Ebene steigt die Landschaft zum knapp tausend Meter hohen Dhofar-Gebirge an. Dieses Kalksteinmassiv senkt sich zur Küste hin in eine weite Ebene ab, und am Rand dieser Ebene gibt es wunderschöne, lange, palmengesäumte Sandstrände. Von Juni bis August verwandelt der Südwest-Monsun die Region in ein tropisches Paradies.

Dhofar (oder auch Zufar) ist die größte Provinz Omans. Dort haben sich Canyons tief in die Dünen eingefressen und ziehen vom Küstengebirge hinauf in die weite Ebene.

Der Oman ist untrennbar mit dem Weihrauch verbunden, dem luftgetrockneten Gummiharz, das aus dem Weihrauchbaum *Boswellia sacra* gewonnen wird. Luban nennen die Araber den Weihrauch, nach dem die lukrativste Handelsstraße der Antike benannt war. Zwei bis drei Monate waren die riesigen Ka-

IRAN
Straße von Hormuz
Persischer Golf
Golf von Oman
Khasab
Bukha
2499
OMAN (Musandam)
Bandar Lengeh
Ras Al-Khaymah
Dibba
Madha (Oman)
al-Fujayrah
Kalba
Dubai
Shinas
Liwa
Sohar
Saham
Mina-Jebel Ali
Mahadah
Suwaihan
Abu Dhabi
Al-Ain
Buraimi
Al-Khaburah
Al-Masna'ah
S. 146/147
Al-Suwaiq
Barka
Mutrah
Seeb
Muscat
Ruwi
Quriat
Daghmar
Sur
Nahkl
Bawshar
Bidbid
Rustaq
Sama'il
Awabi
Al Hajar
Hajar al-Sharqi
Yanqul
Dank
Al-Sunaynah
Ibri
Bahla
Nizwa
Izki
Ibra
Al-Qabil
Al-Kamil
Al-Mudhaybi
Adam
Al-Ashkharah
Ramlat al-Wahiba
Qurun
VEREINIGTE ARABISCHE EMIRATE
SAUDI-ARABIEN
OMAN
Rub al-Khali
Al-Ghabah
Mafraq
Shannah
Masirah
Hijj
Sur Masirah
Al-Khaluf
Ras Duqm
Al-Duqm
Huqf
Haima
Jiddat al-Harasis
Ras Madrakah
Muqshin
Kahil
Al-Jazir
Shalim
Marmul
Dawkah
Ramlat Hashman
Hallaniyat-Inseln
Arabisches Meer
Thumrait
Qairoon Hairitti
Dhofar Gebirge
Jebel Samhan
Sadah
Mirbat
Taqah
Salalah
Al-Mazyunah
Mudayy
Mughsayl
Rakhyut
Dalkut
01
09
15
17
21
23
27
29
31
32
35
37
39
41
45
47
49
Oman
0
50
100 km

Weihrauchdenkmal in Muscat

rawanen unterwegs, die auf Hunderten Kamelen den begehrten Weihrauch aus dem ›glücklichen Arabien‹ quer durch die Wüste nach Palästina brachten, bis zu drei Millionen Kilogramm jährlich. Hauptabnehmer waren die Römer.

Der Weihrauch ist den Omanis heilig! Der 15 Meter hohe Weihrauchbrenner im Kreisverkehr von Salalah, der Hauptstadt der Südprovinz Dhofar und die mit schwerem Parfum getränkten Quaddeln an den Dishdashas der omanischen Männer machen klar, welchen Stellenwert Wohlgerüche in Südarabien haben. Schwerer Weihrauchduft hängt in Amtsstuben und Salons, in denen Fremde mit allen Ehren empfangen werden. Weihrauch gilt als Heilmittel, soll fruchtbarkeitsfördernd sein und den bösen Geist (Jinn) vertreiben. Die Frauen räuchern ihre Kleider und Übermäntel mit jasminsüßem Bukhur-Räucherwerk oder Myrrhe und ziehen, wo immer sie gehen, betörende Duftwolken hinter sich her.

Der Islam erfuhr in Oman eine eigene Ausprägung – die Ibadiyah. Diese Rechtsschule aus dem Jahr 700, zu der sich die Mehrheit der Omanis bekennt, ist in ihren Grundzügen demokratisch und von großer Friedfertigkeit geprägt. Ein weiteres Merkmal des Islam in Oman ist das Bekenntnis zu Offenheit und Toleranz gegenüber den anderen Religionen. So gibt es in Oman neben 23 000 Moscheen auch zwei katholische Kirchen, einen jüdischen Tempel sowie Tempel für Hindus und Buddhisten.

Oman ist eines der am dünnsten besiedelten Länder der Erde. Etwa fünf Prozent der Bevölkerung leben noch als Nomaden. Man zahlt keine Steuern, keine Kranken- und auch keine Altersversicherung. Trotzdem bekommen alle Einheimischen eine gute Alters- und Invaliditätsrente sowie Witwen- und Waisenunterstützungen. Das Gesundheitswesen wurde stark ausgebaut, die medizinische Behandlung ist kostenlos. Obwohl keine allgemeine Schulpflicht besteht, werden über 90 Prozent der Kinder eingeschult, der Schulbesuch ist kostenlos. Es gibt seit 1986 eine staatliche Hochschule sowie vier private Universitäten. Außerdem gibt es noch sechs staatliche und zwölf private Colleges, die mit den deutschen Berufsakademien vergleichbar sind.

Eine Eisenbahn gibt es in Oman – wie auch in den anderen Golfstaaten – nicht. Es wurde aber 2012 in Koordination mit der Deutschen Bahn begonnen, ein Schienennetz zu erbauen, das sechs Staaten der Arabischen Halbinsel miteinander verbinden soll (Saudi-Arabien, Kuwait, Bahrain, Katar, VAE und Oman). Bis zum Jahr 2017 soll das Streckennetz 2117 Kilometer lang sein.

Natürlich verdankt das Land seinen heutigen Reichtum dem Erdöl. Daneben ist Oman aber auch reich an Erdgas. Deshalb hat die omanische Regierung für die Zeit nach dem Öl große Pläne mit dem Gas. Die noch weitgehend unerschlossenen Erdgasvorkommen werden mit mehreren Billionen Kubikmetern angegeben.

Auch im Oman ist alles sauber und ordentlich, und die Häuser sind alle weiß oder hell gestrichen. Die Häuser müssen alle drei Jahre renoviert werden, sonst drohen hohe Strafen. Strafe zahlen muss auch, wer mit einem schmutzigen Auto unterwegs ist! Dafür sind die Straßen in ausgezeichnetem Zustand und nachts beleuchtet, auch kleine Gassen und Gebirgsstraßen.

Urlauber erfreuen sich an einem 200 Kilometer langen, fast durchgängig weißen Badestrand, der immer mehr Touristen anlockt, die sich nach Ruhe, Sonnenschein und warmem Wasser sehnen.

Mitbringsel aus dem Oman

Die meisten spontan gekauften Mitbringsel aus fremden Ländern verschwinden früher oder später irgendwo in der Versenkung. Trotzdem möchte man immer wieder etwas Besonderes von der Reise mitbringen – außer natürlich den unvergesslichen Eindrücken und schönen Fotos.

In Oman gibt es keine Souvenir-Industrie. Das ist keineswegs bedauerlich, das Warenangebot der Souks enthält genügend ›Mitbringsel‹, die in ihrer Art originell und sehr landestypisch sind. Dazu zählen die bestickten Kappen der Männer, die bunten Tücher der Frauen sowie edle Stoffe.

Das edelste und teuerste Souvenir aus dem Oman ist aber sicher ›Amouage‹, ein betörendes Parfüm aus edlen Essenzen. Sultan Qabus Bin Said regiert seit seiner Thronbesteigung 1970 das Land sehr umsichtig. Anfang der Achtziger entschied der Sultan, dass die Parfumherstellung, die im Orient seit dem 9. Jahrhundert Tradition hat, wieder eine dortige Heimat haben und sein Sultanat eine duftende Visitenkarte bekommen sollte. Er gründete in der Hauptstadt Muscat Amouage (arab. Welle) und staffierte das Unternehmen großzügig mit Mitteln aus dem Staatsschatz aus.

Der französische Parfümeur Guy Robert erhielt 1983 den Auftrag, das wertvollste Parfüm der Welt zu kreieren und er hat keine Mühen oder Kosten zu gescheut, diesen ultimativen Oman-Duft mit allen landestypischen Essenzen zu mischen (Myrrhe, Rosenwasser, Patchouli, Jasmin und edle Hölzer u.v.m., vor allem aber der erstklassige Weihrauch des Oman). Das Resultat war Amouage Gold. Amouage ist das Chanel des Morgenlandes – und so etwas wie ein Staatsparfüm – das gibt es allerdings auch nicht umsonst: 240 Euro für 50 Milliliter!

Im Souk von Muscat

▲ Karte S. 139

Länderinformationen Oman

Zahlen und Fakten

Offizielle Bezeichnung: Das Sultanat Oman, Saltanat Uman
Staatsform: Absolute Monarchie (mit Beratender Versammlung).
Gewerkschaften/Parteien: Parteien sind verboten, aber es gibt seit 2006 mehrere Gewerkschaften, die dem Gewerkschaftsverband ›General Federation of Trade Unions‹ unterstellt sind.
Hauptstadt: Muscat (1,2 Mio Einw.)
Gliederung: 61 Regierungsbezirke
Fläche: 309500 km^2 (etwa wie Deutschland)
Koordinaten: N16–26° E51–59°
Größere Städte: As Sib (237816), Salalah (163140), Bawshar (159487), Suhar (108274), As Suwayq (107143), Ibri (101640)
Amtssprache: Arabisch
Einwohner: ca. 4 Mio., davon 2 Mio. Ausländer (Perser, Inder, Belutschen)
Bevölkerungsdichte: 13 Einwohner pro km^2
Einkommenssteuer: keine (12% Körperschaftsteuer)
Religion: Staatsreligion ist der Islam mit 88%, davon 75 % Ibaditen, Rest Sunniten und Schiiten.
Inflationsrate: 1,55 % (2015)
Arbeitslosenquote: 14 %
Internetkennung: .om
Telefonvorwahl: +968,
Handy GSM 900 Hz.
Nationalfeiertag: 18. November (Geburt des Sultans)
Schulpflicht: Es gibt keine allgemeine Schulpflicht in Oman.
Pro Kopf BIP: 25289 US-$ (2013 lt .IWF)
Währung: Omani Rial (OMR), 1 OMR = 1000 Baisas.
Internetkennung: .om
Telefonvorwahl: +968,
Handy GSM 900 Hz.
Nationalfeiertag: 18. November (Geburt des Sultans)
Schulpflicht: Es gibt keine allgemeine Schulpflicht in Oman.
Kfz-Kennzeichen: OM
Mitgliedschaft: UNO
Postgebühren: Karte 0,15 OMR (0,30 €).
Postleitzahlen: 111 bis 814 (z.B. Muscat 113).
Spritpreis: 0,32 € pro Liter, 0,40 € pro Liter Diesel (Jan.2016)
Zeitzone: UTC+3 Std. Keine Sommerzeit

Oman von A bis Z

■ Alkohol

Gibt es nur in lizensierten Restaurants und Hotels, der Genuss in der Öffentlichkeit ist verboten. Beim Autofahren gilt auch hier die 0-Promille-Grenze.

■ Diplomatische Vertretungen

Botschaft des Sultanats Oman
Clayallee 82, D-14125 Berlin
Tel. +49/30/84416970, Fax 81005199
botschaft-oman@t-online.de, Mo–Fr 9–15 Uhr, Konsularabteilung 9.30–12.30 Uhr
Honorargeneralkonsulat mit Visumerteilung in Frankfurt/M. (Tel. +49/69/1700790).
Botschaft der Bundesrepublik Deutschland
PO Box 128, Ruwi, OM-Muscat 112
Tel. +96824/83248264, Fax 835690
info@Muscat.diplo.de

■ Einreise

Staatsbürger der EU und der Schweiz benötigen für die Einreise nach Muscat einen gültigen Reisepass und ein Visum. Das Visum wird bei Ankunft ohne Formalitäten ausgestellt und kostet für eine Aufenthaltsdauer bis zu zehn Tagen ca. 12 € und bis zu einem Monat ca. 50 €

■ Elektrizität

220–240 V 50Hz, flache englische Stecker, manchmal auch Euro-Stecker.

■ Klima

Sehr heiß (im Sommer in Mascat bis 52 °C, im Inland bis 57 °C, im Winter 25–35 °C) bei hoher Luftfeuchtigkeit im Küstengebiet; geringe Niederschläge.

Trinkgeld

15% Servicegebühr sind im Preis enthalten, eine Zugabe wird aber gern akzeptiert.

Trinkwasser

Niemals unabgekochtes Wasser trinken. Wasser aus Leitungen kommt aus Meerwasserentsalzungsanlagen, ist aber nicht zum Trinken geeignet. Bedenkenlos ist Wasser aus Flaschen, die mit einer Kapsel verschlossen waren. Zudem sollte auf Eiswürfel im Glas verzichtet werden.

Touristinformation in Deutschland

c/o Interface International GmbH
Petersburger Straße 94, D-10247 Berlin
Tel. +49/30/42088012, Fax 42256286
omantourism@interface-net.de
www.omantourism.de.

Medizinische Versorgung

Das Gesundheitswesen in Oman entspricht modernsten Standards. Wegen der hohen Sonneneinstrahlung empfiehlt es sich, immer den Kopf zu bedecken, Sonnencremes mit hohem Lichtschutzfaktor zu benützen sowie eine gute Sonnenbrille mitzunehmen. Es sind keine Impfungen erforderlich.

Mobiltelefon

Mobiltelefone funktionieren einwandfrei – es gibt eine breite Abdeckung mit Mobilfunkantennen, sogar in der Wüste! Die beiden omanischen Anbieter haben mit allen namhaften deutschen Anbietern Roaming-Verträge, das Telefonieren damit ist aber sehr teuer. Vieltelefonierer sollten besser bei Nawras oder Oman Mobile eine örtliche SimCard kaufen, die kostet etwa 20 Euro, davon ist aber fast alles Guthaben. Die Gespräche nach Deutschland sind damit billig, SMS z.B. 18 Cent.

Währung

1 OMR = 2,38 € (1/2016). Es gibt Scheine zu 50, 20, 10, 5, 1 Rial und ½ Rial sowie für 100 und 200 Baisa. Münzen für 10, 25 und 50 Baisa.

Es gibt Geldautomaten für EC- und Kreditkarten (kein V-Pay!)

Zollbestimmungen

Die Einfuhr von Alkohol auf dem Land- und Seeweg ist verboten. Wer per Luftweg in Muscat ankommt, darf eine Flasche Alkohol im Gepäck haben. Dies gilt jedoch nur für Nicht-Muslime.

Weiterhin sind Gegenstände des persönlichen Bedarfs (Foto- und Filmausrüstung, Mobiltelefon) erlaubt. Die Ein- und Ausfuhr von Devisen und omanischer Währung unterliegt ebenfalls keinen Beschränkungen. Bespielte Videokassetten werden mitunter auf ihren Inhalt geprüft und für zwei oder drei Tage einbehalten.

Verboten ist die Einfuhr von frischen Lebensmitteln, vor allem Schweinefleisch, Pflanzensamen, und pornographischer Artikel (Achtung: freizügige Titelbilder ›seriöser‹ Zeitschriften fallen auch darunter), Falschgeld, Drogen und Waffen. Die Ausfuhr von Fossilien, Korallen, archäologischen Fundstücken und historischer Kulturgüter ist nicht gestattet.

Achtung: Personen die Schmerzmittel, Antidepressiva, Psychopharmaka oder andere halluzinogene Medikamente zum persönlichen Gebrauch mitführen müssen, benötigen eine vom behandelnden Arzt ausgestellte mehrsprachige Notwendigkeitsbescheinigung. Eine Reihe dieser aufgezählten Medikamente gelten im Sultanat Oman als illegale Drogen und deren Besitz und Einfuhr steht unter Strafe.

Das Deutsche Auswärtige Amt weist darauf hin, dass der Besitz und die Einfuhr von sowie der Handel mit (illegalen) Drogen strafrechtlich streng geahndet wird. Auf den Handel mit Drogen steht nach dem omanischen Strafgesetzbuch seit Anfang 1999 die Todesstrafe.

Zu den **Bestimmungen bei der Rückkehr in die EU** → S. 209

Muscat

Muscat, oder auch Muskat oder Mascat, ist die Hauptstadt Omans und liegt im gleichnamigen Gouvernement Muscat an der Nordost-Küste des Landes am Golf von Oman, also nicht am Persischen Golf. Seit 1970 der junge Qaboos seinen Vater friedlich entmachtet und ins Londoner Exil verbracht hatte, begann die vorsichtige, aber stetige Modernisierung des Landes. Dies wird als Beginn der sogenannten omanischen Renaissance bezeichnet, im Zuge derer auch die Hauptstadt stark ausgebaut wurde und sich zu dem heutigen Zentrum entwickelte

Die Stadt hat 1,2 Millionen Einwohner und ist das wirtschaftliche und kulturelle Zentrum des Oman. Im ganzen Land ist es ganzjährig heiß und es regnet kaum einmal (ca. 12 Regentage im Jahr). Von Mai bis Oktober muss man mit Temperaturen bis 46 Grad Celsius rechnen bei einer Luftfeuchtigkeit von 60 bis 80 Prozent. Das ergibt eine gefühlte Temperatur von über 50 Grad. Unangenehm für Besucher könnte die Tatsache sein, dass auch nachts das Thermometer nur selten unter 30 bis 35 Grad sinkt.

Eine gute, vierspurige Autostraße (Nr. 1) verbindet den westlichen Teil der Stadt (Flugplatz) mit dem weit im Osten liegenden Sultanspalast (Al Alam Palace) und dem Cruise Ship Terminal. Diese Straße ist an den Verkehrsknotenpunkten durch mondäne Verkehrskreisel unterbrochen, die auf ihren Inseln mit großartigen Bauwerken und tollen Blumenarrangements aufwendig geschmückt sind. Die Entfernung vom Flugplatz bis zum Schiffsanleger beträgt knapp 50 Kilometer. Die Sehenswürdigkeiten liegen alle an dieser Straße. Muscat (oder Muskat) hat übrigens nichts, aber auch gar nichts mit dem herrlichen Gewürz gleichen Namens zu tun!

Stadtgeschichte

Die Geschichte Muscats reicht zurück ins 2. Jahrtausend vor Christus und ist durch ein ständiges Auf und Ab gekenn-

Blick über die Altstadt von Muscat

zeichnet. Es begann mit einer Niederlassung des Magan-Reiches im Bereich des heutigen Muscat. Schon damals handelte man mit Kupfer aus dem Hajar-Gebirge und mit Perlen aus dem Golf von Oman. Diese Blütezeit wurde beendet als die Perser 500 vor Christus in das Land einfielen und es 1000 Jahre lang beherrschten. Die Perser wurden erst mit der Ausbreitung des Islam in Oman im Jahr 630 vertrieben.

Vom 7. bis zum 16. Jahrhundert hatte Oman eine gewisse Eigenständigkeit, in der sich die Küstenstädte wie auch Muscat zu reichen Handelsplätzen entwickelten. Aber auch diese Blüte hatte einmal ein Ende, und zwar durch die portugiesischen Seefahrer, die 1507 im Golf von Oman auftauchten und Muscat - wie auch Suhar und Qalhat - zum größten Teil zerstörten. Die Omaner zogen sich mit ihrem Sultan in die Berge zurück und Muscat und die gesamte Küste verloren an Bedeutung.

1650 gelang es Sultan Ibn Saif, die Portugiesen zu vertreiben und den Handel wieder zu beleben. Doch auch diese Zeit wurde durch eine persische Invasion gestört. 1779 verlegte der damalige Sultan die Hauptstadt von Rustaq nach Muscat und trotz weiterer Querelen konnte sich Muscat als Omans Hauptstadt behaupten. Am Ende des 19. Jahrhunderts wurde der Seehafen mit einer 4,5 Meter hohen Mauer und zwei Forts geschützt. Die Unruhen gingen aber weiter: 1784 waren unter Sultan Hamid bin Said politische Querelen ausgebrochen, die zur Folge hatten, dass das Land gespalten wurde in ein Sultanat an der Küste und ein Imamat im Hinterland. Dieses Imamat wurde in einem Bürgerkrieg 1959 beendet, aber erst 1971 wurde Muscat dann zur unumstrittenen Hauptstadt des Oman anerkannt. Unter Sultan Qaboos begann dann die vorsichtige aber stetige Modernisierung des Landes, was in der

Muscat

westlichen Welt als ›omanische Renaissance‹ bezeichnet wird.
Auffallend ist, dass es in dieser Metropole nur wenige Hochhäuser gibt und dass fast alle Gebäude die Architektur-Tradition des Landes widerspiegeln, sei es durch ein Arabeskenfenster, eine Kuppel oder ein anderes Merkmal. Die Stadt ist elegant, homogen und unsagbar sauber. In diese Umgebung passt hervorragend das 2011 eröffnete Royal Opera House mit erstklassigen Inszenierungen von Weltrang.

Cruise Ship Terminal

Das Kreuzfahrtschiff legt an am ›Port Sultan Qaboos Cruise Terminal‹ in Mutrah, einem Stadtteil von Muscat, etwa sechs Kilometer nordöstlich vom Zentrum. Der Anleger wurde 2010 gebaut, sehr schön aber - wie alles im Oman - nicht so pompös wie in den VAE. Es ist nicht erlaubt, im Hafen herumzulaufen, deshalb gibt es eine kostenlose Busverbindung vom Schiff zum Hafeneingang. Dort stehen Taxis für den Weitertransport zur Verfügung, Festpreis 10 OR (2 €) pro Stunde.

Strand

Der kilometerlange, öffentliche Strand von Qurum (sieben Kilometer vom Cruise-Terminal) wird gesäumt von einer beliebten Uferpromenade mit mehreren Hotels. Am südöstlichen Stadtrand befindet sich der malerische Hotelstrand des Al Bustan Palace Hotels, umrahmt von schwarzbraunen Felsen. Die Privatstrände der großen Hotels können auch von Nicht-Hotelgästen benutzt werden, gegen eine Gebühr können Liegen am Wasser oder auch die Pooleinrichtungen benutzt werden, z.B. 8/6 OR am Crown Plaza Hotel oder 10/6 OR am InterContinental Muscat Hotel.

Sehenswürdigkeiten

Die Sehenswürdigkeiten von Muscat liegen alle an der Hauptstraße (Nr. 1), die sich über fast 30 Kilometer entlang

der Küste erstreckt. Sie werden hier von West nach Ost kommend vorgestellt.

Große Sultan-Qaboos-Moschee

Die Große Sultan-Qaboos-Moschee (Grand Mosque) ist die größte und sehenswerteste Moschee in Oman und zugleich auch eine der größten weltweit. Sie ist vom Cruise-Port etwa 24 Kilometer entfernt und wurde am 4. Mai 2001 nach sechsjähriger Bauzeit vom Sultan persönlich eröffnet.

Schon von weitem kann man das größte der fünf Minarette sehen, welches 90 Meter hoch ist, die anderen vier Minarette sind jeweils 45 Meter hoch. Die fünf Minarette symbolisieren die fünf Säulen des Islam, nämlich das islamische Glaubensbekenntnis, das Pflichtgebet, die Armengabe, das Fasten im Ramadan und eine Pilgerfahrt nach Mekka.

Die Moschee hat eine große Männergebetshalle und eine kleinere Frauengebetshalle. Weiterhin gibt es zwei große Bogengänge, ein islamisches Informationszentrum sowie eine Bibliothek.

Die Wände sind mit beigem und grauem Marmor ausgekleidet und reich verziert. Der Kristalllüster im Saal gilt mit 8 mal 14 Metern als der größte freihängende der Welt. Er wiegt 170 Zentner und leuchtet mit 1122 Lampen. Er besteht aus Swarovski-Kristallen aus Österreich.

Der Zutritt zu den Moscheen in Oman ist eigentlich nur Muslimen erlaubt, einzige Ausnahme ist die Sultan-Qaboos-Moschee. Nichtmuslime haben hier von Samstag bis Mittwoch jeweils von 8 bis 11 Uhr Zutritt. Man kann allerdings nur die Gebetshalle und einige Wandelhallen besichtigen.

Wenn Sie in herrlichem arabischem Ambiente wirklich gut und romantisch speisen wollen, empfehlen wir das Restaurant ›The Beach‹ im Chedi Muscat Hotel an der Straße des 18. November, nördlich von der Grand Mosque. In wunderschöner Strandlage werden hier bei Feuerschalen und gedämpftem Licht arabische und internationale Leckereien serviert. Das Restaurant ist bekannt für Meeresfrüchte, leckere Süßspeisen und gute Weine. Ein Abendessen auf dieser Terrasse ist wirklich wie ein Märchen aus Tausendundeiner Nacht. Ohne Reservierung hat man aber keine Chance auf einen Tisch! (→ S. 153)

Die Große Moschee

Karte S. 146/147

Royal Opera House

Das Royal Opera House Muscat (ROHM) befindet sich im Stadtteil Schati al-Qurm von Muscat und ist das einzige Opernhaus in den Golfstaaten. Opernhäuser in der arabischen Welt gibt es sonst nur in Beirut und Kairo.

Das Opernhaus von Muscat wurde Anfang September 2011 im Rahmen eines Galaabends mit der Oper Rigoletto von Verdi eröffnet.. Es versteht sich als Plattform für Aufführungen des eigenen nationalen Orchesters, aber auch für international bekannte Ensembles. Hier gastierte bereits die Wiener Staatsoper mit ›Figaros Hochzeit‹, das Russische Staatsballett tanzte den ›Nussknacker‹. Das Royal Philharmonic Orchestra sowie das Spanische Nationalorchester und andere Orchester waren bereits zu Gast.

Auf der Bühne befindet sich eine große Konzertorgel mit 4542 Pfeifen in einem reich verzierten Holzgehäuse, die von der Orgelbaufirma Klais aus Bonn gebaut wurde. Der Opern-Komplex orientiert sich am omanischen Baustil und wurde auf einem 80 Hektar großen Hügel inmitten eines großzügigen Landschaftsgartens erstellt. Auf dem Gelände befinden sich neben den großzügigen Gebäuden der Oper eine Mall mit einem Museumsladen, verschiedenen gehobenen Gastronomiebetriebe sowie einer Anzahl von Luxus-Geschäften. Zur Anlage gehört auch ein Kulturzentrum mit einer Kleinkunstbühne.

Übrigens: Generaldirektorin des Royal Opera House Muscat ist seit Dezember 2012 die Hamburgerin Christina Scheppelmann!

i Royal Opera House

Al Kharjiyah Street, Muscat 103, Oman, Tel.+968/24403300, www.rohmuscat.org.om; Preise von 10–70 OMR (23–168 €). Entfernung vom Cruise-Port 8 km.

Der Kreisverkehr mit den Fischen beim Fischmarkt

Mutrah Souk

Wer gern über orientalische Märkte schlendert, ist auf dem Mutrah Souk Hellat Scoral Lawatiya in Muscat, gut aufgehoben. Er ist der größte Markt Omans und bietet die größte Auswahl an omanischen Handwerkstücken.

In dem Labyrinth von kleinen Straßen gibt es Hunderte kleine, bunte Läden mit allem, was man braucht und auch was keiner braucht. Die Atmosphäre ist phantastisch, und es wird gefeilscht auf Teufel komm heraus. Die Geschäfte bieten viele traditionelle omanische Dinge, wie den Khanjar (Krummdolch) und die Dallah (Bronzekaffeekanne) an. Exotische Gewürze und Weihrauch gehören ebenso zum Angebot wie hochwertiger arabischer Schmuck aus Silber und Gold. Sehr angenehm ist, dass dieser Souk aufgeräumt und dabei gleichzeitig sehr traditionell ist. Im Gegensatz zu vielen Souks in anderen Ländern wird man von den Händlern nicht bedrängt, sondern kann hier wirklich auch zunächst einfach mal schauen und in Ruhe stöbern. Der Markt befindet sich direkt gegenüber vom Cruise-Port (tgl. 9–13 und 16–21 Uhr, Fr vorm. geschl).

Der Eingang zum Palast

Corniche Mutrah

Wenn man den Mutrah Souk durch das Treppenbauwerk an der Hafenseite verlässt, befindet man sich auf der Hafenpromenade von Mutrah, der Mutrah Corniche. Am Ende der Uferstraße stoßen wir auf den **Samak- (Fisch-) Kreisverkehr**, der mit zwei riesigen, steinernen Fischen verziert ist und die Nähe des **Fischmarktes** ankündigt.

Alle Kreisverkehre hier sind auf ihren Inseln mit großartigen Bauwerken und tollen Blumenarrangements aufwendig geschmückt.

Sultanspalast (al Alam Palace)

Der Sultanspalast Qasr al-Alam ist die Residenz des Sultans Qaboos von Oman. Der Palast liegt in der Altstadt von Muscat und wird flankiert von den zwei Forts Mirani und Jalali. Das in den 1970er Jahren errichtete Palast-Ensemble nimmt einen beträchtlichen Teil der Altstadt ein und glänzt blitzsauber, mit vielen Blumen und viel Grün, drum herum aber bestimmen bescheidene Häuser das Bild, drei kleine Moscheen und ein Dutzend adrette Sträßchen. Sauber und etwas konservativ und ganz ohne den Prunk der großen Städte – das macht Oman so sympathisch.

Am 18. November hat der Sultan Geburtstag, dann wird die Anlage besonders hergerichtet. Die Fassade dieses prächtigen Baus ist in den Farben Gold und Blau gehalten. Man kann nur über einen Vorplatz bis zu dem schwarzen, schmiedeeisernen Tor herangehen. Der Palast kann leider nicht von innen besichtigt werden.

Die Taxifahrt vom Schiffsanleger hin-und zurück kostet 10 OR (24 €), Entfernung vom Cruise-Port fünf Kilometer.

Bait-Al-Zubair-Museum

Das Museum ist in einem rekonstruierten Altstadthaus im Zentrum der Altstadt untergebracht. Es wurde 1998 eröffnet und zeigt omanische Kunst- und Alltagsgegenstände wie traditionelle Waffen, Juwelen, Kleidung, alte Haushaltsgegenstände und einige Exponate, die die omanische Land- und Stadtwelt darstellen. Am Eingang gibt es eine Niederlassung der beliebten Kaffe-Kette Kargeen.

In der Nähe befindet sich das im August 2016 eröffnete **Neue Nationalmuseum** (→ S. 154)

▲ Karte S. 146/147

Empfehlungen für Landausflüge

In Muscat wird Ihnen die Auswahl des richtigen Landausfluges schwer fallen, denn einerseits lockt die Metropole mit ihren Palästen, Märkten und Moscheen, andererseits sind Fahrten in die Wüste oder die Berge sehr verlockend. Hier drei Vorschläge:

Geheimnisvolles Muscat

Der Bus bringt Sie vom Hafen zur **größten Moschee** des Landes, die ein Geschenk von Sultan Qaboos an das Volk war und in deren Inneren etwa 20 000 Gläubige Platz finden. Im Anschluss fahren Sie zum **Bait-Al-Zubair-Museum**, wo traditionelle Werkzeuge, Silberschmuck sowie verschiedene Gemälde besichtigt werden können. Unterwegs machen Sie einen Fotostopp am **Al-Alam-Palast**, dem Regierungssitz und prächtigsten Gebäude Muscats. Inmitten faszinierender Handelshäuser liegt der **Souk von Muttrah**, der perfekte Ort, um in das lebhafte Treiben eines orientalischen Marktes einzutauchen oder ein originelles Souvenir zu erhandeln.

Hinweis: In der Moschee müssen Arme und Beine bedeckt sein. Frauen müssen ein Kopftuch tragen. Mindestalter zehn Jahre. Videoaufnahmen vom Al-Alam-Palast sind nicht erlaubt.

Dauer/Kosten: 4,5 Stunden, vormittags, leichte Tour, 69/49 €.

Panoramafahrt durch Muscat

Bei dieser Panoramafahrt werden Sie von Ihrem Reiseleiter direkt im Hafen abgeholt und fahren mit dem Bus durch die beschauliche Hauptstadt des Oman. Nachdem Sie das Geschäftsviertel passiert haben, legen Sie einen ersten Fotostopp an der **Zawawi-Moschee** ein. Anschließend fahren Sie durch die Altstadt zum **Al-Alam-Palast**, der durch seine schimmernden Blau- und Goldtöne besticht. Weiter geht es nach Mutrah, wo Sie die Möglichkeit haben, im beliebten **Souk** verschiedenste Souvenirs zu erstehen. Vergessen Sie nicht: Feilschen gehört hier zum guten Ton.

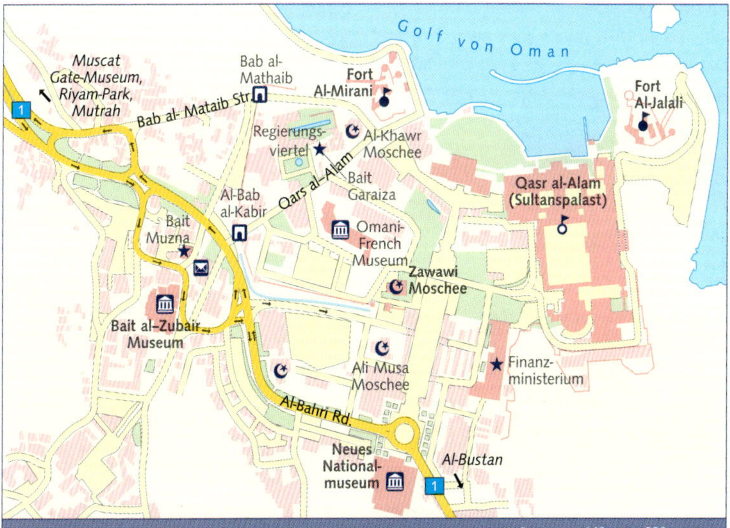

Muscat, Altstadt

Hinweis: Der Ausflug enthält keine Innenbesichtigungen. Videoaufnahmen vom Al-Alam-Palast sind nicht erlaubt.
Dauer/Kosten: 3 Stunden, nachmittags, leichte Tour, 49/39 €.

Einmaliges Wüstenerlebnis mit dem Jeep

Nach einer etwa dreistündigen Fahrt mit einem Geländewagen durch die schöne omanische Landschaft erreichen Sie das **Dorf Al Mudayrib**, auch Mudhaireb geschrieben *N22°36'45"E58°40'6"*, wo die Zeit stehengeblieben zu sein scheint. Der kleine Ort liegt südlich von Muscat an der Straße Nr. 23 von Muscat nach Sur. Der historische Ortskern ist umgeben von kleinen Hügeln mit weithin sichtbaren Wachtürmen. Die ältesten noch erhaltenen Gebäude Al-Mudayribs stammen aus dem 18. Jahrhundert. Der Ort zählt zu den schönsten Oasenansiedlungen und besitzt noch viele, zweistöckige Lehmhäuser. Bemerkenswert sind die **Lehmfestung Al Khanayiah** aus dem Jahre 1800, das historische Stadttor sowie die Holztüren der Lehmhäuser, die zum Teil aus Afrika stammen.

Falaj oder Afladsch sind Bewässerungssysteme im Oman, die in dem regenarmen Wüstenstaat eine ganzjährige Wasserversorgung ermöglichen. Dieses System ist einzigartig in den arabischen Staaten und gehört seit 2006 zum UNESCO-Weltkulturerbe. Über eintausend Kilometer dieses Systems sind heute noch in Gebrauch. Ein Falaj fließt mitten durch die Oase Al-Mudayrib.
Das Dorf ist umgeben von Palmen, und inmitten von traditionellen Lehmhütten kosten Sie die nächsten 30 Minuten arabische Kaffeespezialitäten und frische Datteln. Anschließend fahren Sie mit dem Jeep in die mehr als 10 000 Quadratmeter große **Wüste Rimal Al Wahiba**, die besonders für ihre bis zu 150 Meter hohen Sanddünen bekannt ist. Querfeldein fahren Sie zu einem **Wüstencamp**, wo Ihnen ein köstliches Mittagessen serviert wird.
Hinweis: Dieser Ausflug ist nicht für Gäste mit Rückenbeschwerden geeignet. Vier Personen pro Jeep. Reine Fahrtzeit pro Strecke von drei Stunden.
Dauer/Kosten: 9 Stunden, ganztags, anspruchsvolle Tour (Hinweis beachten!). Incl. Mittagessen 99 €.

Karte S. 146/147

Diese Herren bringen Touristen in die Wüste

Muscat-Informationen von A bis Z

Cruise Ship Terminal

Das Kreuzfahrtschiff legt am ›Port Sultan Qaboos Cruise Terminal‹ in Mutrah an, einem Stadtteil von Muscat, etwa 6 km nordöstlich vom Zentrum. Taxi ins Zentrum 10 OR pro Stunde (24 €).

Einkaufen

Ein Muss ist der Besuch des **Souk** direkt gegenüber dem Cruise Ship Terminal: Händler bieten hier Datteln, Mangos und andere exotische Früchte an.

Die größte Mall ist die **Muscat Grand Mall** in Al Khuwayr Al Janubiyya an der Sultan Qaboos Street (Nr. 1). Gleich über die Straße befinden sich noch der riesige **LuLu Hyper Market** und die **Avenues Mall**; tgl. 10–24 Uhr, also auch freitags.

Essen und Trinken

Es gibt unzählige Restaurants in Muscat. Nicht alle schenken jedoch Alkohol aus. Entlang der Corniche und um den Souk gibt es zahlreiche, auch preiswerte Restaurants.

Wer Luxus sucht, dem ist das **Beach Restaurant at The Chedi Muscat** mit traumhafter Terrasse direkt am Meer zu empfehlen. North Ghubra 232, Way 3215, Street 46, Muscat, das ist an der 18th November Street etwa in der Höhe der Großen Moschee. Tel. +968/24524400, www.ghmhotels.com/de/muscat/; tägl. 19 bis 22.30 Uhr, Sept. bis Mai, Gerichte ab OR 45 (107 €), 4-Gänge Weihnachtsmenü 60 OR/Pers. (143 €), Wein extra.

Flughafen

Der Muscat International Airport (MCT) ist klein und übersichtlich. Es gibt Duty Free Shop, Restaurants, Geldwechsel und alle anderen Einrichtungen eines Flughafens. Es werden 28 Länder angeflogen, Tel. +968/24519223. Der Flugplatz liegt in Sib, etwa 30 km westlich der Stadt.

Kreditkarten/Geldwechseln

Alle gängigen Kreditkarten werden auch hier akzeptiert, Geldautomaten gibt es in den großen Hotels und in den Shopping Malls. Wechselstube im Cruise Ship Terminal. Einige Automaten bedienen auch EC-Karten, allerdings keine V-Pay-Karten!.

Mietwagen

Mietwagen gibt es ab 44 € pro Tag. Der EU-Führerschein reicht aus. Die Strafen für Verkehrsverstöße sind drastisch. Die Höchstgeschwindigkeiten betragen 50/80/120 km/h. Spritpreise: 0,28 € pro Liter (Juni 2015).

Verleihstationen findet man am Flughafen und in den größeren Hotels.

Medizinische Versorgung

Muscat hat mehrere Krankenhäuser, das größte ist das Royal Hospital, Al Khuwayyr Al Janubiyya, Tel. + 968/24599000. Die medizinische Notfallversorgung in den Krankenhäusern ist für alle kostenlos oder es wird nur ein geringer Betrag genommen.

Museum

Muscat hat etliche Museen, drei möchten wir empfehlen:

Das **Bait Al Zubair Museum** wurde bereits erwähnt. Es liegt in der Nähe des Schiffsanlegers in der Al Bahri Road und zeigt omanische Kunst- und Alltagsgegenstände. Sa bis Do 9.30–18 Uhr, Eintritt 1/0,5 OR (2,50/1,30 €).
www.baitalzubairmuseum.com.

Noch dichter am Schiffsanleger befindet sich **Ghalya's Museum of Modern Art** an der Mutrah High Street, Tel. +968/24711640, Eintritt 1 OR. Dieses kleine, private Museum zeigt in mehreren alten Häusern Artikel des täglichen Bedarfs aus dem Oman der 1950er Jahre. In einem Zimmer gibt es eine Ausstellung von Werken moderner Omanischer Künstler.

Das **Natural History Museum** befindet sich im alten Teil Muscats, in Al Khuwayr Ash

Shamaliyyah an der Straße Nr. 1. Dieses kleine Museum informiert übersichtlich über die geschichtliche Entwicklung der Tier- und Pflanzenwert des Oman. Ein Raum ist dem Wal gewidmet, und im Garten steht ein Weihrauchbaum, den man sonst nur im Süden des Landes zu sehen bekommt. Eintritt 0,5 OR.

Im August 2016 eröffnete das **Neue Nationalmuseum** in der Altstadt südlich des Sultanspalastes seine Pforten: Auf 4000 Quadratmetern kann man sich einen Überblick über Geschichte und Kultur des Sultanats verschaffen.

Post

Post Filiale Jabroo, Harat A'shamal Street, in der Nähe des Schiffanlegers. Sa bis Mi 8–13 Uhr.

Stadtverkehr

Der öffentliche Stadtverkehr in Muscat wird mit regelmäßig fahrenden Stadtbussen der Oman National Transport Company betrieben.

Telefon/Internet

Telefonvorwahl: +968. **Webseite**: www.mm.gov.om.

WLAN: Internet Cafe an der Corniche, Al Bahri Rd, (gegenüber Mutrah Fort). Tel. +968/92523646, tgl. 9.30 bis 24 Uhr.

Tourist Information

Ministry of Tourism, As Sultan Qaboos Street, Al Ghubrah, Muscat 115, Oman (schräg gegenüber der großen Sultan Qaboos Moschee). Tel. +968/2481 7238, www.omantourism.gov.om

Unterkunft

In Muscat gibt es eine Reihe guter Hotels, von 81 Euro pro Nacht (Pioneer Hotel Apartments) bis 932 Euro pro Nacht (Six Senses Zighy Bay Hotel). Alle großen Hotelbuchungsportale bieten zahlreiche Möglichkeiten an.

Zeitzone

UTC+4 h, MEZ +3h (keine Umstellung auf Sommerzeit).

Blick über Muscat im Abendlicht

Khasab

Khasab oder Al-Chasab ist eine Stadt im Gouvernement Musandam in Oman. Sie liegt an der Straße von Hormus, das ist die an der engsten Stelle nur 55 Kilometer breite Meerenge, die den Persischen Golf mit dem Golf von Oman verbindet. Die bizarren Fjorde und die Landschaft von Musandam sind das Highlight in der Straße von Hormuz.

Das eher ruhige Provinzstädchen Khasab befindet sich 500 Kilometer von Muscat entfernt und kann per Flugzeug oder Schnellboot ab Muscat und ab Dubai und Ras Al Khaimah auf dem Landweg erreicht werden. Etwa 18 000 der 35 000 Einwohner Musandams hier dem größten Ort auf der Halbinsel.

Zwischen dem Flughafen und den alten Palmenhainen breitet sich das neue Verwaltungszentrum aus, dessen Behörden und Ministerialbüros das öffentliche Leben der Bewohner Musandams in entscheidendem Maß erleichtern. Eine gut ausgebaute Teerstraße (Straße Nr.2 ›Khasab Coastal Road‹) verbindet seit einigen Jahren Khasab mit Dubai in den Vereinigten Arabischen Emiraten. Seit 2009 verkehrt eine Schnellbootfähre zwischen Khasab und Muscat. Die Fahrzeit beträgt lediglich sechs Stunden. Das Khasab von heute präsentiert sich als moderne omanische Oasenstadt und Handelszentrum der Region.

Stadtgeschichte

Khasab entstand Anfang des 17. Jahrhunderts aus einer portugiesischen Kolonie. Die Portugiesen bauten 1623 die Festung Khasab, weil der natürliche Hafen Schutz vor der rauen See bot. Während fast alle Forts auf Bergen oder Hügeln errichtet wurden, diente Khasab Fort nicht der Verteidigung sondern der Versorgung der portugiesischen Schiffe mit Wasser bei ihrer Fahrt durch die Straße von Hormuz. Der damals kleine Ort Khasab konnte nur auf dem Seeweg erreicht werden. Inzwischen ist es eine Stadt mit 180 00 Einwohnern geworden.

Cruise Ship Terminal

Der Kreuzfahrt-Anleger ›Khasab Musandam Oman Cruise Port‹ befindet sich in einer vegetationslosen ›Mondlandschaft‹ fünf Kilometer nördlich der Stadt. Er bietet Platz für ein Kreuzfahrtschiff, ein Abfertigungsgebäude gibt es nicht. Vom Freideck des Schiffes aus sehen Sie eine Straße mit einem riesigen Kreisverkehr, aber kaum ein Fahrzeug, man schaut auf recht hohe, kahle Berge, sechs Lagerhallen und vier Bootsstege für kleine Boote. Hier herrscht den ganzen Tag über reges Treiben: Iranische Schmuggler beladen ihre kleinen Boote, die mit extrem starken Außenbordmotoren ausgestattet sind, mit Kartons und Bündeln, alle nur so groß, dass sie von einer Person transportiert werden können. Bis zum Eintritt der Dunkelheit müssen sie den Hafen verlassen haben, sonst gelten sie als illegale Eindringlinge und werden bestraft. Also warten abends hundert und mehr dieser kleinen Boote vor der Hafeneinfahrt, bis es ganz finster geworden ist. Dann fahren sie unheimlich schnell durch die dunkle Nacht über die Meerenge zurück in den Iran, um dort ihre Schmugglerware profitreich zu verkaufen. So wird das Handelsembargo für begehrte westliche Waren umgangen. Geschmuggelt wird fast alles: Schuhe und Hemden, Fernseher und elektronische Geräte, Süßigkeiten und Paletten mit Red-Bull-Dosen und Stangen amerikanischer Zigaretten.

Es gibt einen kostenlosen Bus-Shuttle in die Stadt (vormittags 8–13 und nach-

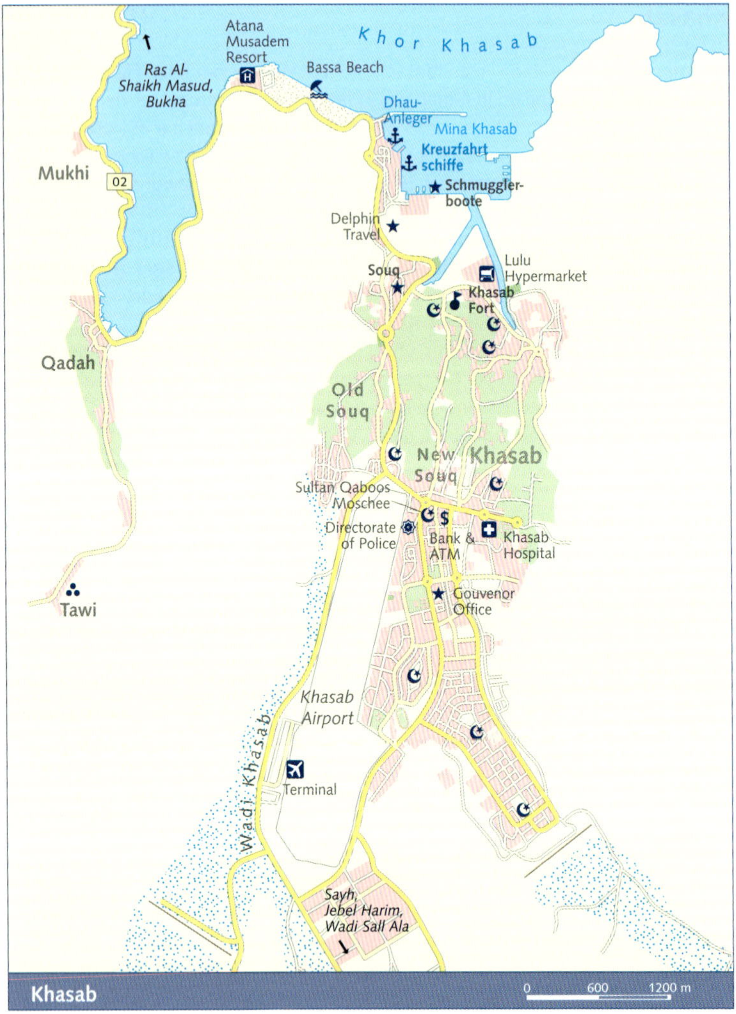

mittags 16–17 Uhr), es gibt aber nicht allzu viel zu sehen.

Strand

Fünf Gehminuten vom Anleger entfernt gibt es einen netten, kleinen, goldgelben und mit Muscheln übersäten Sandstrand samt Palmwedelschirmen und Toiletten. Bei rauem Wetter werden oft schöne Muscheln angeschwemmt. Hier schwimmen 1,80 Meter lange Haie gemütlich durchs Wasser, die tun dem Menschen aber nichts, sie haben kein Interesse an menschlicher Beute – heißt es!

Sehenswürdigkeiten

In Khasab beeindruckt vor allem die Landschaft mit ihrer zerklüfteten Felsenküste, dem Meer und den grünen Tälern dazwischen.

Wegen seiner strategisch bedeutenden Lage an der Meerenge des Golfs hat die Stadt aus alter Zeit gleich zwei Festungen aufzuweisen: Die **portugiesische Festungsanlage von Khasab** aus dem 17. Jahrhundert mit Steintürmchen und fein gearbeiteten Zinnen und die **Festungsanlage von Bukha**, 30 Kilometer von Khasab entfernt.

Museumsfreunde besuchen das **Museum** in der alten Festung der Portugiesen *N26°11'53"O56°14'57"*. Es gibt einen hervorragenden Einblick in die Bräuche und Sitten der Einwohner Musandams, deren Bootsbau- und Handwerkskunst, Musik und Literatur. Die Festung liegt südlich vom Hafen, zu Fuß braucht man etwa 30 Minuten, Eintritt 3 €.

Der **Khor Shamm i**st ein spektakulärer 16 Kilometer langer Fjord mit kristallklarem Wasser; die Region hat den Beinamen ›Norwegen Arabiens‹. Den Fjord kann man bei einer Fahrt auf einer Dhau erkunden. Die Dhau oder Dau ist eigentlich ein Segelboot mit einem langen Vorsteven, der schräg aus dem Kiel hervorgeht und mit großen, trapezförmigen Segeln, sogenannter Settee-Besegelung. Hier jedoch ist die Dhau ein flaches, breites Holzboot ohne Segel und mit einer nur etwa 50 Zentimeter hohen Reling. Man sitzt oder liegt auf bunten Polsterkissen und sollte Acht geben, nicht über Bord zu kippen. Einige dieser Boote sind zweistöckig, unten gibt es dann Tische und Bänke, dort wird ggf. das Essen serviert während das Oberdeck als Sitz- Hock bzw. Liegedeck benutzt wird. Einstöckige Dhaus sind deshalb für ältere Menschen wegen der eigentümlichen Sitzposition nicht sehr gut geeignet.

Empfehlungen für Landausflüge

Hier ist die Auswahl bescheiden; entweder Stadtbummel oder Fahrt mit einer Dhau in die Fjorde.

■ Khasab und die Festungsanlage von Bukha

Mit dem Bus erreichen Sie nach einem kurzen Transfer die **Festung Khasab**, die von üppigen Dattelpalmen umgeben ist. Während der rund 45-minütigen Besichti-

Fjordlandschaft bei Khasab

gung erfahren Sie Wissenswertes über die 1622 von den Portugiesen erbaute Burg. Im Inneren befindet sich ein schönes **Museum** mit Ausstellungsstücken zur regionalen Kultur und Geschichte, sowie auch ein Arish, ein Sommerhaus auf Stelzen, damit in den heißen Sommermonaten die Luft besser zirkulieren kann.
Anschließend fahren Sie gut 30 Kilometer weiter entlang der spektakulären Küstenstraße nach Bukha (Straße Nr.2 ›Khasab Coastal Road‹). Hier befinden wir uns dann etwa zehn Kilometer vor der Grenze zu den Vereinigten Arabischen Emiraten. Unterwegs machen Sie einen Fotostopp am **Dorf Mukhi**, das malerisch in einer Bucht liegt. Die **Festung von Bukha** wurde ebenfalls im 17. Jahrhundert von den Portugiesen erbaut und hat in alten Tagen die Westküste gesichert. Vier Wachtürme verteilen sich auf der oberen Plattform, so dass Angreifer bereits aus weiter Ferne gesichtet werden konnten. 1990 wurde die Anlage renoviert, sie ist wahrscheinlich älter als das Khasab-Fort. Ein Fotostopp an der **Großen Moschee von Khasab** rundet diesen Ausflug ab.
Dauer/Kosten: 3 Stunden, vor- oder nachmittags, leichte Tour, 45/29 €.

■ Traditionelle Bootsfahrt durch die Fjordwelt

Nach einem kurzen Fußweg erreichen Sie eine traditionelle Dhau. Der Khor Shamm ist mit 16 Kilometer der längste Fjord Musandams. Berge, steil ins Meer abfallende Kalksteinflanken und türkisfarbenes Meer sind typisch für diese Region. Machen Sie es sich auf den dicken Kissen unter den Sonnensegeln bequem und genießen Sie diese **einzigartige Küstenlandschaft**.
Dicht an die schroffen, kahlen Felsen angeschmiegt liegen die **Fischerdörfer** Nadifi, Qanaha, Maqlab, Seebi und Shamm, die bis auf den Seeweg völlig von der Außenwelt abgeschnitten sind und von denen manche nicht einmal ans Stromnetz angeschlossen sind. Ihre Einwohner leben so gut wie ausschließlich vom Fischfang, unzählige Boote dümpeln vor jeder Siedlung auf dem Wasser. Um ihre Lebensweise zu erhalten, werden die Fischer vom mit modernen Fiberglasbooten, starken Außenbordmotoren und kostenlosem Schulbesuch für die Kinder unterstützt. Auch Trinkwasser und Gas zum Kochen werden kostenlos mit Booten angeliefert. Die Menschen leben in kleinen Steinhäusern und unterhalten sich in einem alten Dialekt, den Arabisch sprechende Hauptstädter nicht verstehen. Für den Besuch eines solchen Dorfes benötigt man eine Zutrittsgenehmigung, die das Tourunternehmen nach der Buchung des Ausflugs besorgt. (Auf dieser Tour ist keine Dorfbesichtigung vorgesehen).
Vor einer Insel wird der Anker geworfen, und Sie legen eine **kurze Schwimmpause** ein. Diese winzige Insel heißt **Telegraph Island**. Auf ihr bauten die Briten 1864 eine Telegraphenstation. Ein Unterwasserkabel zwischen London und Indien wurde hier zwischengeklemmt. Das Kabel und die Telegraphenstation waren aber nur fünf Jahre in Betrieb. Inzwischen stehen nur noch Ruinen. Telegraph Island ist von einem **Korallenriff** umgeben und einer der besten Plätze zum Schwimmen und Schnorcheln.
Nach dieser Erfrischung fahren Sie mit dem Ausflugsboot tief in den **Fjord** hinein und mit etwas Glück wird Ihr Boot von übermütigen Delfinen eskortiert.
Am Ende des Fjords liegt auf einer Geröllhalde das kleine **Dorf Shamm**. Es besteht nur aus wenigen Häusern, es gibt dorthin keine Straße, alles, auch Trinkwasser, wird mit Booten angeliefert. Trotzdem wurzeln dort einige Akazien.
Dauer/Kosten: 4 Stunden, vor- und nachmittags, sehr leichte Tour, 49/39 €.

▲ Karte S. 156

Khasab-Informationen von A bis Z

Cruise Ship Terminal
Der Kreuzfahrt-Anleger befindet sich fünf km nördlich der Stadt. Der Schiffsanleger von Khasab wird verwaltet vom Ministry of Transportation & Communications, PO Box 684, Muscat, Sultanate of Oman, Tel. +968/24685000, www.motc.gov.om.

Einkaufen
Es gibt etliche modern Geschäfte in der Main Street und viele Märkte (Souks), auf denen in vielen Sprachen lauthals gefeilscht wird. Iranische Schmugglerware (Zigaretten u.a.) gibt es am Hafen. Die großen Malls wie in Dubai sucht man hier vergebens. der ›LuLu Hypermarket‹ befindet sich nicht weit vom Schiffsanleger und ist von Deck zu sehen.

Flughafen
Flughafen Chasab KHS, Airport Road; 1 km westlich von Khasab mit täglicher Flugverbindung nach Muscat (65 Minuten).

Geldwechseln
Nur am Flughafen und bei der Bank im Stadtzentrum finden sich Wechselmöglichkeiten.

Ein Dhau im Hafen von Shamm

Medizinische Versorgung:
Kleines Krankenhaus im Stadtzentrum Hayy A'Salam, Tel. +96826/730187

Mietwagen:
Wenn Sie einen EU-Führerschein in Kartenformat besitzen, ist dies für Oman ausreichend.
Autovermietung in Khasab: Abdullah Masood Mohammed Al Shehi Trading Est (Rent-a-Car Khasab), Muhafazath, Khasab, Tel. +96899/784020, tgl. 9–20 Uhr.
Spritpreis: 0,29 € pro Liter.

Post
Postfiliale neben der Bank, Tel. +96826/730149.

Restaurant
Wenn schon an Land speisen, dann schlage ich das Al Mawra Restaurant des Atana -Hotels (siehe unten) vor. Auf der Terrasse hat man einen schönen Blick aufs Meer und das Essen und der Service sind exzellent.

Telefon und Internet
Telefonvorwahl: +96826.
WLAN: Es gibt kein Internetcafé in Khasab.

Tourist Information
Dolphin Travel & Tourism (privater Tourenanbieter), am Hafen, Tel. +96826/730659, dolphint@omantel.net.om.

Übernachten
Das größte und teuerste Hotel in Khasab liegt an der äußersten Spitze der Halbinsel und ist an drei Seiten von Wasser umgeben. Hotelterrasse mit herrlichem Ausblick und grandiosem Sonnenuntergang:
Atana Musandam Resort, Khasab Coastal Road, Oman, www.atanahotels.com; ab 212 €.

Zeitzone
UTC+4 h, MEZ +3 h (keine Umstellung auf Sommerzeit).

Bahrain ist ein winziges Land, kaum größer als die Stadt Hamburg. Aber in dieser Region sei einst der legendäre Garten Eden gewesen, behaupten die Märchenerzähler.
Und tatsächlich finden wir hier Ruinen und Grabhügel, zurückgehend bis 3000 vor Christus, die belegen, dass hier mit dem Handel zwischen Mesopotamien und dem Indus-Tal einst sehr viel Geld umgesetzt wurde und das Leben hier reich und angenehm war wie im ›Garten Eden‹.

BAHRAIN

Überraschender Empfang in Bahrain durch eine Dudelsack-Kapelle

Subtropisches Inselreich

Bahrain ist ein Königreich im Osten der Arabischen Halbinsel. Es besteht aus einer größeren und 32 kleinen Inseln, die zusammen eine Größe von 765 Quadratkilometern haben, das entspricht der Größe von Hamburg (755 Quadratkilometer). Die Hauptinsel Bahrain nimmt davon 578 Quadratkilometer in Anspruch. Die Hauptstadt Manama liegt ganz im Norden der Insel und beherbergt 262000 der 1,31 Millionen Inselbewohner. Das kleine Königreich liegt in einer Bucht im Persischen Golf, östlich von Saudi-Arabien und nordwestlich von Katar und besitzt etwa 161 Kilometer Küste mit allerdings nur wenigen schönen Stränden.

Das Land ist karg und würde wohl ohne künstliche Bewässerung keine einzige Pflanze hervorbringen. Im Norden wird eine Fläche von etwa 1000 Hektar über Kanäle bewässert. Das Wasser wird aus gigantischen Meerwasser-Entsalzungsanlagen gewonnen. Dort wird Gemüse angebaut sowie Reis, Zitrusfrüchte und Datteln. Der Süden des gesamten Landes besteht aus nur dünn besiedelten Sand- und Geröllwüsten sowie Salzsümpfen. Auch in Bahrain werden fast alle Dinge des täglichen Lebens importiert. Im Zentrum der Insel, am Fuße des Berges Jebel Al-Dukhan, mit 122 Metern die höchste Erhebung Bahrains befinden sich die Industrieanlagen für die Erdölförderung. Hier am Fuße des Berges wurde am 1. Juni 1932 das erste Erdöl der Arabischen Halbinsel gefunden.

Bahrain hat feuchtwarmes subtropisches Klima mit hoher Luftfeuchtigkeit. Meist weht ein feuchtheißer Wind aus Nordwesten, der ›Shamal‹. Der ›Qaws‹ dagegen kommt aus dem Süden, aus der Großen Arabischen Wüste und ist sehr trocken und sehr heiß. Besonders in der sehr warmen Phase von April bis Oktober kann einem die extreme Schwüle große Probleme bereiten. Tagestemperaturen über 35 Grad Celsius sind im Sommer fast normal, Spitzenwerte von 45 Grad Celsius können durchaus vorkommen. Auch Tiere haben es in diesem extremen Klima nicht leicht, hier leben hauptsächlich Eidechsen, Wüstenspringmäuse und Mangusten.

70 Prozent der Bevölkerung Bahrains sind muslimisch, davon gehören etwa 70 Prozent der schiitischen Richtung des Islam an (→ S. 53). Es gibt auch etwa 15 Prozent Christen und sogar 18 christliche Kirchen in dem kleinen Land. In Manama ist – nach anfänglichen Protesten aus der muslimischen Bevölkerung – eine riesige katholische Kathedrale in Bau, sie soll Anfang 2017 fertig sein. Das Verhältnis von Einheimischen zu Zuwanderern in beträgt in der Hauptstadt 45 zu 55.

Der König tut einiges für seine Untertanen: Seit 1976 gibt es ein umfassendes Sozialversicherungssystem; die medizinische Versorgung ist kostenlos und die allgemeine Schulpflicht ist vorgesehen, bisher allerdings nur auf dem Papier. Allerdings wird das zwölfjährige, kostenfreie Schulangebot weitgehend genutzt. Dabei werden Mädchen und Jungen in getrennten Schulen unterrichtet. Nach dem Schulabschluss gehen die meisten Mädchen auf eine der Universitäten, während die jungen Männer dann in der Regel gleich eine Arbeitsstelle suchen. Um dieses Ungleichgewicht zu ändern, bezahlt der Staat den männlichen Studenten das Studium. Staatliche Einrichtungen der höheren Bildung sind die University of Bahrain und das King Abdulaziz University College of Health Sciences. Darüber hinaus gibt

▲ Karte S. 163

Persischer Golf
Amwaj Islands
S. 169
Al Muharraq
'Arad
Al Seef
Al Hidd
Northern City
Bar Bar
Jidd Hafs
Al Diraz
Budaiya Hwy
Al Manama
Al Khamis
Cruise Ship Terminal
Jiddan
Sar
Qassar
Al Qulay'ah
Al-Chubar (Saudi-Arabien)
Al Qurayyah
Tubli
Khalifa Bin Salman Port
Salamabad
King Fahd Causeway
Isa Town
Tubli Bay
Al Jasrah
A'Ali
Sitrah
Umm al Na'san
Buri
Hügelgräber von A'Ali
Sanad
Al Rifa Al Gharbi
Al Nuwaydirat
Jazur al Jabal
Karzakkan
Al Rifa Al Shaqiri
Al Malkiyah
Madinat Hamad
Hippodrom
Awali
Jazirat Ya'suf
Shahrakkan
Jabal Al Dukhan
Askar
Al Zallaq
Sakhir Air Base
Al Wasmiyah
Bahrain International Circuit
Erdölmusem
Umm Jidir
Jaww
Ra'as al Jazair
Al Dur
Al Mamtalah
Sheik Isa Air Base
Persischer Golf
Golf von Bahrain
Al Ja'sirah
Durat al Bahrain
Bahrain
0 3,5 7 km

es zahlreiche private Bildungsinstitute und Universitäten, die zum Teil als Niederlassung ausländischer Einrichtungen geführt werden. In den letzten Jahren wurde das Bildungswesen modern und zeitgemäß entwickelt.

Bahrain ist eine konstitutionelle Monarchie. Das Parlament unterteilt sich in ein Abgeordnetenhaus und einen Konsultativrat. Beide Gremien haben jeweils 40 Mitglieder. Die Mitglieder des Abgeordnetenhauses werden alle vier Jahre neu gewählt, wobei alle Bahrainer ab 18 Jahren wahlberechtigt sind, auch Frauen. Die 40 Mitglieder des Konsultativrates werden vom König ernannt. Der König ernennt und entlässt zudem die Regierung und hat das Recht, das Abgeordnetenhaus aufzulösen und Neuwahlen auszuschreiben.

Für Muslime gilt islamisches Recht (Scharia), alle anderen Einwohner unterliegen einer modifizierten britischen Rechtsprechung. Bahrain ist Mitglied der UN, der

Scheich Hamad bin Isa Al Chalifa, der König von Bahrain

▲ Karte S. 163

Arabischen Liga, der OPEC und des Golfkooperationsrates.

Man spricht davon, dass die Erdöl- und Erdgasvorkommen bereits in wenigen Jahren erschöpft sein werden. Deshalb wird die Wirtschaft schon seit einigen Jahren umgestellt. Heute ist Bahrain eines der wichtigsten Finanzdienstleistungszentren des Nahen Ostens. Ein weiteres Standbein ist der Tourismus, deshalb ist schon jetzt die Innenstadt gespickt mit Bankhäusern und riesigen Hotels.

Umfangreiche Experimente zur Fischkultur in ausgebeuteten Bohrlöchern, besonders in der Region um Hawar (einer Insel zwischen Bahrain und Katar) sollen dem Land zu Einnahmen aus Fischexporten verhelfen. Seit 1972 gibt es eine große Aluminiumfabrik, daneben entwickelt sich der Schiffbau zu einer bedeutenden Branche. So muss man sich über den Fortbestand des Landes sicher keine Sorgen machen.

Seit 1986 gibt es eine Straßenverbindung über das Meer nach Saudi-Arabien, das ist der King Fahd Causeway, und eine Straßenverbindung nach Katar ist geplant.

Sicherheit

Angesichts der anhaltenden Spannungen zwischen der sunnitischen Regierung und der schiitischen Bevölkerung sollten Reisende auch in Bahrain in der Öffentlichkeit zurückhaltend auftreten, in ihrem Verhalten auf die religiösen, kulturellen und gesellschaftlichen Traditionen Rücksicht nehmen und sich von Demonstrationen oder Protestveranstaltungen fernhalten. Die Zusammenstöße zwischen Demonstranten und Sicherheitskräften in Stadtteilen bzw. Ortschaften mit überwiegend schiitischer Bevölkerung sowie in Ortschaften entlang des Budaiya Highway, auch unter

Einsatz von Tränengas, halten insbesondere in den Abendstunden und an Wochenenden weiter an. Für die Teilnehmer an geführten Touren besteht allerdings keine Gefahr. Ausgenommen natürlich terroristische Aktivitäten, diese gefährden die Sicherheit in der gegenwärtigen Zeit leider überall auf der Welt.

Perlen in Bahrain

Die Perlenzucht als Zeugnis der Inselökonomie von Bahrain wurde im Jahr 2012 in die Liste der UNESCO-Welterbestätten aufgenommen.

In früheren Zeiten war die Perlenzucht für Bahrain eine wichtige Geldeinnahmequelle. Mit den Perlen von Bahrain - sie gelten als die schönsten der Welt - wurde der Bau des Forts in al-Muharraq finanziert.

Die meisten Perlen für die Schmuckherstellung werden gezüchtet. In die perlenbildende Muschel, meist Austern, wird ein Kügelchen eingesetzt, oft ist dies eine Plastikkugel. Dieser Fremdkörper wird von der Auster mit einer Perlmuttschicht umgeben, dadurch wird er glatt und weniger lästig. Je länger das Körnchen von der Auster bearbeitet wird, um so größer wird die Perle, das dauert einige Monaten bis zu einigen Jahren.

In Bahrain hingegen werden in einer Neubelebung dieses traditionellen Erwerbszweiges die Muscheln noch immer von den gesunden Austernbänken der Insel gesammelt, bei denen die Perlenbildung dadurch angestoßen wird, dass ein Sandkorn in die Muschel eindringt.

Die Perlenzucht in offenen Gewässern auf Muschelbänken ist sehr aufwändig. Die Muschelbänke müssen regelmäßig auf Krankheiten kontrolliert werden. Nur etwa drei Prozent der Perlen haben das Qualitätsmerkmal sehr gut. Die Perle muss ideal rund sein, ihre Farbe muss stimmen, das Licht muss reflektiert werden und die Oberfläche muss Brillanz haben.

Perlenauster aus Bahrain

Länderinformationen Bahrain

Zahlen und Fakten

Offizielle Bezeichnung: Königreich Bahrain
Staats- und Regierungsform: Konstitutionelle Monarchie
Gewerkschaften/Parteien: Parteien sind verboten, aber es gibt jetzt mehrere Gewerkschaften, die dem Gewerkschaftsverband ›General Federation of Trade Unions‹ unterstellt sind.
Hauptstadt: Manama (160 000 Einwohner)
Gliederung: Vier Gouvernements
Fläche: 765 km² (etwa wie Hamburg)
Koordinaten: N 26° E50°
Größere Städte: al-Muharraq (97500 Einw.), ar-Rifa (95000 Einw.)
Amtssprache: Arabisch
Einwohner: 1,31 Mio.
Bevölkerungsdichte: 1712 Einwohner pro km²
Bevölkerung: 72 % Araber, 25 % Inder, 3 % Sonstige
Einkommenssteuer: keine (15% Körperschaftsteuer).
Religion: Staatsreligion ist der Islam mit 86%, davon 70 % Schiiten. 7% Christen. 7 % Hindus
Inflationsrate: 2,5 % (2014)
Arbeitslosenquote: 4,2 % (2015)
Pro Kopf BIP: 18128 US-Dollar
Währung: Bahrain-Dinar (BD) 1 BD = 2,42 € (2016)
Postgebühren: 400 fils (0,97 €)
Spritpreis: 0,27 US-Dollar pro Liter (25 Eurocent, Anf. 2016)
Mitgliedschaft: UNO
Zeitzone: UTC+3 h, MEZ +3 h, keine Sommerzeit
Kfz-Kennzeichen: BRN
Internetkennung: .bh
Telefonvorwahl: +973, (keine Städtevorwahlzahlen)
Nationalfeiertag: 16. Dezember (National Day)
Schulpflicht: Es gibt eine allgemeine Schulpflicht, diese wird aber noch nicht wirklich praktiziert.

Bahrain von A bis Z

■ Alkohol

Anders als in den meisten arabischen Ländern ist der Genuss von Alkohol in Bahrain erlaubt. Aber obgleich es einen freien Verkauf von Alkohol gibt, darf man ihn nur an dafür vorgesehenen Plätzen trinken, also Bars und Restaurants. Man sollte auch nicht durch die Straßen mit unverpackten Flaschen von Alkohol gehen.

■ Diplomatische Vertretungen

Botschaft des Königreichs Bahrain
Klingelhöferstraße 7, 10785 Berlin
Tel. +49/30/86877777, Fax 86877788
info@bahrain-embassy.de,
www.mofa.gov.bh
Mo–Fr 10–14 Uhr
Botschaft der Bundesrepublik Deutschland
Manama Salmaniya Avenue
Block 327, Road no. 322, Building 39, Manama
Tel. +973/17745277, Fax +973/17714314
info@manama.diplo.de,
www.manama.diplo.de

■ Einreise

Grundsätzlich erhalten deutsche Staatsangehörige bei Einreise bei Vorlage eines gültigen Reisepasses ein Einreisevisum. Das Visum wird für einen Aufenthaltszeitraum von bis zu 14 Tagen erteilt. Es empfiehlt sich, den Reisezweck durch entsprechende Unterlagen (Einladung Geschäftspartner, Hotelreservierung o.ä.) belegen zu können. Die Visagebühr beträgt 25 BD (ca. 60 €). Es wird empfohlen, das erforderliche Visum bereits vor Einreise elektronisch einzuholen, da dies die Abfertigung am Flughafen ggf. beschleunigen kann.
Die Visa für die Kreuzfahrtteilnehmer werden von der jeweiligen Reederei pauschal eingeholt.

Elektrizität
220V/50Hz, für flache englische Stecker (Typ G), manchmal auch Euro-Stecker (Typ C).

Geldwechsel/Kreditkarten
1 Bahrain-Dinar (BD) = 1000 Fils. Es gibt Scheine zu 20, 10, 5, 1 Dinar und ½ Dinar sowie Münzen für 5, 10, 25, 50 und 100 Fils. Es gibt Geldautomaten für EC- und Kreditkarten (kein V-Pay!).

Klima
Das Klima in ganz Bahrain ist wüstenhaft, zugleich aber feuchtwarm. Fast ganzjährig muss man mit einer hohen Luftfeuchtigkeit von über 80 % rechnen, die durch feuchtheiße Winde aus dem Nordwesten (Shamal) verursacht werden.

Mobiltelefon
Das Mobilfunknetz arbeitet nach dem Standard GSM 900 Hz. Mit deutschen Telefonen gibt es also keine Probleme. Wer als Tourist mehr als nur ein oder zwei kurze Gespräche vom Handy nach Hause führen möchte, sollte den Kauf einer einheimischen Prepaid-SIM-Karte in Erwägung ziehen. Es gibte zwei Anbieter: Bahrain Telecommunications Company und ›zain BH‹.

Sicherheit
Zusammenstöße zwischen Demonstranten und Sicherheitskräften können insbesondere in den Abendstunden und an Wochenenden vorkommen. Das Auswärtige Amt empfiehlt deshalb Reisenden, sich umsichtig zu verhalten, Menschenansammlungen und Demonstrationen zu meiden und die örtliche Medienberichterstattung zu verfolgen. In den letzten Monaten kam es wiederholt zu Waffenfunden und zur Explosion von improvisierten Sprengsätzen, bei denen Polizisten verletzt wurden. Die bahrainischen Sicherheitsbehörden empfehlen daher, verdächtige Gegenstände keinesfalls zu berühren oder aufzunehmen, sondern unverzüglich die nächste Polizeidienststelle (Rufnummer 999) zu informieren.
Es kann immer wieder zur Einrichtung von Checkpoints, teilweise nur temporär in den Abendstunden, kommen. Bahrain ist trotzdem ein sicheres Reiseland, man soll aber nicht sorglos oder gar leichtsinnig sein.

Strafrechtliche Vorschriften
Drogenbesitz wird hart bestraft. Es ist verboten, militärische Einrichtungen zu fotografieren. Sowohl Prostitution als auch Homosexualität sind in Bahrain strafbar. Es sind bisher aber keine Fälle von Verhaftungen oder Diskriminierung homosexueller Reisender bekannt geworden.

Trinkgeld
Wenn das Trinkgeld nicht in der Rechnung enthalten ist, sind 10% angebracht. Taxifahrer und Gepäckträger erwarten ebenfalls 10%.

Trinkwasser
Niemals unabgekochtes Wasser trinken. Wasser aus Leitungen kommt aus Meerwasserentsalzungsanlagen, ist aber nicht zum Trinken geeignet. Bedenkenlos ist Wasser aus Flaschen, die mit einer Kapsel verschlossen waren.
Zudem sollte auf Eiswürfel im Glas verzichtet werden.

Zollbestimmungen:
Für die Ein- und Ausfuhr von Landes- und Fremdwährung bestehen keine Beschränkungen. Die Einfuhr jeder Art von pornographischem Material, Waffen und Drogen ist verboten. Zollfrei mitgeführt werden dürfen pro Person ab 18 Jahren: 200 Zigaretten oder 50 Zigarren oder 200 gr Tabak, 1 Liter alkoholische Getränke sowie geringe Mengen Parfüm (nur in geöffneten Flaschen) sowie Gegenstände für den persönlichen Gebrauch.

Zu den **Bestimmungen bei der Rückkehr in die EU** → S. 209

Manama

Die moderne Metropole Manama ist die Hauptstadt des Königreichs Bahrain und ein bedeutendes touristisches Zentrum in der arabischen Welt. Als internationales Finanzzentrum präsentiert sich die Stadt im Finanzdistrikt mit einer Skyline aus Wolkenkratzern, in denen Finanzdienstleister aus der ganzen Welt ihren Firmensitz haben, vorzugsweise im Financial Harbour oder dem World Trade Center. Gigantische Projekte sind im modernen Manama entstanden wie das Wohnprojekt Abraj Al Lulu mit den drei Türmen oder das Bahrain World Trade Center mit zwei 240 Meter hohen Türmen und zwei eingebauten Windrädern. Sehenswert ist die Altstadt von Manama um die Grand Mosque herum mit dem Gewirr aus Gassen und traditionellen Handelsgeschäften. Den großen Markt (Souk) in der Altstadt betritt man durch das große Tor ›Bab al-Barhayn‹, die Briten bauten es in den 1940er Jahren. Viele neue Hotels und Ferienresorts sind in Bahrain seit dem neuen Jahrtausend entstanden, so zum Beispiel in der Marina. In der City und der Umgebung haben moderne Einkaufszentren eröffnet wie das‹ Bahrein City Centre‹ als Marken-Outletcenter. Zu den kulturellen Sehenswürdigkeiten gehört das Bahrain National Museum am Al Fatih Highway mit einer einmaligen Sammlung an Exponaten aus der Entwicklungsgeschichte der arabischen Region.In Manama leben rund 160 000 Menschen und somit fast 20 Prozent der Bürger Bahrains. Im Ballungsraum mit Nachbarstädten wie al-Muharraq, nordöstlich von Manama, leben sogar rund 300 000 Menschen.

▲ Karte S. 169

Stadtgeschichte

Auch die Geschichte Manamas ist von den Eroberungen der Portugiesen und Perser geprägt.

Die Stadtgeschichte geht bis in das Jahr 1345 zurück. 1521 besetzten die Portugiesen die Stadt und 1602 die Perser. 1783 übernahm die arabische Al-Chalifa-Dynastie die Regierung. 1947 kam es zu schweren Auseinandersetzungen mit der jüdischen Minderheit in der Stadt. Das heutige Bahrain hingegen ist offen und tolerant für alle Religionen. In der Sasa'ah Avenue, in einem Geschäftsviertel von Manama, steht die einzige Synagoge der Region. Nach der Erklärung zum Freihafen im Jahre 1958 folgte 1971 die Ernennung zur Hauptstadt des unabhängigen Königreiches Bahrain. 1987 wurde die Al-Fatih-Moschee im Stadtteil Juffair als größte Moschee des Landes eingeweiht, sie bietet Platz für 7000 Gläubige. Seit 1986 hat Manama eine Universität, und auf die Zeit nach dem Öl bereitet sich die Stadt vor als wichtiger Standort auf der Arabischen Halbinsel für Banken und Finanzdienstleister: 2008 wurde das Bahrain World Trade Center eröffnet.

Als Kulturhauptstadt 2012 zeigte sich die Stadt auch von dieser Seite als wegweisend.

Cruise Ship Terminal

Der hochmoderne Hafen Mina Khalifa, auch bekannt unter dem Namen ›Khalifa bin Salman‹ liegt im Süden der Halbinsel Hidd im Königreich Bahrain. Erbaut ist der 2009 eröffnete Komplex auf gewaltigen Mengen aufgeschüttetem Meersand. An der Pier für Kreuzfahrtschiffe gibt es ein modernes Terminal mit zollfreiem Laden, Geschäften und anderen Einrichtungen.

In der Saison 2012/13 haben hier 37 Kreuzfahrtschiffe angelegt und 50 000 Touristen angespült, natürlich jeweils nur für ein oder zwei Tage. Diese

Manama, Übersicht
Persischer Golf
Persischer Golf
Al Muharraq
Airport Av
Vertikaler Garten
Al Ghous Hwy
Novotel
Shk Isa Bin Salman Causeway
Shk Hamad Causeway
Bahrain Nat. Museum
Marina Corniche
Große Moschee
S. 171
Quadabiyah Palace
Mezzaluna
Palace Av
World Trade Center WHZ
King Faisal Hwy
Gold City
Al Manama
Sulamaniya Av
Lulu Island
Almo Ayyed Tower
Bahrain City Center
Araj Al Lulu
Budaiya Highway
Shk Salman Hwy
Al Khamis
80
Tubli
Tubli Bay
Isa Town
Salamabad
Al Seef
Jidd Hafs
Shk Khalifa Bin Salman Hwy
Bahrain Fort
'Arad
Arad Hwy
Al Hidd
21
Prince Khalifa Bin Salman Causeway
Qassar Al Qulay'ah
Khalifa Bin Salman Port
Khawr al Qulay'ah
Sitrah
Cruise Ship Terminal
0 1,2 2,4 km

haben aber elf Millionen Dollar ins Land gebracht. Das Ziel sind 50 Schiffe pro Jahr, auch Bahrain denkt schon an die Zeit nach dem großen Ölgeschäft.
Shuttles nach Downtown Manama (ca. 35 Kilometer) kosten um die zehn Dollar, die Fahrt dauert etwa 45 Minuten. Das Stadtzentrum glänzt durch extreme Sauberkeit und unzählige futuristische Wolkenkratzer wie z.B. das Welthandelszentrum Bahrain mit drei integrierten Windkraftanlagen.

Strand

Al-Jazair ist der längste Strand von Bahrain, er hat Picknickplätze, liegt aber ziemlich weit südlich von Manama, an der Westküste noch hinter der Formel-1-Rennstrecke. Es gibt noch zwei oder drei weitere öffentliche Strände näher am Zentrum, die möchte ich aber nicht unbedingt empfehlen.

Sehenswürdigkeiten

Die Sehenswürdigkeiten in dem kleinen Königreich konzentrieren sich auf die Hauptstadt Manama ganz im Norden der Insel, auf die Formel-1-Rennstrecke etwa in der Mitte der Insel und den neuen ›Stadtteil‹ Durrat Al Bahrain ganz im Süden. Entsprechend sind auch die Angebote der Reedereien für Landausflüge.

Die Al Fateh Grand Mosque

▲ Karte S. 171

■ Al Fateh Grand Mosque (Moschee)

Die Al Fateh Grand Mosque ist die größte Moschee in Bahrain. Sie wurde in den Jahren 1984 bis 1988 gebaut und bietet 7000 Besuchern Platz. Sie kann auch von Nichtmuslimen besucht werden – bitte die bereits beschriebene Kleiderordnung für Moscheenbesuch unbedingt beachten!
Für den Bau der Moschee wurden nur allerfeinste Materialien verwendet: Carrara-Marmor aus Italien, Glas aus Österreich, Teakholz aus Indien, mundgeblasene Rundlampen aus Frankreich, bunte Glasfenster aus dem Iran, und der spektakuläre Kronleuchter in der Hauptgebetshalle ist über und über mit Swarovski-Kristallen geschmückt.
Mit einer Länge von 100 und einer Breite von 75 Metern ist die Al Fateh Moschee das größte islamische Gebetshaus von Bahrain. Durch seine beiden schlanken Minarette ist der imposante Sakralbau schon von weitem sichtbar und bietet vor der atemberaubenden Kulisse aus Palmen und Meer ein spektakuläres Fotomotiv. Die riesige Kuppel der Al-Fateh-Moschee hat einen Durchmesser von 24 Metern, wiegt etwa 60 Tonnen und besteht aus Glasfaser. Sie ist die größte Glasfaserkuppel der Welt.
Zu empfehlen ist, sich einer (kostenlosen) Führung durch die prunkvollen Hallen anzuschließen, die in Englisch, Französisch, Filipino und Russisch angeboten werden. Diese kann an der Rezeption der Moschee gebucht werden. Die Führung beginnt an der kleinen Bibliothek gleich rechts hinter dem Haupteingang. Dort können Frauen auch einen schwarzen Umhang und ein Kopftuch ausleihen, falls sie dieses für

den Moscheebesuch nicht mitgebracht haben. Shorts für Männer und Frauen sind nicht zugelassen. Am Ende der Führung können die Besucher eine kostenlose Broschüre aus der Serie *Discover Islam* mitnehmen (herausgegeben von der Muslim Educational Society of Bahrain), die helfen soll, Missverständnisse über den Islam auszuräumen.

Al Fateh Grand Mosque
Al-Juffair, Manama, Bahrain, Al-Fatih Highway, Tel. +973/17727773, Fax +973/17729695, riyasswalahi.p@gmail.com. Für Nichtmuslime geöffnet So–Do 9.30–16 Uhr.

Bahrain World Trade Center

Das Bahrain World Trade Center, kurz BWTC, ist wohl das markanteste Gebäude in Manama. Es besteht aus zwei Haupttürmen, die mittels dreier nicht begehbarer Brücken miteinander verbunden sind. Jedes der beiden segelförmigen Gebäude erreicht eine Höhe von 240 Metern und hat 50 Stockwerke, von denen 34 Stockwerke reine Büroetagen sind. Unter dem Gebäude befindet sich die superfeine und riesig teure Moda Mall. Eine Besonderheit des Wolkenkratzers sind drei an den Querstreben montierte Windkraftanlagen, damit ist das Bahrain WTC weltweit das erste Hochhaus mit einer integrierten Windkraftanlage.

Abraj Al Lulu

Dieses gigantische Wohnhaus auf einer Fläche von 23226 Quadratmetern besteht aus den drei großen Türmen Black Pearl, Gold Pearl und Silver Pearl, welche die Skyline der Hauptstadt Manama bestimmen. Zwei der Türme haben 50 und einer 40 Stockwerke, die Höhe

Das Bahrain World Trade Center mit seinen Windrädern

beträgt 200 Meter. Abraj Al Lulu steht am King Faisal Highway in der Nähe der Marina Mall, genau 5133 Suwaifiyah Ave, Manama 351.

Almoayyed Tower

Der auch als ›Dunkler Turm‹ bekannte Wolkenkratzer in Manamas Stadtteil Seef ist 172 Meter hoch und ist ein Büro- und Geschäftskomplex. Das imposante schwarze Ungetüm war einst das größte Bauwerk Bahrains, heute verschwindet es fast in der von Wolkenkratzern gespickten Silhouette der Stadt. Die Adresse ist Block 428, Seef, Bahrain.

Bahrain National Museum

In diesem Museum wird, wie das in einem Nationalmuseum so üblich ist, die Geschichte, die Kultur, die Vegetation und die Tierwelt des Landes vorgestellt. Die Räumlichkeiten sind sehr modern und großzügig und es gibt auf zwei Etagen verschiedene Bereiche die über das Land berichten, beispielsweise zum Thema Hochzeit, Leben und Arbeiten und vieles mehr. Auch die Sehenswürdigkeiten in der Stadt und im Umland sind gut beschrieben (englisch) und bebildert. Verschiedene Ausgrabungsobjekte, die im Fort (→ S. 174) gefunden wurden, zeigen die verschiedenen Epochen des Landes. Es sind z.B. mehrere Grabmäler ausgestellt, teils auf der Erde mit Erdhügeln, teils in der Erde als Grabstelle, so wie wir sie von unseren Friedhöfen kennen.
Im oberen Bereich sind verschiedene Situationen nachgestellt, wie der Markt, die Schule, die Hütten usw.

i Bahrain National Museum

Al Fatih Highway, Manama, Bahrain, Tel. +973/1729 8718;
tgl. 8–20 Uhr, Eintritt 0,5 BD oder 1,– €.

Bahrain International Circuit

Am 4. April 2004 feierte die Formel 1 ihr Debüt auf der arabischen Halbinsel. Im Wüstenstaat Bahrain fand der erste Grand Prix im Mittleren Osten statt.
Die Strecke wurde von dem deutschen Starstreckenarchitekten Hermann Tilke entworfen, der auch die Rennstrecken von Sepang (Malaysia), Shanghai, Istanbul und Valencia in Spanien entworfen hat. Auftraggeber war Scheich Hamad Ibn Isa Al-Khalifa, der dafür 150 Millionen Dollar locker gemacht hat.
Die Strecke liegt weitgehend ungeschützt in der Sachir-Wüste und ist daher recht wetteranfällig. Zwar gibt es hier keine Probleme mit plötzlich auftretenden Regenschauern, dafür machen aber die mehr oder weniger starken Sandströme den Motoren zu schaffen. Die Fahrer benutzen hier besondere Luftfilter.
Der Bahrain International Circuit wird nicht ausschließlich von der Formel 1 genutzt.

▲ Karte S. 171

Ziel der Veranstalter ist, den Kurs 365 Tage im Jahr in Betrieb zu halten. Daher sind insgesamt fünf verschiedene Streckenteile nutzbar. Zwei dieser Abschnitte können sogar simultan befahren werden.
Der erste Sieger auf dieser neuen Strecke war 2004 Michael Schumacher auf Ferrari. Zehn Jahre später, 2014, wurde die erste Kurve, eine scharfe Rechtskurve, zu fahren im dritten Gang bei rund 100 km/h, nach dem Rekordweltmeister ›Michael-Schumacher-Kurve‹ benannt.
Übrigens: Um sich an die Gepflogenheiten des Islam zu halten, verzichtet die Formel 1 in Bahrain bei der Siegerehrung auf die obligatorische Champagner-Dusche, die Fahrer versprühen stattdessen Warrd, ein extra für das Formel-1-Rennen entwickeltes, nichtalkoholisches Getränk.
Im Jahre 2016 fand der Grand Prix vom 1. bis 3. April statt.

i Bahrain International Circuit

Die Anlage kann auf einer **Circuit Tour** besichtigt werden: So, Di und Do um 10 und 14 Uhr, Dauer/Kosten: 40 Min., ab 160/80 DB (387/193 €); www.bahraingp.com, info@bic.com.bh, Tel. +973/17450000.
Eintrittspreise bei Rennen: 130/73 € (Erw./Kind) bis 290/182 €, abhängig vom Standort an der Strecke. Buchbar im Internet oder besser als Paket, zusammen mit Flug und Hotel, bei diversen Reiseveranstaltern, z.B. www.gptt.de: 3195 Euro für Flug, vier Tage Hotel und Rennen.

Bab el-Bahrain Souk

Der Bab el-Bahrain ist ein großer Markt, der sich mitten in Manama befindet, direkt neben den modernen Wolkenkratzern. Der Souk beginnt hinter dem großen Torbogen des ›Bab Al Bahrain‹, das ist das ehemalige Zollgebäude, denn dahinter begann die ›Innenstadt‹, der heutige Souk. Vor allem Leute indischer und pakistanischer Abstammung leben und arbeiten hier und verleihen dem Markt sein besonderes Flair. Überall riecht es anders, nach orientalischen Gewürzen und leckeren asiatischen Speisen. Natürlich wird überall gehandelt, doch dies geschieht mit einer großen Freundlichkeit. Sehenswert sind die vielen kleinen Kaffees in den verwinkelten Gassen, in denen ältere Bahraini einen arabischen Kaffee trinken oder eine Shisha rauchen.

Gold City

Es macht wenig Sinn, durch den zehnten Goldmarkt zu schlendern, wenn man nicht die Absicht hat, Gold oder einen schönen Perlenschmuck zu kaufen. Wer aber Kaufabsichten hat oder noch keinen Goldmarkt besucht hat, der kommt hier voll auf seine Kosten. Im Zentrum der Stadt, in der Government Avenue Nähe der Marina Mall gibt es eine Stadt in der Stadt, gefüllt mit unzähligen großen und kleinen Juweliergeschäften mit Gold- und Perlenschmuck, Uhren und anderen schönen Sachen. Alles, was wie Gold glänzt, ist auch Gold, die Händler

Der Bahrain International Circuit

Bahrain

Neubauten im Manama

werden streng kontrolliert, und wer betrügt verliert die Lizenz. Auch hier ist Feilschen angesagt, ob die Teile letztlich aber günstiger sind, als zu Hause, muss jeder selbst herausfinden. Und wer nur schauen möchte, bitte, soviel Gold auf einem Haufen haben Sie sicher noch nicht gesehen!

Vertikaler Garten

Gartenfreunde können sich an der Muharraq Green Gate an der Sheikh Abdullah Bin Isa Avenue vielleicht Anregungen für ihre Gartengestaltung holen: hier finden Sie nämlich einen vertikalen Garten, also eine bepflanzte Wand. Eine Mauer mit einem Bogen ist mit salz- und Hitzebeständigen Pflanzen bewachsen. Der ›Garten‹ wurde von dem französischen Gartenkünstler Patrick Blanc angelegt und war der erste seiner Art im Nahen Osten. Zweihundert Pflanzenarten gedeihen hier, darunter auch Aloe. Berliner müssen nicht extra nach Bahrain fahren: Patrick Blanc hat 2012 auch in Berlins Mitte im KulturKaufhaus Dussmann einen vertikalen Garten gepflanzt und 2014 auch in Bielefeld.

▲ Karte S. 171

Bahrain Fort und Museum

Das Bahrain Fort Qal at al-Bahrain befindet sich vier Kilometer westlich von Manama auf einem 300 mal 600 Meter großen und zwölf Meter hohen Ruinenkegel im Karbadabad Capital Governorate. Es wurde 1521 bis 1602 von den Portugiesen erbaut und 2005 in die Liste der UNESCO-Welterbestätten aufgenommen. Die von einem Wassergraben umgebene Anlage ist ein mächtiges Bauwerk und sehr beeindruckend. Das Gelände war schon seit 2800 vor Christus besiedelt. Es wurde mehrfach bebaut und die Anlagen wieder zerstört, bei Ausgrabungen fand man Reste von zwei früheren Festungen. Man steht also wirklich auf historischen Boden. Angeschlossen ist ein Museum und das **Museumscafé** mit schöner Terrasse mit herrlichem Meeresblick.

i Bahrain Fort und Museum

Das Betreten des Forts ist kostenlos; Di–So 8–20 Uhr; Eintritt 500 Fils (1,20 €) für das Museum. Öffnungszeiten des Cafés: Di–So 10.30–19 Uhr.

Die Hügelgräber von A'ali

A'ali ist mit 100 000 Einwohnern die zweitgrößte Stadt Bahrains. Sie liegt 20 Autominuten südlich von Manama. Trotz ihrer Größe ist sie eine junge Stadt, sie wurde erst in den 80er Jahren des vergangenen Jahrhunderts aufgebaut. Besiedelt war der Flecken jedoch schon seit fast 5000 Jahren. Davon zeugen unzählige Hügelgräber aus der Dilmun-Zeit, die rings um die Stadt zu sehen sind. Der größte dieser Hügel ist 15 Meter hoch und 45 Meter im Durchmesser und wird als Königsgrab bezeichnet. Die Ausflugsbusse halten am Straßenrand, damit man die Hügel bestaunen und fotografieren kann.

Durrat al Bahrain Islands

Ein außerordentliches Projekt wurde ganz im Süden der Insel gestartet und inzwischen schon fast vollendet: Anscheinend waren die Bahrainer neidisch auf die Landsleute in Dubai, weil diese die gigantisch aufgeschütteten Palminseln besitzen. Also hat man flugs die Landaufspüler nach Bahrain beordert und dort ganz im Süden, 50 Kilometer von der Hauptstadt entfernt, eine Gruppe von 15 künstlichen Inseln aufgeschüttet. ›Durrat al Bahrain Islands‹ heißt der neue Stadtteil, der auf diesen Inseln entsteht, er ist 20 Quadratkilometer groß und ist ausgelegt für 60000 Einwohner und 4500 Besucher täglich. Die Anlage besteht aus einer Hauptinsel sowie einem äußeren und einem inneren Halbkreis kleinerer Inseln, die alle durch Straßenbrücken miteinander verbunden sind. Außerdem gibt es noch zwei halbmondförmige Inseln und eine riesige Marina zwischen drei Inseln. Der äußere Ring besteht aus sechs hufeisenförmigen Inseln, ›Atol‹ genannt, mit jeweils aufgeschwemmtem weißem Sandstrand im Innern des Hufeisens. Die Strände heißen ›Atol 1 Beach‹ bis ›Atol 4 Beach‹. Die beiden anderen Hufeiseninseln sind fertig aber noch nicht erschlossen bzw. bebaut.

Der innere Ring besteht aus fünf Inseln, jede hat die Form eines Fisches. Von ihnen sind drei erschlossen mit den Stränden ›Petal 1 Beach‹ bis ›Petal 3 Beach‹. Die erschlossenen Inseln haben Straßen und Wege und sind irrsinnig dicht bebaut. In diesem neuen Stadtteil gibt es alles, was die Menschen dort zum Leben brauchen – oder auch nicht brauchen: Sportcenter, Geschäfte und Supermärkte, ein 5-Sterne Hotel mit 600 Zimmern, Restaurants, Golfplatz, Hospital, eine Moschee, eine internationale Schule und natürlich auch – wie kann es anders sein – einen riesigen, runden Wolkenkratzer.

Empfehlungen für Landausflüge

Bahrain ist gekennzeichnet durch Öl, die moderne Hauptstadt Manama und nicht zuletzt die Formel-1-Rennstrecke.

Hügelgräber am Stadtrand von A'ali

Bahrain gestern und heute

Diese Tour beginnt mit dem Besuch des **Bahrain National Museums** am Al Fatih Highway. Im National Museum erfahren Sie alles über die Geschichte Bahrains – von der Steinzeit, über die Perlentaucherei bis hin zum Ölboom. Sie erleben die Kultur Bahrains in nachgebauten Basargassen und Kostümgalerien mit lebensgroßen Figuren.

Danach geht es zum **Bahrain Fort**, das zum UNESCO Weltkulturerbe gehört. Hier soll sich die sagenumwobene Stadt Dilmun befunden haben, vor 5200 Jahren, und damit die älteste Siedlung des Orients.

Zurück im Hier und Jetzt besuchen Sie danach die bekannte 5,4 Kilometer lange **Formel-1-Rennstrecke**. Vom Sakhir Tower haben Sie den besten Blick auf das gesamte Areal sowie hinter die Kulissen. Nicht ganz so schnell, aber geländesicher: Zum Abschluss statten Sie einer **Kamelfarm** einen Besuch ab.

Dauer/Kosten: 4,5 Stunden, vor- oder nachmittags, moderat anstrengende Tour, 69/49 €.

Auf den Spuren von Öl und Kamelen

Lernen Sie die Geschichte des Öls im Museum und an der **ersten Ölquelle Bahrains** kennen. Hier sprudelte das schwarze Gold der Golfstaaten erstmals im Jahre 1932 aus der Erde und verhalf der Insel zu überwältigendem Reichtum. Keine Fata Morgana: nahe der höchsten Erhebung Bahrains befindet sich inmitten der trockenen Wüste ein etwa **400 Jahre alter Akazienbaum**. Wie dieser die Jahrhunderte überdauert hat? Finden Sie es heraus!

Danach erblicken Sie bei Ihrer Rückfahrt und während der Vorbeifahrt einen der größten prähistorischen Friedhöfe der Welt, die **Gräber von A'ali** im Nordwesten der Insel: Um die 85000 Grabhügel türmen sich hier bis zu 15 Meter in die Höhe. Die ältesten davon sind ca. 5000 Jahre alt. Besonders gemächlich geht es dann zum Abschluss auf der **Kamelfarm** zu.

Dauer/Kosten: 4,5 Stunden, vormittags, moderat anstrengende Tour, 49/39 €

Im Caterham über die Formel-1-Strecke

Ein Ausflug der besonderen Klasse. Auf dem Weg zum Bahrain International Circuit erhalten Sie einen Eindruck von Bahrain bei einer kurzen Panoramafahrt und kommen danach an Ihrem erlebnisreichen Ziel des Ausflugs an. Nehmen Sie neben Ihrem professionellen Fahrer im offenen Caterham Platz, der durch seine präzise Lenkung, die charakteristische Maschine und die maximale Höchstgeschwindigkeit von bis zu 210 km/h den Formel-1-Autos in nichts nachstehen muss. Sie sind live dabei und drehen auf der weltbekannten Formel-1-Strecke Ihre Runde, spüren jede Kurve in Ihrem Körper und den Wind im Gesicht. Danach wissen Sie, wie sich die Rennsportler bei ihren Wettkämpfen fühlen mögen – ein unbeschreibliches Gefühl.

Dauer/Kosten: 4 Stunden, vormittags, 159 €. **Hinweis**: Mindestalter 14 Jahre. Keine Selbstfahrt möglich.

Die Formel-1-Strecke in Bahrain

▲ Karte S. 169

Manama-Informationen von A bis Z

Cruise Ship Terminal

Die Kreuzfahrtschiffe machen am Khalifa Bin Salman Port fest, dort gibt es ein modernes Terminal mit zollfreiem Laden und Geschäften. Shuttles nach Downtown Manama (ca. 35 km) kosten um die 10 €, die Fahrt dauert etwa 45 Minuten.

Einkaufen

Neben den vielen kleineren Einkaufstempeln gibt es einen riesigen Einkaufskomplex im Stadtteil Al Suwayfiyah bestehend aus dem **Bahrain City Center** und der **Dana Mall**, daneben der **A'ali Shopping Complex** mit der **Bahrain Mall** gegenüber und der **Marina Mall**, alle am Shaikh Khalifa Bin Salman Highway gelegen, sowie den LuLu-Hypermarket Block 351. Bedeutend interessanter ist jedoch der große **Bab Al-Bahrain Souk** mit dem großen Tor an der Government Avenue und dem Postamt am anderen Ende.

Flughafen

Bahrain International Airport BAH in Muharraq, das ist eine Insel 10 km nordöstlich vom Stadtzentrum. 20 Min. mit dem Taxi, 5,50 BD (14 €). Tel. +973/17321997.

Kreditkarten/Geldwechseln

Alle gängigen Kreditkarten werden akzeptiert, an Geldautomaten auch EC-Karten. Geldautomaten gibt es in den Einkaufszentren, den größeren Hotels, am Postamt und natürlich bei den Banken.

Medizinische Versorgung

Die größte Klinik ist der Salmaniya Medical Complex zwischen Palace und Oman Ave, Salmaniya Area, Tel. +973/17288888. Dort gibt es auch ein German Orthopedic Hospital für alle Gelenk- und Knochenprobleme. Tel. +973/1723 9988.

Mietwagen

Ab 19 € pro Tag, z.B. bei www.economycarrentals.com. Spritpreis: 0,23 Cent pro Liter (Sept. 2015). Ein EU-Führerschein reicht aus.

Post

Hauptpostamt an der Government Avenue, gegenüber der Bab al-Bahrain Ave; Sa–Do 7–19 Uhr. Postkarte nach Europa 150 Fils (40 Cent).

Restaurant

Zu empfehlen ist das **Museumscafé am Bahrain Fort** mit leckerem Kuchen, wo man auf der Terrasse das Meer sieht.
Wer in Manama speisen möchte ist mit dem Mezzaluna in Adliya gut beraten. Geboten werden ausgezeichnete Gerichte und gute Weine. Tel. +973/17742999, Sa–Fr 18–23.30 Uhr. Gerichte ab 10 BD (24 €).

Stadtverkehr

Die Stadtbusse sind für die Besucher schwierig zu benutzen, weil es kaum möglich ist, die verworrenen Routen zu durchschauen. Wenn man ein Taxi nimmt, sollte man darauf achten, dass das Taximeter auch eingeschaltet wird.

Telefon und Internet

Telefonvorwahl: +973, Bahrain hat keine Städtevorwahlnummern. Internet: www.bahrain.com.
WLAN: Es gibt etliche Internet Cafés in Manama, z.B. L-Tech Internet Cafe, Avenue 22, 4 Blocks neben der Großen Moschee.

Tourist Information

Am Flughafen und auf dem Damm nach Saudi-Arabien.

Unterkunft

Die Hotels in Manama sind entweder weniger zu empfehlen oder teuer. Ein nettes Hotel mit gutem Service ist das Novotel Al Dana Resort ,121 Sheikh Hamad Causeway, Tel. +973/1729 8008, ab 177 €. Hervorragendes Frühstück und große, gemütliche Zimmer.

Zeitzone

UTC+3 h, MEZ + 2 h (keine Sommerzeit).

Die Halbinsel Katar beeindruckt mit ihrer ursprünglichen Tradition und arabischen Kultur. Die Hauptstadt Doha lockt mit einem gelungenen Mix aus modernen Museen, orientalischen Märkten, Einkaufszentren und luxuriösen Hotels. Abenteuerlustige werden von den Wüstensafaris mit Geländewagen in den Dünen begeistert sein.

KATAR

In der Wüste von Katar

Das Emirat an der Ostküste

Das Emirat Katar, auch Qatar geschrieben, liegt auf einer Halbinsel an der Ostküste der arabischen Halbinsel am Persischen Golf südöstlich von Bahrain. Die Halbinsel ist 11606 Quadratkilometer groß und hat 2,4 Millionen Einwohner (2014), von denen 521283 in der Hauptstadt Doha leben. Katar grenzt im Süden an Saudi Arabien.

Das Land erklärte sich 1971 vom Vereinigten Königreich unabhängig und erteilte einem Anschluss an die VAE eine Absage. Im Jahre 2003 stimmten die Bürger mit übergroßer Mehrheit (98,39 Prozent) ihrer ersten Verfassung zu. Danach ist Katar ein Emirat, also eine absolute Monarchie. Der Emir vereinigt in seiner Person alle wichtigen Funktionen eines Staates: er ist Staatsoberhaupt und zugleich Inhaber der exekutiven und legislativen Gewalt, die Regierung ist ihm allein verantwortlichen, ein Parlament oder Parteien gibt es nicht. Es gibt zwar auch eine Beratende Versammlung mit 35 Mitgliedern, die aber alle vom Emir ernannt werden. Fünf Gerichte, verteilt auf die fünf Regionen des Landes, verkünden ihre Urteile ›im Namen des Emirs‹ entsprechend der Scharia. Staatsreligion ist natürlich der Islam.

Die Bewohner des Landes lassen sich grob in drei Gruppen einteilen: Die sehr reichen und einflussreichen Staatsbürger von Katar, die sehr gut verdienen und nur etwa 15 Prozent der Einwohner ausmachen, die sehr qualifizierten Ausländer – meist aus Europa und den USA, die oft in führenden Stellungen viel Geld verdienen, sowie die zahlreichen Haushaltshilfen, Bauarbeiter, Reinigungskräfte oder Taxifahrer mit sehr geringem Einkommen, meist aus Pakistan, Indien, Nepal und anderen arabischen Ländern. Die schlechten Arbeitsbedingungen der Arbeiter, die auf den Baustellen der zukünftigen WM-Stadien schuften, waren in den letzten Jahren häufiger Gegenstand kritischer Berichterstattung in deutschen Medien – ebenso wie das offensichtliche Desinteresse der FIFA an diesem Problem.

▲ Karte S. 181

Die meisten Katarer sind im öffentlichen Dienst beschäftigt und das Land hat eines der höchsten Pro-Kopf-Einkommen der Welt. Der Staat unterstützt zudem Hilfsbedürftige großzügig. Die medizinische Versorgung gilt als gut und ist kostenlos. Es gibt eine allgemeine Schulpflicht, der Unterricht ist in den staatlichen Schulen kostenlos. 1973 wurde in Doha die ›Katar University‹ gegründet, an der Bachelor- und Mastergrade erworben werden können. Der Frauenanteil dort beträgt 70 Prozent (2006) bei etwa 15 000 Studierenden. In Doha gibt es eine deutsche Schule, die ›Deutsche internationale Schule Doha, sie besteht seit Oktober 2008 und hat gegenwärtig 280 Schüler, davon 120 im Kindergarten (ab drei Jahren) und in der Vorschule. Die Schule ist gegliedert in die Grundschule mit Klasse 1 bis 4 und die Sekundarschule mit Klasse 5 bis 10 mit Bildungsabschluss der Mittleren Reife. Die weitere Schulbildung ist zur Zeit noch offen.

Katar gehört zu den trockensten Gebieten der Erde mit einem Jahresniederschlag von weniger als 100 Millimeter. Große Teile des Landes sind Ödland, nur 0,3 Prozent der Fläche sind für die Landwirtschaft brauchbar, deshalb müssen fast alle benötigten Lebensmittel eingeführt werden, was aber durch die enormen Öl- und Gasvorkommen möglich ist. Dieser Ölreichtum ermöglicht es auch dem Emir, seinen Staatsbürgen elektrischen Strom und Wasser

Persischer Golf
Al Muharraq
Sar
Manama
Sitrah
BAHRAIN
Askar
Ad Dur
Ra'as al Jazair
Durat al Bahrain
Hawar Islands (Bahrain)
Golf von Bahrain
Ra´s Rakan
Al Ruwais
Al Mafjar
Al Ghriyah
Al 'Ansh
Az Zubrah
Sidriyat Al Kheesah
Musaykah
Ad Dairah
Madinat al Ka`ban
Al-Ghuwayriyah
Simsimah
Al Dhakhirah
Al Khor
Al-Jumayliyah
Sumaysimah
At-Turiyah
Bir Zirkit
Umm Salal
Al Uwaynah
Lusail
Dukhan
S. 186/187
Doha
Hammad Intern. Airport
Umm Bab
KATAR
Ar-Rayyan
Al Wakrah
Al Wukayr
Al Kiranah
Mesaieed (Umm Said)
Al Karrarah
Mazra al Tarina
Salwa
As Salwa
Ras Abu Gamys
SAUDI-ARABIEN
VEREINIGTE ARABISCHE EMIRATE
Katar
0 15 30 km

Katar

Moschee in Doha

kostenlos zur Verfügung zu stellen. Das Trinkwasser wird in Entsalzungsanlagen gewonnen.
Weil es in dem Land so heiß und trocken ist, gibt es dort auch nur sehr wenige Tiere. Nur einzelne Tierarten wie Igel, Wüstenspringmäuse, Geckos oder Kamele leben in der riesigen Wüste. Das Land ist unfruchtbar und verödet, noch unwirtlicher als die anderen arabischen Wüstenstaaten. Zugvögel rasten im Winter an der nördlichen Küste, wo es hin und wieder einmal regnet. Dort wachsen dann auch Wüstenhyazinthen, Palmen und Dornbüsche. In den Salzpfannen findet man salzliebende Gräser und Sträucher. Es gibt etwa 30 einheimische Vogelarten, und zur Erhaltung der gefährdeten Oryxantilopen wurde südlich von Doha eigens ein Wildpark errichtet. Katar hat ein sehr gutes Straßensystem, und in einem Joint Venture zwischen der Deutschen Bahn und dem katarischen Staat entwickelt ›Katar Railways‹ ein kombiniertes Bahn/Metro-System innerhalb der katarischen Halbinsel.
Der Tourismus spielt noch keine große Rolle, auch wenn Wüstensafaris und Strandvergnügen einige Touristen ins Land locken. Die Bautätigkeit ist enorm, und es entstehen Luxushotels am laufenden Band. Bis zur Fußballweltmeisterschaft 2022 wird sich hier noch sehr viel ändern. Katar hat sich auch eine künstliche Insel geleistet oder besser gesagt, eine ganze Reihe künstlicher Inseln wie eine Perlenkette. So ist auch der Name dieses neuen, superluxuriösen Stadtteils: The Pearl – die Perle. Auf dem 400 Hektar großen Gelände gibt es vier große Jachthäfen, etliche Fünf-Sterne-Hotels, Luxusapartments, Edelboutiquen und den Prachtboulevard La Croisette. The Pearl liegt elf Kilometer nordöstlich vom Zentrum von Doha entfernt.

▲ Karte S. 181

Katar-Informationen

Zahlen und Fakten

Offizielle Bezeichnung: Staat Katar, Daulat Qatar
Staatsform: Absolute (Erb-) Monarchie
Gewerkschaften/ Parteien: verboten, auch keine Gewerkschaften
Hauptstadt: Doha (521283 Einwohner)
Gliederung: Zentralstaat mit neun Gemeinden
Fläche: 11606 km²
Koordinaten: N25°15' E51°33'
Größere Städte: Ar-Rayyan (392000 Einw.), adh-Dhachira (127 000 Einw.), Al Chaur (80 000 Einw.)
Amtssprache: Arabisch
Einwohner: 2,4 Millionen (2015)
Bevölkerungsdichte: 206 Einwohner pro km²
Bevölkerung: ca. 360 000 Einheimische (15 %), zahlreiche Gastarbeiter (Nepal, Pakistan, Indien)
Einkommenssteuer: keine
Religion: Staatsreligion ist der sunnitische Islam (75 %) mit sehr kleiner schiitischer Minderheit.
Inflationsrate: 3,5 % (2014)
Arbeitslosenquote: 0,5% (2015)
Pro Kopf BIP: 81603 US-Dollar (2015)
Währung: Katar-Riyal (QR) mit fester Parität zum US-Dollar: 1 US-Dollar =3,64 QR, 1 QR = 0,25 € (2016)
Mitgliedschaft: UNO
Postgebühren: Karte 2,50 QR (0,63 €)
Spritpreis: 0,27 US-Dollar pro Liter (2016)
Kfz-Kennzeichen: Q
Internetkennung: .qa
Telefonvorwahl: +974, Handy GSM 900 Hz
Nationalfeiertag: 18. Dezember, Tag der Staatsgründung
Schulpflicht: Es gibt eine allgemeine Schulpflicht

Katar von A bis Z

■ Alkohol

Katar ist ein ›alkoholfreies Land‹, nur Hotels und gute Restaurants schenken welchen aus.

■ Diplomatische Vertretungen

Botschaft des Staates Katar in Berlin
Hagenstr. 56, 14193 Berlin
Tel. +49/30/862060, Fax 86206150, www.botschaft-katar.de
Deutsche Botschaft Doha
6, Al Jazira Al Arabiya Street,
P.O. Box 3064, Doha, Katar
Tel.+974/44082300, Fax 44082333
info@doha.diplo.de, www.doha.diplo.de

■ Einreise

Sie benötigen nur einen gültigen Reisepass, ein Visum für die einmalige Einreise für einen Besuchsaufenthalt von bis zu 30 Tagen gibt es bei der Einreise. Gebühr: 100 QR (25 €).
Die Visa für die Passagiere des Kreuzfahrtschiffes besorgt die Reederei.

■ Elektrizität

240 V 50Hz, für Stecker Typ D (3 runde Stifte im Dreieck) oder Typ G (3 dicke, flache Stifte im Dreieck, ›Commonwealth-Stecker‹). Euro- und Schukostecker passen nicht.

■ Fotografieren

Man sollte niemals Einwohner ohne deren Zustimmung fotografieren, vor allem keine Frauen. Es ist verboten, militärische Einrichtungen zu fotografieren.

■ Geldwechsel/Kreditkarten

1 Katar-Riyal (QR) hat 100 Dirham. Es gibt Scheine zu 500, 100, 50, 10, 5 und 1 QR und Münzen für 25 und 50 Dirham.
1 € = 4 QR
Geld abheben ist auch in Katar die bequemste und günstigste Variante an einheimische Währung zu kommen. Es gibt sowohl in Doha als auch in Ad Dawhah mehr als 70 Geldautomaten für Ec- und Kreditkarten (kein V-Pay!). Einige Banken

Doha bei Nacht

verlangen Extragebühren, die Sie durch die Wahl der richtigen Bank umgehen können. Keine Extragebühren verlangen z.B. HSBC und ARAB Bank. Wenn Sie die Gebühren für die Auslandsabhebungen in Katar sparen wollen, sollten Sie sich eine Kreditkarte von einer Bank besorgen, die ›weltweit kostenlos Geld abheben‹ anbietet, z.B. DKB.

■ Mobiltelefon

Mobiltelefone funktionieren; allerdings sind die Roaming-Gebühren recht hoch (nach Deutschland bis zu drei Euro pro Minute, SMS 0,55 Euro). Man kann sich eine Prepaid-Karte des einzigen einheimischen Anbieters ›Ooredoo‹ in einem der zahlreichen Shops kaufen.

■ Strafrechtliche Vorschriften

Alkoholgenuss in der Öffentlichkeit ist auch für Touristen verboten (Ausnahmen s.o.). In ganz Doha ist Rauchen in öffentlichen Räumen sowie auf öffentlichen Plätzen nicht erlaubt.
Achtung: Drogenmissbrauch kann mit dem Tod bestraft werden. Schon der Besitz kleinerer Mengen wird streng geahndet.

■ Trinkwasser

Niemals unabgekochtes Wasser trinken. Wasser aus Leitungen kommt aus Meerwasserentsalzungsanlagen, ist aber nicht zum Trinken geeignet. Bedenkenlos ist Wasser aus Flaschen, die mit einer Kapsel verschlossen waren. Zudem sollte auf Eiswürfel im Glas verzichtet werden.

■ Trinkgeld

Hotels und Restaurants berechnen ein Bedienungsgeld, andernfalls sind 10% angemessen. Taxifahrer erwarten kein Trinkgeld.

■ Postkarten

Der in Europa bekannte Brauch, den Verwandten daheim eine Postkarte zu schicken, ist in Katar nicht verbreitet. Entsprechend schwierig gestaltet sich die Suche nach Postkarten und Briefmarken. Postkarten erhält man am ehesten in einem der großen Supermärkte, zum Beispiel bei Carrefour. Briefmarken gibt es ausschließlich bei den Postämtern. Auf den lokalen Märkten (Souks) wird beides kaum verkauft! Auch Briefkästen sind absolute Mangelware, daher ist es am besten, die bereits fertig geschriebenen Postkarten auf das Postamt mitzunehmen und nach dem Kauf der Briefmarken dort direkt einzuwerfen
.

■ Sicherheit

Katar ist ein sehr sicheres Land. Es gibt so gut wie keine Kriminalität.

■ Verhalten

Katar ist vom sunnitischen Islam in seiner strengen wahabitischen Auslegung geprägt. Touristen sollten sich hier also in der Öffentlichkeit dezent kleiden und der Bevölkerung mit Respekt und Zurückhaltung begegnen.

■ Zollbestimmungen

Die Einfuhr von Alkohol und Schweinefleisch ist streng verboten. Gegenstände des persönlichen Bedarfs (Foto- und Filmausrüstung, Mobiltelefon) sind erlaubt. Die Ein- und Ausfuhr von Devisen und Katar-Währung unterliegt ebenfalls keinen Beschränkungen. Verboten ist die Einfuhr von pornographischen Artikeln (Achtung: freizügige Titelbilder ›seriöser‹ Zeitschriften fallen auch darunter), Falschgeld, Drogen und Waffen (s.a. → S. 209).

Doha

Die Hauptstadt von Katar und liegt direkt am Persischen Golf und tut viel dafür, um einen ähnlichen Status wie die Nachbarn Dubai und Abu Dhabi zu erreichen. Auch hier schießen die Wolkenkratzer wie Pilze aus der Erde und haben in kurzer Zeit die Silhouette der Stadt verändert. Das Doha City Center ist eines der größten Einkaufszentren der Erde, und der Bau der Metro mit 96 Kilometern unterirdischer Tunnelstrecke und 25 unterirdischen Stationen in Phase 1 ist das größte derzeit in Planung befindliche Infrastrukturprojekt der Welt. Doch im Gegensatz zu den bekannteren Nachbarn hat Doha es geschafft, den schwierigen Spagat zwischen Modernisierung und gleichzeitiger Bewahrung von Traditionen zu meistern. In der einzigen Großstadt des Landes ist das ursprüngliche Flair von Tausendundeiner Nacht glücklicherweise noch gut zu spüren. Sehenswert sind das Museum of Islamic Art in der Nähe des Schiffsanlegers, der aufgepeppte alte Souk Al-Waqif nahe der Corniche, die Hafenpromenade Corniche sowie das Restaurant Al-Mourjan an der Corniche mit einer Terrasse über dem Meer und einem fantastischen Blick über die Bucht und die Silhouette der Stadt. Die Prachtstraße, die von Palmen gesäumte ›Corniche‹, zieht sich sieben Kilometer um eine halbkreisförmige Bucht und ist nach Sonnenuntergang ein einziges Lichtermeer. Hier liegen der hinter hohen Palmen versteckte Herrscherpalast, das Nationalmuseum, viele Luxushotels, ein großer Park, der alte Dhauhafen und hypermoderne Hochhäuser, alte Forts und ehemalige Paläste.

Zur Fußballweltmeisterschaft 2022 entstehen in und um Doha fantastische Fußballstadien, erbaut vor allem von Gastarbeitern aus Nepal und Pakistan.

Eines der zahlreichen neuen Fußballstadien

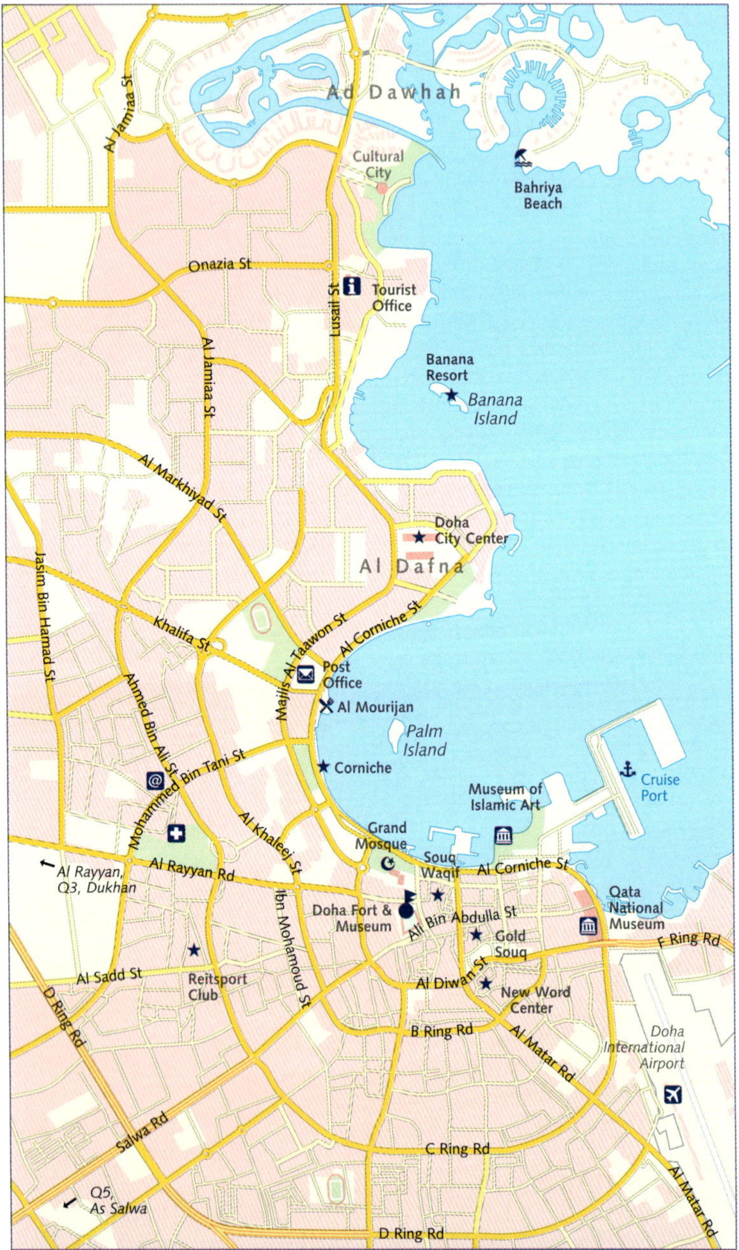
Ad Dawhah
Cultural City
Bahriya Beach
Al Jamiaa St
Onazia St
Lusail St
Tourist Office
Banana Resort
Banana Island
Al Markhiyad St
Jasim Bin Hamad St
Doha City Center
Al Dafna
Khalifa St
Al Taawon St
Al Corniche St
Majlis
Post Office
Al Mourijan
Palm Island
Ahmed Bin Ali St
Mohammed Bin Tani St
Corniche
Cruise Port
Museum of Islamic Art
Al Khaleej St
Grand Mosque
Souq Waqif
Al Corniche St
Al Rayyan, Q3, Dukhan
Al Rayyan Rd
Ibn Mohamoud St
Doha Fort & Museum
Ali Bin Abdulla St
Qata National Museum
Gold Souq
F Ring Rd
Al Sadd St
Reitsport Club
Al Diwan St
New Word Center
D Ring Rd
B Ring Rd
Al Matar Rd
Doha International Airport
Salwa Rd
C Ring Rd
Q5, As Salwa
Al Matar Rd
D Ring Rd
Doha

The Pearl
Persischer Golf
Al Safliya Island
F Ring Rd
F Ring Rd
Doha International Airport
Al Matar Rd
Al Wakrah, Mesaieed
Hamad Airport
Hamad International Airport
0
0,9
1,8 km

Das Museum of Islamic Art

An der sehr westlich orientierten Architektur der Stadt fällt auf, dass bei neueren Bauten verstärkt wieder arabische Stilelemente einfließen. Ganz auffallend ist das bei der Universität, sie bezaubert mit einer Mischung aus Neuzeit und Tausendundeine Nacht.

Wahrhaftig nicht zu übersehen sind die gigantischen Verkehrskreisel der Stadtautobahnen. Diese Verkehrskreisel sind mit Denkmälern bebaut, bunt bepflanzt mit Blumen und Bäumen und sie zeigen riesige Symbole der Landesgeschichte wie Fische, Falken und arabische Kaffeekannen, und so mancher selbstfahrende Tourist lässt sich von all der Pracht ablenken von dem Straßenverkehr, was ihm schnell zum Verhängnis werden kann, denn die Katarer flitzen in ihren riesigen Geländewagen wie die Teufel durch die Straßen.

Doha ist eine stark besiedelte und schnell wachsende Stadt. Zur FIFA Weltmeisterschaft 2022 soll hier eines der modernsten Metro- und Bahnsysteme der Welt entstehen. Mit 96 Kilometer unterirdischer Tunnelstrecke und 25 unterirdischen Stationen in Phase 1 ist die Metro Doha das größte derzeit in Planung befindliche Infrastrukturprojekt der Welt. Gleichzeitig entsteht ein Fernbahnnetzes, das Katar mit Saudi-Arabien und Bahrain verbinden soll. Die DB International ist derzeit verantwortlich für die Planung und Ausschreibung der entsprechenden Baumaßnahmen. Zur Zeit werden die zentralen Bahnhöfe gebaut und die entsprechenden unterirdischen Streckenabschnitte gebuddelt, die unbedingt zur Durchführung der FIFA WM 2022 fertig gestellt und in Betrieb genommen werden müssen. Das gesamte Metro-Netz mit 212 Kilometer Länge, soll bis zum Jahr 2050 fertiggestellt sein. Gebaut und gebohrt wird zur Zeit an Teilstücken von insgesamt 164 Kilometer Länge sowie an 61 Stationen Zu Fahrzeiten und Preise gibt es noch keine Angaben.

Stadtgeschichte

Katar ist eine karge Halbinsel. Sie wurde schon seit Jahrtausenden von Nomaden durchzogen, aber erst 1850 wurde hier

▲ Karte S. 186/187

eine Stadt namens Al-Bida gegründet, aus der sich Doha entwickelte. Im Südwesten der Stadt wurde 1882 die Festung Al-Wadschba gebaut. Im darauf folgenden Jahr kam es dort zu einer mächtigen Schlacht der Bevölkerung Katars unter Führung der Briten und Scheich Qasim gegen das Osmanische Reich, wodurch Katar seine Unabhängigkeit von den Türken erlangte. Allerdings standen sie nun unter der Herrschaft der Briten. 1916 wurde Doha zur Hauptstadt des Protektorates Katar ernannt, und als Zeichen der neuen Macht baute Scheich Abdullah bin Qasim Al Thani im Zentrum der Stadt die Festung al-Kut. 1949 begannen noch unter britischem Protektorat die Ölexporte, und damit begann auch in Doha der Wohlstand. 1971 wurde Katar dann unabhängig von den Briten. Die größten Projekte der Gegenwart sind der Bau der Doha Metro und die bevorstehende Fußballweltmeisterschaft 2022.

Cruise Ship Terminal

Der Hafen von Doha liegt sehr zentral an der Corniche, in Fußgänger-Abstand zum Zentrum. Hier legen zurzeit auch die Kreuzfahrtschiffe an. Dieser Hafen wird 2016 umgebaut zu einem reinen Kreuzfahrtteilnehmer-Terminal, der Industriehafen wird verlegt nach Mesaieed weiter im Süden. Man kann die Kernstadt mit den Souks, der Moschee, dem Fort und den Museen gut zu Fuß erkunden.

Strand

Katar hat mit einer Küstenlänge von 550 Kilometern elf öffentliche Strände, die aber zum Teil recht weit von Doha entfernt und teilweise auch kostenpflichtig sind.

Der Al-Khor-Udeid-Strand gilt als einer der schönsten Strände der Stadt, liegt aber 74 Kilometer südöstlich vom Stadtzentrum, dicht an der Grenze zu Saudi-Arabien. Dieser Strand wird auch oft als schönster Naturschatz Katars bezeichnet, da plötzlich das blaue Meer zwischen endlosen Metern hoher Sanddünen auftaucht.

Der lebendigste und überfüllteste Strand ist El Corniche, dessen Länge mehr als acht Kilometer beträgt. Auch der Strand Bahriya Beach ist oft sehr voll und nicht so schön wie Al Khor Udeid, dafür ganz nahe an der Stadt.

Sehenswürdigkeiten

Das unbestrittene Highlight der Stadt ist **Al-Corniche**, die Uferstraße entlang an der halbmondförmigen Bucht mit dem acht Kilometer langen Strand.

In der Nähe der Al-Corniche – und auch in der Nähe des Kreuzfahrtschiff-Anlegers – wurde auf einer kleinen Insel das **Museum of Islamic Art** erbaut als postmoderne Festung mit Burggraben und winzig kleinen Fenstern. Das Gebäude steht in einem sehr gepflegten Park (MIA-Park) mit großen Rasenflächen und Zierbäumen. Gezeigt wird islamische Kunst von drei Erdteilen (www.mia.org.qa, Sa–Mo, Mi & Do 10.30–17.30 Uhr, Fr 14–20 Uhr, Eintritt frei).

Und dann darf der Besuch eines Marktes natürlich nicht versäumt werden: Der **Souk Waqif** zwischen Al-Souk Street und Grand Hamad Street ist täglich von 10–12 und 16-22 Uhr geöffnet. Der Souk Waqif ist eigentlich ein sehr alter Markt, der aber jetzt wieder neu ins Leben gerufen worden ist. Die moderne Bauweise des neuen Marktes ist sehr gut kaschiert, so dass man sich in einem alten Markt glaubt. Die Geschäfte sind primär auf touristische Einkäufe ausgerichtet, bieten aber hier ein breites Sortiment. Die Preise sind angemessen, Handeln ist nur in geringem Umfang möglich. Es gibt sehr viele Bars und Restaurants, in denen man gemütlich sitzen und auch sehr

Falken sind das liebste Hobby der Katarer

gut essen kann. Hier besteht auch ein sehr korrektes Preis-Leistungsverhältnis. Direkt an den Souk Waqif grenzen zwei weitere Märkte an: auf dem **Falcon Souk** bekommt man alles, was mit der Falknerei zu tun hat, natürlich auch Falken (nur Oktober bis März). Ein junger Falke kostet um die 2000 QR (500 €), gut abgerichtete Greifvögel hingegen kosten ein Vielfaches dieser Summe. Der zweite angrenzende Markt ist der **Gold-Souk**. Auch wenn man nicht wirklich etwas kaufen will, ist der Anblick der kostbar gestalteten Schmuckstücke immer eine Augenweide.

Hier im Marktviertel gibt es einige wunderschöne Hotels und Restaurants. Wir Kreuzfahrtteilnehmer haben ja eigentlich eine noble Bleibe auf dem Schiff, aber man kann ja nie wissen ... Gleich am Anfang des Souk Waqif steht eines von sechs exklusiven Boutiquehotels, das Al-Najada Boutique Hotel (www.swbh.com). Die Zimmer (241 €) gruppieren sich um einen Innenhof und sind mit Lehmflechtwerk und Holzbalkendecken gestaltet – ein Traum von Arabien mitten im Marktgetümmel.

▲ Karte S. 186/187

Empfehlungen für Landausflüge

Da sich die Sehenswürdigkeiten in diesem kargen Land in Grenzen halten, sind auch die angebotenen Touren überschaubar.

Stadtrundfahrt Doha

Auf einer Stadtrundfahrt sehen Sie den **Al-Rayan Racing & Equestrian Club** (Reitsportclub mit Reitschule) in der Al Furousiya Street und passieren die **Küstenstraße Corniche** sowie den **Dhau-Hafen**. Weiterhin besuchen Sie das **Museum der islamischen Künste** gegenüber vom Kreuzfahrt-Terminal und den alten Souk mit Geschäften der Falkenabrichter.

Bitte beachten: Aus Respekt gegenüber der muslimischen Kultur wird um angemessene Bekleidung gebeten. Das Fotografieren des Palastes und des Außenministeriums ist nicht gestattet.

Dauer/Kosten: halbtags, sehr leichte Tour, 35 €.

Wüstensafari

Per Geländewagen (maximal 4 Personen und örtlicher Fahrer) werden Sie am Schiff abgeholt und fahren entlang der Küste 58 Kilometer südwärts zum Strandhotel Sealine Beach Resort, idealer Ausgangpunkt für Ihre Wüstensafari. Die geländegängigen Fahrzeuge werden für die Weiterfahrt vorbereitet, dann startet die Safari in die Wüste über die endlosen Sanddünen zum Binnenmeer von Khor al Udaid. Unterwegs gibt es mehrere Fotostopps.

Bitte beachten: Dies ist ein Ausflug nur für sportliche Gäste, für Gäste mit eingeschränkter Beweglichkeit oder Rückenleiden ist er nicht geeignet. Sonnenhut,

-brille und -creme nicht vergessen. Aus Respekt gegenüber der muslimischen Kultur wird um angemessene Kleidung (Schultern und Knie bedeckt) gebeten.
Dauer/Kosten: halbtags, 75 €.

■ Katars Kultur und Geschichte

Dieser Ausflug führt Sie zunächst etwa 25 Kilometer durch die Wüste nach Al Shahaniya zum **Al Shahaniya Racetreck für Kamele**! Für die Beduinen der Halbinsel Katar waren die langbeinigen Dromedare ideale Last- und Nutztiere. Die ›Wüstenschiffe‹ beförderten und ernährten die nomadischen Wüstenbewohner. Heute hat die Zucht von Rennkamelen Tradition. Sie besuchen die Rennbahn und sehen die Aufzucht- und Trainingsmethoden.

Anschließend besuchen Sie das **Museum von Scheich Faisal Bin Qassim Al Thani**. Die königliche Familie stellt eine reiche Kollektion an arabischen und islamischen Artefakten aus, darunter Beduinenschmuck, Manuskripte, Teppiche, Waffen, Bücher und antikes Mobiliar.

Nach der Besichtigung fahren Sie zurück nach Doha zum Gelände des QREC (Qatar Racing & Equestrian Club), der beliebten **Pferderennbahn**. Im Al Rayyan Park werden etwa 200 arabische Pferde trainiert und wöchentlich finden Rennen statt. Zum Gelände gehört außerdem eine moderne Tierklinik, ein Swimmingpool für Pferde und ein Clubhaus. Beim QREC handelt es sich um ein weltführendes Trainingscenter für Pferde. Nach diesem Einblick in die Kultur und Geschichte des Landes kehren Sie an Bord zurück.

Bitte beachten: Aus Respekt gegenüber der muslimischen Kultur wird um angemessene Bekleidung gebeten.

Dauer/Kosten: halbtags, leichte Tour, 49 €.

Perlenbrunnen an der Corniche in Doha

Doha-Informationen von A bis Z

Einkaufen

In Doha gibt es etliche Einkaufszentren. Nahe am Cruise Ship Terminal liegt das New World Centre in der Al Ghanim Straße. Hier gibt es alles, mehr Spaß hat man allerdings auf dem Souk Waquif (→ S. 189). Dort unbedingt den Falcon Souk und den Goldsouq besuchen!

Flughafen

Der (neue) Doha International Airport DOH liegt 4 km östlich vom Zentrum direkt am Meer und hat einen eigenen Bootsanleger, da viele Einheimische mit ihrem eigenen Boot weiterfahren. Der neue Flughafen ist für 30 000 Passagiere jährlich ausgelegt: Taxi (etwa 35 QAR/9 €) und Busse (10 QAR/2,50 €) ins Zentrum.

Kreditkarten/Geldwechsel

Um einen besseren Wechselkurs zu erhalten, empfiehlt sich, das Geld in Doha umzutauschen bzw. abzuheben. Bereits am Terminal finden sich Wechselmöglichkeiten und Geldautomaten.

Medizinische Versorgung

Im Fall der Fälle können Sie ein staatliches Krankenhaus aufsuchen, diese sind auch für Notfälle eingerichtet, man kann sich ihren Ärzten und dem Pflegepersonal beruhigt anvertrauen. Die Notfallbehandlung war dort bisher für Touristen kostenlos (die ersten 2 Tage), inzwischen werden in den meisten Fällen (allerdings mäßige) Gebühren erhoben. Touristen werden von staatlichen Krankenhäusern allerdings nur in Notfällen behandelt.

Hamed General Hospital, Hamilton Medical City, im Dreieck Al-Rayyan Rd., Mohammed Bin Thani Str. und Ahmed Bin Ali Str. Tel. +974/44395777 (Patient Contact Center).

Mietwagen

In Katar darf man zehn Tage lang mit der deutschen Fahrerlaubnis fahren. Um ein Auto zu mieten, braucht man eine Kreditkarte mit der erforderlichen Menge an Sicherheiten auf dem Konto. Die Reisenden, die ein Auto für mehr als 10 Tage mieten möchten, sollten einen vorläufigen Führerschein bei der lokalen Verwaltung beantragen. Die Kosten der Autovermietung sind recht gering, ab 25 US-Dollar pro Tag. Benzin 0,35 €/Liter, Diesel 0,57 €/Liter (Anfang 2016).

Museum

Neben dem auf → S. 189 erwähnten Museum of Islamic Art soll im Laufe des Jahres 2016 das neue hypermoderne Qatar National Museum eröffnet werden. Es befindet sich ebenfalls am Anfang der Corniche: Katars Vergangenheit wird gezeigt, während die supermodernen Präsentationsmittel gleichzeitig den Weg in die Zukunft weisen sollen. Es wurde rings um den Originalpalast von Sheikh Abdullah bin Jassim Al-Thani herum gebaut, welcher 25 Jahre lang als Regierungssitz gedient hatte.

Postamt

General Post Office, Al Dafna, Doha, Tel. +974/44464228, So–Do 15.30–02 Uhr, Sa 15.30–24 Uhr.

Restaurants

Von den vielen guten Restaurants möchte ich eines hervorheben: das Al-Tawash Restaurant. Es befindet mitten im Souk Waqif in Al Jasra in einem original katarischen Haus und es werden original katarische Gerichte serviert. Tel.+974/66878618, täglich 12–24 Uhr, Hauptgericht etwa 80 QR (20 €).

Stadtverkehr

Taxis sind preiswert, man muss aber oft lange auf ein Auto warten. In der Regel startet die Uhr bei 4 QR und zählt dann 1,20 QR pro Kilometer.

Doha ist eine stark besiedelte und schnell wachsende Stadt. Zur FIFA Weltmeisterschaft 2022 soll hier eines der modernsten

Metro- und Bahnsysteme der Welt entstehen. Gebaut und gebohrt wird zur Zeit an Teilstücken von insgesamt 164 Kilometer Länge sowie an 61 Stationen.
Die ersten Züge sollen 2019 rollen.

Telefon und Internet

Telefon-Vorwahl: +974,
Internet: www.explore-qatar.com
WLAN: Freies WLAN gibt es am Flughafen und in einigen Hotels. Sonst eines der Internet-Cafés benutzen.

Tourist Information

Qatar Tourism Authority, 24624 Jusail Expy, Tel. +974/4499 7499, www.qatartourism.gov.qa.

Unterkunft

Es gibt sehr viele Hotels in Doha. Sehr schön und auf einer Insel direkt vor der Corniche gelegen ist das Banana Island Resort Doha by Anantara, Tel. +974/40405050, www.doha.anantara.com. Ein orientalischer Traum für 300 Euro pro Nacht, Minimum, und man muss sehr frühzeitig buchen!

Zeitzone

UTC+3 h, MEZ +2 (keine Umstellung auf Sommerzeit).

Eine Einkaufsstraße im Stadtzentrum

Auf dem Schiff von A bis Z

Jede Kreuzfahrt ist ein großes Erlebnis und vor allem für ›Erstkreuzfahrer‹ ist das besonders aufregend, denn sie haben vor Antritt der großen Reise viele Fragen, das Schiff und das Leben auf dem Schiff betreffend. Mit den Reiseunterlagen bekommt man immer eine Art ›Gebrauchsanleitung‹ zugestellt, die viele dieser Fragen beantwortet - aber erst mit den Reiseunterlagen.

In dem folgenden Kapitel möchte ich die wichtigsten Fragen vorab beantworten. Für spezielle Informationen zu den unterwegs besuchten Reisezielen siehe am Ende der jeweiligen Kapitel (Dubai → S. 100, Abu Dhabi → S. 121, Khor Fakkan → S. 129, Fujairah → S. 135, Muscat → S. 153, Khasab → S. 159, Manama → S. 177, Doha → S. 192)

Abfahrtszeiten

Die Schiffe müssen für ihre Liegezeit am Hafen oder in der Lagune Gebühren zahlen, ziemlich viel sogar. Deshalb wird das Schiff auf Zuspätkommer nur eine kurze Zeit warten können. Die Abfahrtzeiten für die einzelnen Häfen finden Sie bereits in

Atrium eines Kreufahrtschiffes

Ihren Reiseunterlagen, sie wird aber auch in der Bordzeitung jeweils für den nächsten Tag bekanntgegeben. Richten Sie ihre Landgänge entsprechend ein, sonst müssen Sie dem Schiff mit einem teuren Wassertaxi hinterher jagen.

Ärztliche Versorgung

Jedes Kreuzfahrtschiff hat ein modernes Hospital mit Schiffsarzt und ausgebildeten Krankenschwestern sowie eine Apotheke, die mit Medikamenten für allgemeine Erkrankungen und zur Notfallbehandlung ausgestattet ist. Wenn Sie aber besondere Medikamente benötigen (Herztabletten, Diabetes- oder Gichttabletten o.ä.), sollten Sie diese in ausreichender Menge mitnehmen. Der Arzt behandelt Sie als Privatpatient, eine Abrechnung per Versicherungskarte ist nicht möglich. Die Kosten werden Ihrem Bordkonto belastet und es gibt eine detaillierte Rechnung, die Sie ihrer Krankenkasse vorlegen können. Eine entsprechende Reisekrankenversicherung ist unbedingt ratsam, sie kostet etwa 17 Euro für ein ganzes Jahr. Zum Thema Dialyse → S. 30.

Alkohol

Es ist nicht erlaubt, alkoholische Getränke mit an Bord zu nehmen, den Alkohol soll man dort kaufen!

Wer zu einem besonderen Anlass aber seinen eigenen Wein oder Sekt mitbringen möchte (eine Flasche pro Person), muss dafür eine Korkengebühr von zehn Dollar pro Flasche entrichten. An Land oder auf dem Schiff erworbene Spirituosen werden aufbewahrt und am Tag der Abreise auf die Kabine gebracht. Über Ausnahmen von dieser Regel informieren Sie sich bitte in den Unterlagen, die sie beim Check-In erhalten.

Ausflüge

Die Ausflüge werden von örtlichen Agenturen durchgeführt. Wenn es keine deutschsprachigen Reiseleiter gibt, finden die

Ausflüge in englischer Sprache statt. Bitte beachten Sie, dass die Standards für Busse, Restaurants und Toiletten nicht immer europäischen Standards entsprechen.

Babys und Kleinkinder

Eine Teilnahme von Babys und Kleinkindern an der Kreuzfahrt ist erst ab sechs Monaten gestattet. Der vollständig empfohlene Impfschutz für Babys und Kleinkinder wird vorausgesetzt. Kinder bis zum zweiten Lebensjahr reisen in der Regel kostenlos. Wasser- bzw. Milchwärmer und Wärmedecken dürfen aus Sicherheitsgründen nicht benutzt werden, für die Zubereitung von Babynahrung wenden Sie sich bitte an die Rezeption. Aus hygienischen Gründen dürfen im Pool keine Schwimmwindeln getragen werden.

Manche Schiffe bieten Kinderbetreuung an

Badetücher

Badehandtücher werden zur Verfügung gestellt, diese dürfen auch zu Ausflügen an den Strand mitgenommen werden, aber bitte dort nicht vergessen. Die Badetücher dienen nicht zur Reservierung von Liegen (eine deutsche Unsitte!).

Behinderte

Eine rollstuhlgerechte Kabine muss natürlich schon bei der Buchung beantragt werden. Ansonsten hat der Rollstuhlfahrer auf dem Schiff dank der Fahrstühle keine Probleme. Auch das ›Tendern‹ ist problemlos, da es weitgehend barrierefrei ist. Trotzdem müssen sich Rollstuhlfahrer aber vor der Buchung genau informieren, denn in einigen Häfen erfolgt der Ausstieg von Deck über eine Rampe.

Besucher

Aus Sicherheitsgründen sind keine Besucher auf dem Schiff zugelassen.

Bettwäsche/Handtücher

Bettwäsche und Handtücher werden gestellt, das Wechseln der Handtücher erfolgt wie im Hotel auf Wunsch: das Handtuch, das man auf den Boden liegt, wird gewechselt. Badetücher mit Reedereilogo sind keine Souvenirs, können aber an der Rezeption erworben werden.

Bezahlung

Die Bordwährung ist meist der US-Dollar, bei TUI aber Euro, alle Zahlungen erfolgen bargeldlos mit der Bordkarte. Dazu muss beim Einchecken eine Kaution von ca. 300 Dollar oder Euro pro Person hinterlegt werden. Es wird empfohlen, beim Check-in eine Kredit- oder EC-Karte einlesen zu lassen, damit wird die Bordkarte zur Schiffs-Kreditkarte: Alle Ausgaben an Bord – die Kosten für die Landgänge, der Drink an der Bar, das Bier zum Abendessen, die (hoffentlich nicht erforderliche) Arztrechnung– eben alle Ausgaben werden auf das Bordkonto gebucht, man bestätig nur jede Bestellung mit Unterschrift. In der letzten Nacht erhält man automatisch die Endabrechnung an die Kabinentür.

Bibliothek

Die gemütliche Bibliothek verfügt über zeitgenössische und klassische Titel sowie Literatur zu den Reisezielen und über Kunst, Sport Gesundheit, Geschichte und spannende Unterhaltung.

Bordfotograf

Arbeiten wo andere Urlaub machen - selbst von der Branche muss ich sagen: Bordfotograf ist der Traumjob eines jeden Fotografen! Die Bordfotografen sind Angestellte der Reederei und das Gehalt ist nicht berauschend, aber Verpflegung und Unterkunft sind umsonst, man benötigt kein Auto mit all den Nebenkosten und muss nicht auf teure Urlaubsreisen sparen. Der Bordfotograf fotografiert nur frohgestimmte Menschen, begleitet sie auf den Ausflügen und dreht Videos von der Kreuzfahrt Er hat auch einen kleinen Vorrat an Kameras und Zubehör sowie Filme und Speicherkarten in seinem Shop. Aber auch wer gerne ein schönes Familienfoto haben möchte, ist in den Studios der Bordfotografen durchaus nicht schlecht bedient. Die Preise zu Hause im Fotostudio sind meist sogar höher. Alle Bilder von den Ausflügen und Veranstaltungen werden an dem jeweils folgenden Tag ausgestellt, so dass die Gäste sie kaufen können - nicht ganz billig!

Bordkarte

Die Bordkarte ist eine nützliche Erfindung! Sie hat die Größe einer Scheckkarte und dient als (elektronischer) Schlüssel für die

Schöne Aussicht vom Balkon

Kabine. Auf der Karte steht der Name des Passagiers aber natürlich nicht die Kabinennummer. Wer es möchte, kann diese Karte auch zu seinem Portemonnaie machen, und das ist richtig schick (siehe ›Bezahlung‹, → S. 190).

Bordmanifest

Siehe ›Personalizer‹

Bordzeitung

Eine ›Bordzeitung‹ wird jeden Abend aufs Zimmer geliefert, sie enthält das Unterhaltungsprogramm und die Aktivitäten des nächsten Tages sowie eine kurze Beschreibung der Sehenswürdigkeiten und der Landausflüge für den nächsten Tag.

Bordreiseleitung

Die Reisemanager (cruise guides) beraten Sie bei der Auswahl der Landausflüge und für zukünftige Kreuzfahrten, natürlich mit der entsprechenden Reederei.

Bügeln

Auf dem Kreuzfahrtschiff kann man die zerknitterte Wäsche bügeln oder schmutzige Wäsche waschen oder waschen lassen. Es gibt einen Wäsche- und Reinigungsservice zu moderaten Preisen, die Wäsche wird innerhalb 48 Stunden zurückgebracht (Express-Service am selben Tag). Beispiel: Hemd drei Euro, Unterhose ein Euro, Kleid sechs Euro oder in der entsprechenden Bordwährung.

Zusätzlich gibt es auf vielen Schiffen öffentliche Waschsalons mit Münzautomaten und Trocknern. Die dazu benötigten Münzen oder Chips sind an der Rezeption erhältlich. Eine Ladung an der Waschmaschine oder am Trockner kostet etwa zwei Euro. Auch Bügeleisen und Bügeltische sind in diesen Räumen vorhanden.

Casino

Das Casino ist jede Nacht geöffnet. Dort gibt es auch Kurse, für Roulette, Poker und Blackjack. Wer also noch kein Spieler ist, kann hier einer werden. Zutritt ab 21 Jahren.

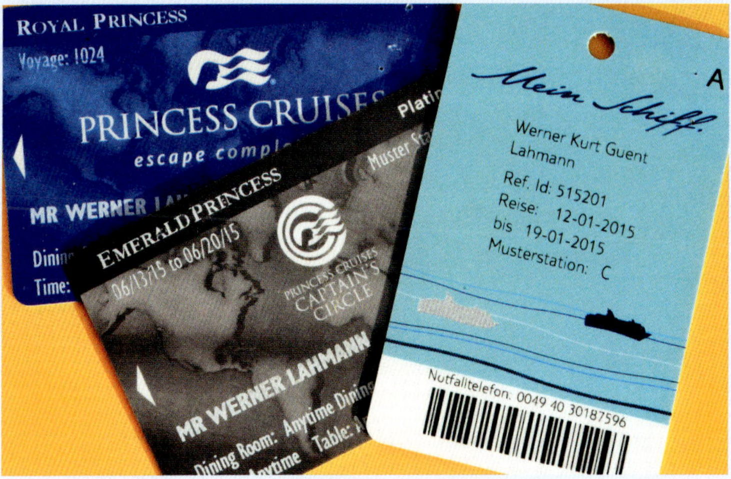

Bordkarten

Check-in/Check-out
Der Check-in beginnt typischerweise vier Stunden vor Abfahrt. Spätestens zwei Stunden vor Abfahrt müssen bei großen Schiffen alle Gäste an Bord sein. Bei kleineren Schiffen reicht eine Stunde, die früheste Check-in-Zeit finden Sie in den Reiseunterlagen. Wer ›Transfers‹ gebucht hat, bei TUI heißt das ›all-inclusive‹, ist jetzt gut dran, sein Gepäck übernimmt das Schiffspersonal bereits bei der Abholung am Flugplatz Sie können dann ganz entspannt ›Ihr‹ Schiff betreten und sich wie in jedem Hotel zu Ihrem Zimmer (Kabine oder Stateroom) begeben, dort finden Sie dann Ihr Gepäck wieder. Bei der Ausschiffung müssen die Koffer am Abend vor der Ausschiffung vor die Kabinentür gestellt werden, Sie bekommen das Gepäck dann am Flughafen oder, bei eigenem Transfer, draußen vor dem Schiff zurück. Dinge, die Sie am Morgen benötigen (Zahnbürste, Rasierer) müssen deshalb ins Handgepäck.

Deckspläne
Einen Decksplan erhalten beim Einchecken. Außerdem hängen Deckspläne bei den Fahrstühlen und an etlichen Stellen im Schiff. Natürlich kann man die Lage seiner Kabine auch im Internet anschauen, sobald man die Kabinennummer hat, etwa vier Wochen vor Abfahrt.

Diätkost
Diätkost und Lebensmittelunverträglichkeit sollten vor der Reise im Bordmanifest angemeldet werden.

Dresscode
siehe ›Kleidung‹

Einkaufen an Bord
In den Bord-Boutiquen kann man richtig bummeln gehen. Es gibt Garderobe, Strandzubehör und Souvenirs sowie Duty-Free-Angebote wie Spirituosen, Parfüm und Schmuck, und es gibt sogar täglich wechselnde Sonderangebote. Einen Supermarkt sucht man hier allerdings vergebens.

Elektrische Geräte und Kerzen
Mitgebrachte Wasserwärmer, Bügeleisen und Wärmedecken sowie auch brennende Kerzen sind an Bord nicht erlaubt.

Erreichbarkeit auf See
Handy-Empfang (→ S. 199) ist grundsätzlich auch auf See möglich, aber auch ohne Mo-

Es ist besser, einen Tag früher anzureisen

biltelefon ist man auf dem Kreuzfahrtschiff nicht von der Welt abgeschnitten: Jedes Schiff ist über Telefon und Fax erreichbar, die entsprechenden Nummern werden Ihnen mit den Buchungsunterlagen zugestellt.

Extrakosten

Im Preis für die Kreuzfahrt sind in der Regel die folgenden Kosten enthalten:
Die Kreuzfahrt selbst in der gebuchten Kabine, alle Hafengebühren und Steuern, Teilnahme an allen Bordveranstaltungen und Nutzung der Schiffseinrichtungen, alle Treibstoffzuschläge, alle Mahlzeiten (bei manchen Spezialitätenrestaurants sind Aufschläge möglich), Kaffee, Tee, Wasser, Eistee im Buffetrestaurant und 24-Stunden Kabinenservice. Bei einigen Veranstaltern ist auch der Tischwein inklusive.
Nicht enthalten sind die Anreisekosten (Bahn, Flug) und die Transfers zum und vom Schiff sowie persönliche Ausgaben an Bord wie zusätzliche Dienstleistungen (Friseur, Massagen etc,), Landausflüge, Rundfahrten und Rundgänge sowie Reiseversicherungen und Trinkgelder an Bord (etwa zwölf Euro pro Person und Tag) und die Drinks an der Bar (etwa acht Euro pro Drink).
Bei AIDA, TUI Cruises und Hurtigruten ist das Trinkgeld im Reisepreis enthalten.
Vielfach werden ›Getränkepakete‹ angeboten, ob diese günstig sind, richtet sich nach den persönlichen Gepflogenheiten, also wie viele alkoholische Getränke oder Softdrinks man so verdrückt: das Getränkepaket kostet bei Princess Cruises 49 Dollar pro Person und Tag plus 15% Servicegebühr, bei MSC 44 Euro plus 15% Servicegebühr.
Bei ›all-inclusive‹-Angeboten (TUI Cruises) sind im Reisepreis außer dem Trinkgeld auch die Flüge, Zug zum Flug, Transfers und die meisten Cocktails an der Bar inklusive. Aber aufpassen: alle Getränke aus dem Kühlschrank in der Kabine müssen bezahlt werden. Beispiel: Coca Cola zwei Euro, Apfelsaft 0,2 Liter 1,90 Euro, Beck's Pils 2,90 Euro, Rotwein 0,25 Liter vier Euro, Wasser 0,5 Liter 1,40 Euro.

Fachkurse

An bis zu vierzig Kursen kann man während der Kreuzfahrt teilnehmen (abhängig vom Schiff). Zum Beispiel Bridge, Töpfern, Tanzen/Square Dance, Webdesign, Zaubern, Abnehmen, diverse Computerprogramme, Weinproben und vieles mehr.

Flugverspätung

Auch bei Flugreisen kommt es mitunter zu Verspätungen oder kurzfristigen Flugänderungen. Verpasst man dadurch das Schiff, hat man Pech gehabt, dagegen gibt es auch keine Versicherung. Vielleicht kann man das Schiff noch mit einem Wassertaxi oder am nächsten Hafen erreichen. In jedem Fall sollte man das Schiff telefonisch benachrichtigen. Bei einigen Fahrten liegt das Schiff die ersten beiden Tage am Kai des Starthafens. Wer, wie es mir einmal ergangen ist, wegen einer Flugänderung der Airline das Schiff nicht erreicht, kann dann am nächsten Morgen einchecken. Bei den meisten Touren verlässt aber das Schiff den Hafen gleich am ersten Tag. Wer ganz sicher gehen will, bucht seine Flüge einen Tag früher und übernachtet einmal am Startort.

Geldwechsel

An der Rezeption können Sie in den meisten Häfen kleine Mengen (bis 100 Euro) der jeweiligen Landeswährung tauschen, das ist aber nicht garantiert.

Gepäck

Für die Kreuzfahrt selbst gibt es in der Regel keine Gepäckbegrenzung, man dürfte bis zu 100 Kilogramm mitnehmen, sollte aber beachten, dass der Stauraum in der Kabine nur begrenzt ist und dass all diese Sachen mit dem Shuttle-Bus oder im Taxi zum Schiff gebracht werden müssen. Die Begrenzung wird jedoch durch die Fluggesellschaft gegeben und liegt in der Größenordnung von 20 bis 30 Kilogramm pro Person.

Es ist nicht gestattet, Feuerwaffen, Munition und andere Gegenstände, die als Waffen eingesetzt werden können, mit an Bord zu bringen. Ebenso ist die Mitnahme von Drogen, Säuren, gefährlichen Chemikalien, entflammbaren Substanzen und sonstigen Gefahrengütern untersagt. Klapp- und Jagdmesser sowie Messer mit einer Klingenlänge von mehr als zehn Zentimeter dürfen nicht an Bord gebracht werden.

Kabinengang

Gottesdienst

Gottesdienst (katholisch, evangelisch und jüdisch) wird, wenn überhaupt, nur an kirchlichen Feiertagen angeboten, und zwar zu Aschermittwoch, Palmsonntag, Ostern, Rosh Hashana, Yom Kippur, Chanukah, Passahfest und Weihnachten.

Handtücher

siehe ›Bettwäsche‹

Handy

Handyempfang ist an Bord möglich, der Empfang auf See kann aber eingeschränkt sein. Die Kosten richten sich nach den Tarifen des Mobilfunkanbieters oder Roaming-Partners und können sehr hoch sein.

Haustiere

Haustiere dürfen auf Kreuzfahrtschiffe nicht mitgenommen werden.

Einzige Ausnahme: Blindenhunde, aber auch da sollte man sich vorher erkundigen. Die *Queen Mary 2* hat eine Art ›Hunde-Kindergarten‹ an Bord, wo Hunde bis zu einer bestimmten Größe gegen Gebühr aufgenommen und betreut werden. Im restlichen Schiff dürfen sie sich allerdings nicht aufhalten.

Internetzugang

Internet-Zugang gibt es in den Internet-Cafés der Schiffe oder auch über das schiffsinterne WLAN. Zugangskarten zum WLAN gibt es an der Rezeption. Die Gebühren sind in der Größenordnung von 0,50 Euro pro

Minute, 20 Euro für eine Stunde und 50 Euro für drei Stunden (2015).

Jogging

Viele Schiffe haben eine Jogging-Bahn auf dem Freideck (Sport, → S. 205).

Kabine

Die Kabinen, englisch ›Stateroom‹, haben eine Größe von etwa 16 Quadratmetern (Standard) oder 50 bis 100 Quadratmeter (Suite) sowie eine Fenster-Attrappe (Innenkabine), ein Bullauge, ein rechteckiges Fenster oder einen Balkon. Bullauge und Rechteckfenster können nicht geöffnet werden. Die Kabine ähneln einem gut eingerichteten Hotelzimmer, sind aber, abgesehen von den recht teuren Suiten, deutlich kleiner als Hotelzimmer. Sie bieten im Wesentlichen ein Doppelbett mit Bettzeug und Tagesdecke sowie Nachtschränkchen und Lampen, ein paar Wandschränke, einen kleinen Frisiertisch mit Spiegel und gegebenenfalls ein Sofa mit kleinem Couch-Tisch, sowie dazwischen ein paar Handbreit Platz zum Durchgehen. Zur Einrichtung gehört ein Kühlschrank, Safe und Fernseher. Das Bad hat eine Duschkabine, Toilette und Föhn. Es gibt eine oder mehrere Steckdosen für amerikanische Stecker (zwei flache Stifte) manchmal auch eine Deutsche Schuko-Steckdose, darauf kann man sich aber nicht verlassen, man sollte also entsprechende Adapter für amerikanische Steckdosen mitnehmen. Im Notfall kann man an Bord einen Adapter kaufen oder an der Rezeption ausleihen. Die Spannung beträgt 110 Volt Wechselstrom (USA-Steckdose) und 220 Volt Wechselstrom (deutsche Schuko-Dosen). Die TUI-Schiffe haben deutsche Schuko-Steckdosen.

Kabinenreinigung

Die Kabine einschließlich Bad wird jeden Tag vom Kabinensteward gereinigt, auch das Bett wird gemacht, meist liegt ein Betthupferl auf dem Kissen. Es ist nicht verkehrt, dem Zimmersteward ein Trinkgeld zu geben, denn das obligatorische, von der Reederei eigezogene Trinkgeld ist doch in Wahrheit nur ein Beitrag des Kunden zum Gehalt des Angestellten.

Kleidung (Dresscode)

Auf den meisten Kreuzfahrtschiffen gibt es keinen formellen Dresscode mehr. Mit einem klassisch-legeren, den Temperaturen angepassten Kleidungsstil liegt man immer richtig, also Hemd, Hosen und leichte Schuhe sowie einen leichten Pullover für kühlere Abende. Die Sommermonate sind heiß, die Temperatur steigt schnell über 30 Grad Celsius, also auch dafür bitte entsprechend kleiden. Badeanzug ist im Sommer für den Deckspool durchaus angebracht, in Badeklamotten sollte man aber nur am Pool erscheinen.

Für die Abende und im Restaurant kleiden Sie sich so, wie Sie es zu Hause für einen Restaurantbesuch auch tun würden: Rock, Kleid oder lange Hose und T-Shirt oder Bluse für die Dame und lange Hose und Hemd, T-Shirt oder Poloshirt für den Herrn. Im Restaurant sind Badebekleidung oder Shorts nicht erwünscht.

Auf vielen Kreuzfahrten gibt es einen ›Eleganten Abend‹ (formal night). Dazu trägt die Dame elegante Abendkleidung, Cocktailkleid, Abendkleid oder eleganten Hosenanzug und der Herr dunklen Anzug oder Kombination und Krawatte oder Smoking, wenn er seinen Smoking unbedingt vorführen möchte. Diese Garderobe wäre dann auch angebracht für das ›Captains Dinner‹, falls man dazu eingeladen ist. In den Restaurants und Anytime Dining ist an diesen Abenden formale Kleidung ein Muss. Wem das zu aufwendig ist, der muss ja an der ›formal night‹ nicht teilnehmen, muss deshalb aber nicht verhungern: im Buffet-Restaurant kann man jederzeit und auch in legerer Kleidung speisen.

Auf Landgängen in arabischen Ländern sollte man sich dezent und zurückhaltend kleiden, auch wenn es für Touristen keine Kleidervorschriften gibt. Bei Besuchen von Moscheen muss man unbedingt die entsprechenden Vorschriften beachten, wobei Tücher und Umhänge etc. meist am Eingang ausgeliehen werden können (→ S. 59).

Klimaanlagen

Moderne Kreuzfahrtschiffe sind vollklimatisiert. Die Klimaanlage der Kabine ist individuell regelbar, aber nicht komplett abschaltbar.

Kofferanhänger

Bitte versehen Sie Ihr Gepäck unbedingt mit den in den Reiseunterlagen beigefügten Kofferanhängern, die bereits die Kabinennummer enthalten, nur so werden Sie Ihr Gepäck in oder vor Ihrer Kabine wiederfinden.

Kühlschrank

In der Regel ist in jeder Kabine ein Kühlschrank vorhanden.

Landausflüge

Der Trend in der modernen Kreuzschifffahrt geht dahin, dass der Reisende möglichst viel Zeit an Bord verbringt und sich an den vielen Veranstaltungen und Darbietungen ergötzt. Attraktionen, wie Autoskooter, Eisbahn, Wasserrutschen und Kletterwände, gehören dabei schon zum hohen Standard eines modernen Schiffes. Die Kreuzfahrt entwickelt sich immer mehr zum Urlaubs-Event. Nicht mehr das Kreuzfahrtschiff als komfortables, schwimmendes Hotel, auf Fahrt zu attraktiven Zielen steht im Mittelpunkt – jetzt wird das Schiff selbst zum Ziel, als schwimmendes Urlaubs-Resort mit einem Angebotsspektrum, das in der Form kaum ein Resort an Land bieten kann, und dieses hoch attraktive Urlaubsresort hat zudem die Qualität, seinen Standort zu verändern. Hier kann man das Sprichwort ›der Weg ist das Ziel‹ im wahrsten Sinne des Wortes anwenden.

Und trotzdem bleiben die Landausflüge eine beliebte Abwechslung und werden von den meisten Urlaubern gern angenommen. Wer könnte denn wirklich einer Fahrt in die Wüste zu einem Wüstencamp mit Kamelen und einheimischen Tänzen widerstehen?

Die Landausflüge werden vom Veranstalter oder der Reederei angeboten, meist mit Englisch sprechenden Guides, oft aber auch auf Deutsch. Eine Liste der Angebote für die einzelnen Häfen mit einer kurzen Beschreibung der Tour finden Sie im Internet auf der jeweiligen Homepage der Reederei, oft auch mit kleinen Videofilmen, und Sie bekommen sie natürlich auch mit den Buchungsunterlagen. Diese Ausflüge können ab etwa 100 Tagen vor Reisebeginn online gebucht werden, Die Kosten liegen bei 60

Busse stehen für Landausflüge bereit

bis 90 Euro pro Person und Ausflug. Die Landausflüge können auch noch an Bord am Shore Excursion Desk gebucht werden, vorbehaltlich der Verfügbarkeit natürlich. Bei der Beschreibung der einzelnen Etappen unserer Reise gebe ich Empfehlungen für interessante Landausflüge.
Etwas preiswerter wird es, wenn man den Landausflug selbst organisiert. Dabei sollte man jedoch beachten, dass eine verspätete Rückkehr durch eine Autopanne oder ein ähnliches Missgeschick katastrophale Folgen hätte: das Schiff kann auf diese möglicherweise verspäteten Passagiere nicht warten. Bei einem von der Reederei organisierten Ausflug hingegen wartet das Schiff auf jeden Fall auf die Rückkehr der Reiseteilnehmer.

Leistungen

siehe ›Extrakosten‹

Liegestühle

Liegestühle sind auf den Sonnendecks in großer Zahl vorhanden. Zur Kabinenausstattung gehört ein großes Strandhandtuch pro Person. Dieses dient aber nicht zur Reservierung der Liegen (eine typisch deutsche Unsitte)! Wenn Sie einmal keine Liege mehr erwischen sollten, wenden Sie sich bitte an den Decks-Steward um Hilfe. Es hat keinen Sinn, morgens um Fünf die Liegen mit den Strandhandtüchern zu belegen: der Steward räumt alles wieder weg!

Auf zur Fahrradtour

Medizinische Geräte

Schlafapnoegeräte und Sauerstoffkonzentratoren, die mit Umgebungsluft arbeiten, sind an Bord erlaubt, müssen allerdings den geltenden Sicherheitsvorschriften entsprechen. Nicht erlaubt sind hingegen Geräte mit Druckgasflaschen oder Flüssigsauerstoff. Rollstühle, auch elektrische, sind an Bord erlaubt, dürfen aber nicht im Flur deponiert werden. Eine Ausleihe von Rollstühlen oder Sauerstoffgeräten gibt es nicht. Medizinische Nadeln und Spritzen sind an Bord erlaubt, sollten aber bei der Buchung angemeldet werden, damit entsprechende Entsorgungsbehälter bereitgestellt werden können.

Moscheenbesuch

Bei dem Besuch einer Moschee muss unbedingt die Kleiderordnung beachtet werden, sonst gibt es richtig Ärger! Bitte beachten Sie die Hinweise unter ›Kleidung‹ (→ S. 59), ›Hotelbesuche‹ auf Seite (→ S. 62) und ›Abu Dhabi‹ (→ S. 108).

Mountainbike

Ja wirklich: Sie können auf vielen Schiffen Ihr Fahrrad mitnehmen und damit die Zielhäfen erkunden, das ist ein toller Spaß (bitte vor der Buchung erkundigen).
›Mein Schiff 2‹ hat eigene Mountainbikes und bietet geführte Fahrradtouren an.

Personalizer

Der Cruise-Personalizer ist Ihr persönlicher ›Steckbrief‹. Er enthält Ihre persönlichen Daten und Wünsche bezüglich der Landausflüge, der Flughafen-Transfers und andere. Sobald Sie die Buchungsnummer haben, können Sie mit dieser das Formular, auch ›Bordmanifest‹ oder ›Schiffsmanifest‹ genannt, im Internet aufrufen, ausfüllen und an die Reederei schicken. Hier können

Festliche Abendbeleuchtung

Sie dann später Änderungen vornehmen, zum Beispiel bei den Ausflügen oder bei den Essenszeiten, der Bettenkonfiguration oder Sonderverpflegung.

Rauchen

Rauchen ist in der Regel auf dem ganzen Schiff streng verboten, Ausnahmen sind nur die besonders gekennzeichneten Bereiche auf Deck oder die ›Raucher-Lounge‹. Zuwiderhandlungen werden wegen der enormen Brandgefahr streng geahndet. Eine Ausnahme macht TUI-Cruises, auf ihren Schiffen ist das Rauchen auf dem Schiff und in allen Kabinen ebenfalls streng verboten, geraucht werden darf aber in den gesondert bezeichneten Bereichen und auf allen Balkonen der Kabinen!

Restaurants

Auf dem Kreuzfahrtschiff gibt es drei Arten von Restaurants, die sich in ihrem Ambiente unterscheiden. Das hat aber nichts zu tun mit ›Klassen‹ sondern nur mit den Wünschen und Ansprüchen der Gäste: jeder kann in jedem Restaurant speisen, der eine möchte sich im Urlaub richtig schön bedienen lassen und hat auch gern Gesellschaft beim Essen: er geht in eines der regulären Restaurants, wo man, meist in zwei Sitzungen und immer am festen ›Stammplatz‹, das vier bis fünf Gänge Menü serviert bekommt oder à la carte speisen kann. Andere bevorzugen es, sich ihre Mahlzeit selbst zusammenzustellen, besonders so schnaikige Menschen wie ich (schnaikig ist schwäbisch für ›wählerisch beim Essen‹). Diese Menschen, also solche wie ich, bevorzugen das Buffet-Restaurant. Dort werden die Speisen auf separaten Tischen lecker präsentiert, und der Gast kann sich dort nach Herzens Lust bedienen. Formale Kleidung ist nicht vorgeschrieben, Badekleidung ist aber auch hier unerwünscht. Einige Schiffe bieten dann noch besondere Spezialitäten-Restaurants, etwa ein Steakhouse oder ein Fischrestaurant, dort wird dann eine ›Reservierungsgebühr‹ von 25 Euro erhoben. Für Liebhaber von Fischgerichten gibt es auf *Mein Schiff 2* von TUI eine Außenstelle des Lister Fischhauses GOSCH mit leckeren Fischgerichten – ohne Extrakosten, ohne Reservierung, sehr zu empfehlen.

Rollstuhl

Seit Ende 2012 gibt es in der EU die ›Fahrgastrechte-Verordnung‹. Darin ist ein Verbot von Diskriminierung behinderter Men-

schen vorgeschrieben, wonach diese einen Anspruch haben auf kostenlose Hilfe bei Ein- und Ausschiffung und auf kostenlose Beförderung des Rollstuhls. Barrierefreie Kabinen gibt es auf den meisten Kreuzfahrtschiffen, aber natürlich nur in begrenzter Anzahl.
Rollstuhlfahrer sind auf Kreuzfahrtschiffen natürlich willkommen, sollten sich jedoch rechtzeitig direkt mit der Reederei in Verbindung setzen.

Safe

Wertsachen wird man im Zimmersafe aufbewahren. Gibt es einen solchen nicht, hat die Rezeption entsprechende Aufbewahrungsmöglichkeiten.

Schwimmen

Schwimmen kann man immer an Deck im Pool, wenn's einem nicht zu kalt wird!

Schwangerschaft

Werdenden Müttern wird von der Teilnahme an der Seereise, besonders nach der 24. Schwangerschaftswoche, abgeraten, da die medizinische Versorgung bei Komplikationen nicht sichergestellt werden kann.

Seekrankheit

Moderne Schiffe sind mit Stabilisatoren ausgestattet, die einer Seekrankheit vorbeugen. Mit moderner Technik an Bord lassen sich zudem Schlechtwetter-Zonen frühzeitig erkennen und umfahren. Die Rezeption hält Medikamente gegen Seekrankheit bereit.

Seemannslatein

Die Seefahrt hat ihre eigene Sprache. Es ist gut, die wichtigsten Ausdrücke zu kennen:

Achtern	auch Heck, – hinterer Teil des Schiffes
Backbord	linke Seite in Fahrtrichtung
Steuerbord	rechte Seite in Fahrtrichtung
Brücke	Kommandoraum des Kapitäns
Bug	vorderer Teil des Schiffes
Heck	hinterer Teil des Schiffes
Bullauge	rundes Fenster (in den Kabinen der unteren Decks)
Deck	Stockwerk, Etage
Dock	Anlegestelle, auch Kai oder Pier
Gangway	Treppenzugang zum Schiff
Kombüse	Schiffsküche
Lee	Windschattenseite
Luv	dem Wind zugewandte Seite des Schiffes
Messe	Salon, Speisesaal
Mittschiffs	mittlerer Teil des Schiffes
Reede	vor dem Hafen vor Anker liegen
Ruder	Steuerung des Schiffes
Schlingern	seitliche Schaukelbewegung
Stampfen	Schaukeln des Schiffes in Längsrichtung
Seemeile	1,852 Kilometer
Sitting	Sitzverteilung im Speise saal
tendern	Übersetzen an Land mit kleinen Booten, meist mit den Rettungsbooten
Tiefgang	Maß von der Wasseroberfläche bis zur tiefsten Stelle des Schiffes
Tip	Trinkgeld
Untiefe	flache Wasserstelle
Vordersteven	vorderste Spitze des Schiffes

Seenotrettungsübung

Die Seenotrettungsübung ist eine internationale Vorschrift, und jeder Passagier ist verpflichtet, daran teilzunehmen. Der Zeitpunkt der Übung wird in der Bordzeitung bekanntgegeben, er muss, nach den neuesten gesetzlichen Bestimmungen, ganz am Anfang der Reise liegen. Nach dem Ertönen des Signaltons muss jeder Passagier seine Schwimmweste aus dem Schrank holen und mit dieser zu seiner Master-Station gehen. Masterstationen sind Sammelplätze, die den Kabinennummern zugeordnet sind, auch ›Sammelplatz‹ oder ›Assembly

Point‹ genannt. Auf einem Plan an der Kabinentüre ist die Lage der zu dieser Kabine gehörenden Master-Station angegeben (Decknummer und Buchstaben). Es ist also unwahrscheinlich, dass ein Passagier – wie neulich in einer Fernsehreportage gezeigt – durch das Schiff irrt und seinen Sammelpunkt nicht findet! Auch muss er gar nicht wissen, wie man zu dem oder in das Rettungsboot kommt, dafür sorgt im Ernstfall die Crew, die für diesen Notfall speziell trainiert ist. Alle Kreuzfahrtschiffe müssen im Notfall innerhalb von 30 Minuten evakuiert sein – dazu dient die Seenotrettungsübung!

Sicherheit

In den Jahren 2008 und 2009 gab es im Golf von Aden und vor der Ostküste Somalias zahlreiche Überfälle von Piraten auf Handelsschiffe und in fünf Fällen auch auf Kreuzfahrtschiffe, die aber alle glimpflich verliefen. Kreuzfahrtschiffe gelten zwar als relativ sicher, aber in der heutigen Zeit kann ein terroristischer Anschlag auf ein Kreuzfahrtschiff nicht völlig ausgeschlossen werden – es gibt leider keinen absolut sicheren Platz mehr auf der Welt.

Ein Kreuzfahrtschiff auf offener See zu kapern ist nicht ganz einfach. »Erstens sind sie recht schnell«, sagt Dieter Berg, Leiter Transportversicherung der Münchener Rück. »Einige fahren mit 25 Knoten, das sind etwa 50 Stundenkilometer, das muss man erst mal einholen. Ein gewisses Maß an Sicherheit ist auch durch die Höhe der Bordwand gegeben. Und drittens: Angreifer müssen so ein Schiff erst mal zum Stoppen bringen«.

Ein wichtiger Punkt sind auch die umfangreichen Sicherheitskontrollen. Während in Hotels im Prinzip jeder ungehindert hineinspazieren kann und auch das Gepäck nicht nach gefährlichem Inhalt untersucht wird, gelten bei Kreuzfahrtdampfern andere Regeln: »Die Sicherheitskontrollen bei Kreuzfahrtschiffen sind strenger als bei USA--Flügen«, sagt Berg. »Strenge Vorschriften gelten dabei nicht nur für Passagiere, sondern für alle, die das Schiff betreten, wie etwa das Personal oder Mitarbeiter, die Lebensmittel an Bord bringen.«

In den Häfen weltweit gilt seit dem 1. Juli 2004 außerdem der ›International Ship and Port Facility Security Code‹. Dieser ISPS-Code soll potenzielle Terroristen daran hindern, auf eine Hafenanlage oder ein Schiff zu gelangen. Er umfasst zum Beispiel Personenkontrollen, Gangway-Posten an den Schiffen, speziell ausgebildete ISPS-Sicherheitsbeauftragte, Zäune und Gefahrenpläne. Wer auch nur in die Nähe des Schiffes möchte, muss sich ausweisen können, angemeldet sein und wird kontrolliert. Dazu ist der Liegeplatz des Schiffes weiträumig abgesperrt, und bei Tenderbetrieb ist auch der Anlandesteg für den Publikumsverkehr gesperrt.

Wundern Sie sich deshalb nicht, wenn Sie beim Betreten des Schiffes, und zwar bei jedem Betreten, kontrolliert werden wie auf einem Flughafen. Metalldetektoren überprüfen die Passagiere und das Gepäck vor dem Betreten des Schiffes gründlich. Über die Bordkarte kann die Reederei zudem genau nachvollziehen, wer sich an Bord befindet. Diese Bordkarte ist personenbezogen und muss immer beim Verlassen und beim Betreten des Schiffes vorgezeigt werden bzw. in den Schlitz einer Kontrollmaschine gesteckt werden. Diese Maschine sagt dann dem Personal, ob alle Passagiere, die das Schiff verlassen hatten, auch wieder zurückgekehrt sind.

Spannung/Steckdosen

Die Schiffe haben in der Regel amerikanische Steckdosen (für zwei flache Stifte) mit 110 Volt Wechselspannung, auf einigen Schiffen gibt es auch deutsche Schuko-Steckdosen mit 220 Volt. Die TUI-Schiffe haben nur 220 Volt mit deutschen Steckdosen.

Sport

Lange Zeit war eine Kreuzfahrt ein Vergnügen für ›Gutbetuchte‹ und damit meist ältere Herrschaften, denen ›Sport‹ oft ein

Tenderboot

Fremdwort war. Mit der Änderung der Kreuzfahrtidee und den fallenden Preisen für diese Fahrten sind jetzt auch viele junge Leute auf den Geschmack dieser Reisen gekommen. Das Durchschnittsalter für Hochseekreuzfahrten wird mit 50,4 Jahre angegeben, dazu müssen dann schon etliche junge Leute unterwegs sein. Das wahre, also nicht das statistische Alter der Passagiere hängt jedoch von dem Schiff, der Jahreszeit und dem Reisegebiet ab: Auf den AIDA- und den Disney-Schiffen ist der Anteil der Kinder und Jugendlichen bedeutend höher als beispielsweise bei Princess Cruises. Auch in den Schulferien steigt natürlich der Anteil der jungen Passagiere, und bei Fahrten in die Lagunen der Gesellschaftsinseln werden die älteren Semester überwiegen. Bezüglich der sportlichen Aktivitäten passen sich die Freizeitangebote der Klientel an. Deshalb sind die Reisenden nicht nur auf die Angebote bei den Landgängen angewiesen (siehe ›Landausflüge‹), sondern es gibt auch auf dem Schiff etliche Möglichkeiten, sich sportlich zu betätigen. Jogging-Parcours gibt es heute fast auf jedem Schiff, ebenso wie einen Fitnessraum mit modernen Trainings-Geräten. Auf den großen Schiffen gibt es Tennis- und Golfplätze, die kleinen Schiffe begnügen sich mit Golf-Abschlagplätzen.

Sprache/Verständigung

Die Bordsprache auf den meisten Schiffen ist Englisch, auf deutschen Schiffen natürlich Deutsch, und Englisch.

Telefon

Die Schiffe haben Satellitentelefonanlagen, mit denen man fast überall auf der Welt telefonieren kann. Die Gebühren werden automatisch auf das Kabinenkonto gebucht. Über die Gebühren sollte man sich aber tunlichst vorher in der Kabinenmappe oder bei der Rezeption erkundigen!

Tender

Die ›Tender‹ sind die Beiboote bzw. Rettungsboote , die sich an der Seite des Kreuzfahrtschiffes befinden, auch Dinghis genannt. Kleine Kreuzfahrtschiffe haben statt der großen Tenderboote motorisierte Schlauchboote, auch Zodiacs genannt. Tender dienen zum Übersetzen der Passagiere von der Reede (Ankerplatz) zum Landesteg oder im Notfall als Rettungsboote für Passagiere und Mannschaft. Ein Tender fasst etwa 120 Personen, wird er als Rettungsboot benutzt, kann es bis zu 150 Personen aufnehmen. Jedes Schiff führt so viele Tender mit, dass im Notfall für alle Passagiere und Besatzungsmitglieder gesorgt ist.
Große Häfen mit entsprechendem Liegeplatz kann das Kreuzfahrtschiff direkt anfahren und man kann über eine Brücke aussteigen. In einem Hafen, der zu klein ist für das riesige Schiff, Häfen deren Gewässer zu Flach für das Schiff sind oder in Häfen ohne freien Liegeplatz geht das natürlich nicht. In diesem Fall wird ›getendert‹, das heißt zwei oder mehr Rettungsboote (Tender) werden zu Wasser gelassen, und sie bringen die Passagiere an Land. In der Regel pendeln sie dann den ganzen Tag zwischen dem Schiff und dem Landesteg. Die Tender sind so geräumig, dass auch Fahrräder und Rollstühle transportiert werden können, Rollstühle werden allerdings nur transportiert, wenn der Gast nur zeitweise auf den Rollstuhl angewiesen ist und

das Ein- sowie Aussteigen selbstständig beherrscht.

Tischreservierung

siehe ›Restaurants‹

Treppensteigen

Auf einem Kreuzfahrtschiff mit 13 Passagier-Decks kann man ganz schön Treppen steigen! Gott sei Dank gibt es Fahrstühle, so dass Rollstuhlfahrer und ältere Herrschaften keine Probleme mit den Treppen haben.

Trinken/Trinkwasser

Das zur Zeit größte Kreuzfahrtschiff der Welt, die *Harmony of the Seas*, ist für 6360 Passagiere zugelassen und 2384 Mann/Frau Besatzung, es müssen also täglich über 8700 Personen versorgt werden, davon gut zwei Drittel im ›Fünf-Sterne-Bereich‹. Das ist die Dimension einer kleinen Kleinstadt, und es müssen auch auf dem Schiff die entsprechenden Einrichtungen wie Müllbeseitigung, Lebensmittelversorgung, Reparaturbetriebe (Elektriker, Maler u.a.), Sicherheitskräfte und Ärztliche Versorgung bereit gestellt werden sowie auch Frischwasser-Versorgung und Entsorgung. Die Zeiten, wo der Abfall und das Abwasser einfach ins Meer geschüttet wurden, sind längst vorbei. Der Abfall wird auf den größeren Schiffen in eigenen Müllverbrennungsanlagen verbrannt und das Abwasser läuft durch Kläranlagen, bevor es ins Meer entlassen wird. Die Deutschen verbrauchen laut Statistischem Bundesamt täglich 121 Liter Frischwasser pro Kopf für Toilettennutzung, Baden und Duschen, Wäsche waschen, Körperpflege, Geschirrspülen und Putzen sowie für Trinken und Kochen. Für die schwimmende Kleinstadt werden deshalb täglich über eine Million Liter Wasser benötigt. Diese Mengen kann man natürlich nicht bunkern, das Frischwasser wird deshalb auf dem Schiff durch Osmose oder Destillation aus Meerwasser gewonnen. Auch das im Hafen gebunkerte Trinkwasser wird vor Verwendung gefiltert und aufbereitet. Trotzdem empfehle ich, kein Wasser aus der Wasserleitung unabgekocht zu trinken.

Trinkgeld

Auf vielen Kreuzfahrtschiffen, wird Ihnen automatisch ein Trinkgeld von um die elf Dollar oder zehn Euro pro Person und Tag auf die Rechnung gesetzt oder es gibt einen entsprechenden Hinweis in den Reiseunterlagen. Bei all-Inclusive-Reisen sind diese Kosten bereits im Reisepreis enthalten. Wer zusätzlich ein Trinkgeld geben möchte, etwa dem Kabinensteward oder dem Lieblingskellner, ist damit gern gesehen (zwei Euro pro Tag und Person).

Umweltverschmutzung

Die Zeiten, da Abwässer und Abfälle einfach über Bord gekippt werden, sind längst vorbei: Abwasser wird gereinigt, bevor es ins Meer entsorgt wird und Abfälle werden verbrannt oder getrennt und zu Ballen gepresst im Hafen entsorgt. Auch die schwarzen Rauchfahnen aus den Schloten sehe ich eigentlich nur auf den Fotos der Kreuzfahrtgegner. Tatsache jedoch ist, dass so ein Dampfer eine riesige Menge an Energie verbraucht, auch wenn er friedlich

Ein Öltanker legt zum Betanken an

im Hafen liegt, und dass er eine erhebliche Menge an Feinstaub und Abgasen in die Luft pustet. Alle Kreuzfahrtschiffe müssen die Abgasnormen erfüllen, diese sind aber zur Zeit noch wesentlich großzügiger als für Lkw's. Man kann nun nicht die Kreuzfahrtbranche durch rigorose Gesetze kaputt machen, aber für Neu- und Umbauten erhöht der Gesetzgeber schrittweise die Auflagen. Es gibt bereits Techniken zur ›sauberen Schifffahrt‹ und sie werden ständig weiter entwickelt:

Senkrechtsteven (Steven – hier ist der Vordersteven gemeint – bildet den vorderen bzw. hinteren Abschluss des Schiffsrumpfes) verändern nicht nur das Aussehen der Schiffe grundlegend sondern verringern den Treibstoff-Verbrauch. Erstmals angewendet bei der *AIDAprima*.

Effektive Rußfilter sind sehr teuer und sehr schwer, aber vielleicht kann man dafür bei einem Neubau einen ›Skywalk‹ oder ähnliche Gimmicks fortlassen.

Marine-Diesel ist umweltfreundlicher als Schweröl ,aber auch wesentlich teurer. Wer wird freiwillig auf den teuren Treibstoff umstellen?

Energierückgewinnungsanlagen verringern den Treibstoff-Verbrauch.

Landstrom-Anschlüsse sind im Kommen, dann können die Schiffe im Hafen ihre Diesel abstellen. Hamburg hat gerade einen Anschluss installiert, aber auch die Schiffe müssen entsprechend umgerüstet werden. Hierfür reicht eine Schuko-Steckdose nicht aus!

Kreuzfahrtanbieter müssen sich bei den Emissionen ohnehin einiges einfallen lassen, wenn sie in Zukunft noch in Europa unterwegs sein wollen. Eine Einigung der Internationalen Maritimen Organisation sieht nämlich vor, dass bereits ab dem Jahr 2016 in Nordsee und Ostsee für den Schadstoffausstoß schärfere Grenzwerte gelten. Bis zum Jahr 2020 werden die zulässigen Werte noch einmal deutlich verringert. Dies kann dann nur noch mit Rußfiltern und Katalysatoren sowie durch den Einsatz eines teureren Dieselkraftstoffes erreicht werden – oder durch Gasantrieb: Costa Crociere lässt gerade zwei Riesen-Kreuzfahrtschiffe mit Flüssiggas-Antrieb bauen! (Meyer Werft 2019 und 2020). Auch die neuen Schiffe von AIDA (2019 und 2020) werden diesen Flüssiggas-Antrieb haben.

Verpflegung

Die Verpflegung auf dem Kreuzfahrtschiff ist immer Vollpension, denn es gibt ja keinen Bäcker- oder Fleischerladen und auch keinen Supermarkt.

In der Regel gibt es vier bis fünf Mahlzeiten (Frühstück, Mittagessen, Nachmittagstee, Abendessen und Mitternachtssnack). Diese Essenszeiten gehen ineinander über mit nur kurzen Unterbrechungen für den Umbau der Buffets. Man kann also am Buffet von morgens um 6 bis nachts um 24 Uhr unentwegt futtern.

Wer spezielle Verpflegung benötigt, koscher oder Diät, muss dieses bei der Buchung oder im Personalizer kundtun.

Wäscheservice

siehe ›Bügeln‹

Wellness & Fitness

Im SPA des Schiffes können Sie sich verwöhnen lassen, das kostet allerdings eine Kleinigkeit: Massage 30 Minuten, Rücken-Nacken- und Schultermassage 42 Euro, Hot-Stone Massage 60 Minuten 75 Euro, Ganzkörper-Wohlfühlmassage 50 Minuten 60 Euro, Fußreflexzonenmassage 50 Minuten 64 Euro und viele andere Angebote (Preisbeispiele bei TUI 2016).

Im Fitness Center gibt es diverse Muskelkräftigungsgeräte, Hanteln und Gewichte, Aerobic-Geräte sowie Sauna, Solarium und Dampfbad.

Wertsachen

In Fernseh-Krimis sieht man manchmal, dass Spitzbuben in der billigsten Innenkabine mitfahren, um ihren Mitmenschen dann Geld und Schmuck zu stehlen. Ich habe so etwas noch nicht erlebt, aber dagegen kann man sich recht einfach schützen: Geld, Kreditkarten und Schmuck immer im Zimmersafe aufbewahren. Gibt es einen solchen nicht, hat die Rezeption entsprechende Aufbewahrungsmöglichkeiten.

Zusteigemöglichkeit

Während der Fahrt zuzusteigen, ist nicht vorgesehen, bei einigen Kreuzfahrten kann man aber Teilstrecken buchen, dann kann man in dem betreffenden Hafen zusteigen.

Zollbestimmungen bei der Einreise in die EU

Mit Dank an Christian Dettenhammer

Bei Rückkehr in die EU/Schweiz gelten verschiedene Beschränkungen.
Die wichtigsten **Freigrenzen** für die Einreise im Flug- und Seeverkehr sind:
200 St. Zigaretten oder 100 St. Zigarillos oder 50 St. Zigarren oder 250 g Rauchtabak (ab 17 Jahren); 1 Liter Spirituosen über 22 % (ab 17 Jahren), 4 Liter nicht schäumende Weine, 16 Liter Bier; andere Waren zur persönlichen Verwendung oder als Geschenk im Wert von 430 Euro pro Person. Reisende bis 15 Jahren: 175 Euro. Für die Schweiz: 300 SFr pro Person.
Bei **Überschreitungen** dieser Mengen- und Wertgrenzen müssen die Waren angemeldet und versteuert werden (roter Kanal). Hierbei fallen Abgaben von 15 % bzw. 17,5 % des Kaufpreises (bis 700 Euro Warenwert) an. Bei Kaufpreisen über 700 Euro liegen die Abgaben zwischen 19 % und 35 %. Hohe Abgaben bei Zigaretten und Spirituosen!
Als **verbotene Waffen** sind eingestuft: Springmesser, Butterflymesser, Faustmesser, Schlagringe, Wurfsterne, Stockdegen, Stahlruten, ausländ. Elektroschocker u. Reizstoffsprays u.a.
Als **artengeschützte Produkte** gelten z.B. Korallen (auch am Strand gefunden), versch. Schnecken- u. Muschelarten, Schlangen- u. Krokodilleder, Elfenbein, Schildkröten, Whisky mit eingelegter Kobra, versch. Tierfelle, Kakteen, Orchideen, bestimmte Kaviarsorten.
Arzneimittel: Erlaubt ist die Menge eines üblichen 3-Monatseigenbedarfs. Anabolika sind in jedem Fall verboten.
Markengefälschte Produkte aller Art: Für den eigenen Gebrauch und als Geschenk sind diese in geringer Stückzahl erlaubt.
Drogen: auch Kleinmengen sowie Hanfsamen, Kokatee und Kokablätter sind verboten. Ggf. auch im Ausland gekaufte starke Schmerz- u. Beruhigungsmittel.
Feuerwerkskörper: Einfuhr verboten.
Lebensmittel: Für Fleisch, Wurst, Käse, Milchprodukte u. Eier aus nicht EU/EWR Ländern gilt ein generelles Einfuhrverbot.
Pflanzensanitäre Vorschriften: Pflanzen mit Wurzeln oder Erde ohne Pflanzengesundheitszeugnis aus nichteuropäischen Ländern sind einfuhrverboten (aus Mittelmeeranrainerstaaten jedoch frei). Auch für bestimmte frische Früchte in größeren Mengen gelten Verbote.
Barmittel über 10000 Euro (Schweiz: 10000 SFr) sind dem Zoll bei Aus- u. Einreise schriftlich und ohne Aufforderung anzumelden.
Für **selbst aufgegebene Postsendungen** gelten gesonderte Regelungen und eine Freigrenze von 45 Euro Warenwert. Internetbestellungen und Sendungen von Firmen über 22 Euro Warenwert sind abgabenpflichtig.
Die Zollbestimmungen und die Steuersätze für die **Schweiz** und **Österreich** können davon etwas abweichen.
Weitere Infos unter: www.zoll.de, www.bmf.gv.at, www.ezv.admin.ch.

Sonnenuntergang in der Wüste

Landkarten und Literatur

Karte: Oman 1:850.000, Reise Know-How-Verlag 2009
Karte: VAE 1:470.000, Reise Know-How-Verlag 2014
Kirstin Kabasci: Abu Dhabi City Trip, Reise Know-How-Verlag, 2014/15
L.Töpperwien & J.Baums: Oman, Trescher-Verlag, 2016
Peter Franciscy & Kirstin Kabasci: Vereinigte Arabische Emirate, Reise Know-How, 2012
Jenny Walker u.a.: Arabische Halbinsel, lonely planet, 2014
ADAC-Reisemagazin: Arabien, ADAC-Verlag München, 2008
Helge Sobig: 1001 Nacht im Übermorgenland, Picus Lesereisen, 2006
Birgit Müller-Wöbcke: Kreuzfahrt im Arabischen Meer, Merian, 2012

Nützliche Internetseiten

www.auswaertiges-amt.de
Reise- und Sicherheitshinweise des Außenministeriums

www.cruisepool-kreuzfahrten.com/Persischer-Golf
Kreuzfahrten im Persischen Golf

www.wetterklima.de/klima/weltklima/weltklima.htm
www.wetter.com
Aktuelle Wetterinformationen für viele Orte auf der Welt

www.singlecabin.com
ist spezialisiert auf Kreuzfahrten für Alleinreisende und hier finden Sie demnächst eine Auswahl an Kreuzfahrten ohne Einzelkabinenzuschlag.

www.derkreuzfahrer.de/tipps-vom-profi/dialyse-kreuzfahrten
Informationen zu Kreuzfahrten mit Dialyse-Einrichtungen.

www.shipedia.eu
Kreuzfahrten-Forum

www.abudhabitravel.net
www.visitabudhabi.ae
Fakten über Abu Dhabi

www.visitdubai.com
www.dubai-tourismus.com
Fakten über Dubai

www.omantourism.de
www.omantourism.gov.om
Oman-Informationen

www.bahrain.com
Informationen über Bahrain

www.explore-qatar.com
www.qatartourism.gov.qa
Katar stellt sich vor

www.billiger-mietwagen.de
Mietwagenangebote weltweit

www.bykystations.com
Fahrrad-Verleihstationen von Nextbike, u.a. in Dubai und Abu Dhabi

Über den Autor

Werner K. Lahmann wurde am 20. Oktober 1936 in Stettin geboren. Das Kriegsende verschlug seine Familie nach Greifswald, wo nach dem Abitur eine Lehre als Fotograf und dann das Studium der Physik an der Universität Greifswald folgten. Als Hobby und zum Gelderwerb spielte der Autor während dieser Zeit als Klarinettist und Saxophonist in einer Studentenband. Nach dem Examen zum Diplomphysiker 1961 heiratete er und siedelte an dem historischen 13. August 1961 nach Westdeutschland über. Es folgten viele Jahre als Entwickler und später als Chef der Gesamtentwicklung in einer amerikanischen Firma am Bodensee sowie drei Jahre USA-Aufenthalt. Auf vielen Privat- und Geschäftsreisen, z. B. nach Tokyo, Singapur, China, Neuseeland, Südsee, Südafrika, Norwegen, Russland, USA, Kanada u.a. lernte der Autor die Welt kennen. Seit 1990 ist Werner K. Lahmann Reisebuchautor.

Werner K. Lahmann

Reisebücher von Werner K. Lahmann:

Neun Wohnmobil-Reisebücher für den Drei Brunnen Verlag Stuttgart (1990–1998),
Deutschland mit dem Wohnmobil für den Bruckmann-Verlag München (2006, und 2008)
Wohnmobil-Tourguide Südnorwegen für den Reise Know-How Verlag (2007, 2010, 2012 und 2014)
Niederlande mit dem Wohnmobil für den Bruckmann-Verlag München (2008)
Die Deutschen Nationalparks Bd.I für den Conrad Stein Verlag Welver (2009)
Die Deutschen Nationalparks Bd.II für den Conrad Stein Verlag Welver (2009)
Wohnmobil-Tourguide Kalifornien für den Reise Know-How Verlag (2009 und 2011)
Südsee Kreuzfahrt (Bora Bora und die Gesellschaftsinseln), Reihe Cruises, für den Conrad Stein Verlag Welver (2012)
Deutschland mit dem Wohnmobil für Bruckmann, neu von W. Lahmann und M. Ott (2013 und 2016)
Kreuzfahrt Panamakanal, Reihe Cruises, für den Conrad Stein Verlag Welver (2013)
Warten ohne Wiedersehen, Roman, für den OEZ-Verlag Berlin (2013)

Bildnachweis

Aguaviva/shutterstock.com: 165
mohamed alwerdany/shutterstock.com: 70/71
Leonid Andronov/shutterstock.com: 119
Burachet/shutetrstock.com: 123
Denis Burdin/shutterstock.com: 178/179
Kristin Dunlap: 15, 18, 22, 26, 30, 34, 36, 49, 53, 55, 100, 101, 111, 125, 128o., 130, 140, 149, 203
Frankris/shutterstock.com: 65
Foto Hahn, Überlingen: 211
Sophie James/shutterstock.com: 88
Barbora Kristofova/shutterstock.com: 42
Dr Ajay Kumar Singh/shutterstock.com: 176
Laborant/shutterstock.com: 8
Werner Lahmann: 12/13, 16, 19, 27, 28, 32, 33, 44, 45, 51, 52, 54, 60, 62, 66, 77, 78, 85, 89, 90, 93, 94o., 94u., 96, 97, 103, 104, 10, 107, 108, 109, 113, 116, 117, 118, 124, 128u., 142, 145, 148, 150, 152, 157, 159, 160, 164, 170, 172, 174, 175, 194, 196, 197, 198, 199, 201, 206, 207, 209
Philip Lange/shutterstock.com: 47, 74, 84, 136/137, 173, 191
Ivan Mateev/shutterstock.com: 82
Pavel L Photo and Video/shutterstock.com: 37
Pepj/shutterstock.com: hintere Umschlagklappe
Qatar Tourist Agency: 68, 182, 184, 185, 188, 190
Plus One/shutterstock.com: S. 38/39
Rus S/shutterstock.com: 41
SeraphP/shutterstock.com: 120
Smirnova Irana/shutterstock.com: 92
Sorbis/shutterstock.com: 99
Frantisek Staud/shutterstock.com: 154
TasfotoNL/shutterstock.com: 57, 193
TUI Cruises: 17, 23, 24, 195, 202
ventdusud/shutterstock.com: vordere Umschlagklappe
Zhukov Oleg/shutterstock.com: Titelfoto

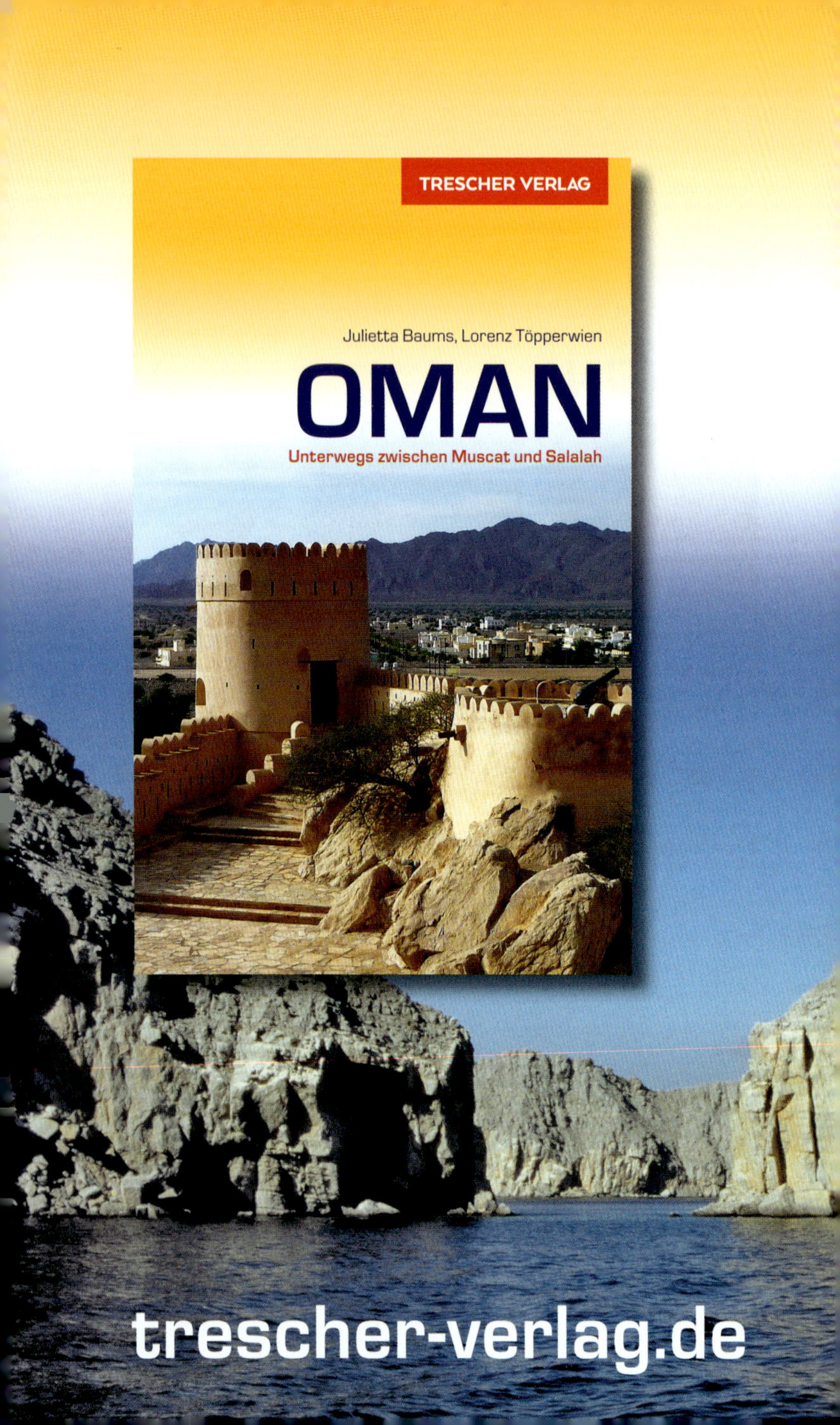
TRESCHER VERLAG
Julietta Baums, Lorenz Töpperwien
OMAN
Unterwegs zwischen Muscat und Salalah
trescher-verlag.de

TRESCHER VERLAG

MEHR WISSEN.BESSER REISEN.

REISEFÜHRER AUS DEM TRESCHER VERLAG

Kartenlegende

- Burg/Festung
- Café
- Fahrradverleih
- Flughafen
- Hafen
- Hotel
- Internetcafé
- Krankenhaus
- Moschee
- Oper
- Parken
- Post
- Restaurant
- Ruinen
- Sehenswürdigkeit
- Theater
- Tor
- Touristeninformation
- Universität
- Autobahn
- Schnellstraße
- Hauptstraße
- sonstige Straßen
- Staatsgrenze
- Hauptstadt
- Stadt/Ortschaft

Kartenregister